影视艺术与传媒应用型教材
戏剧与影视学规划教材

电视节目主持

DIANSHI JIEMU ZHUCHI

修订版

赵淑萍 /著

U0646418

北京师范大学出版集团
BEIJING NORMAL UNIVERSITY PUBLISHING GROUP
北京师范大学出版社

图书在版编目（CIP）数据

电视节目主持/赵淑萍著. —修订本. —北京：北京师范大学出版社，2015.8（2024.8重印）
戏剧与影视学规划教材
ISBN 978-7-303-17925-1

Ⅰ. ①电… Ⅱ. ①赵… Ⅲ. ①电视节目－节目主持人－高等学校－教材 Ⅳ. ①G222.2

中国版本图书馆 CIP 数据核字（2014）第 202965 号

图书意见反馈：gaozhifk@bnupg.com　010-58805079

DIANSHI JIEMU ZHUCHI（XIUDING BAN）

出版发行：北京师范大学出版社　www.bnupg.com
　　　　　北京市西城区新街口外大街 12-3 号
　　　　　邮政编码：100088

印　　刷：北京天泽润科贸有限公司
经　　销：全国新华书店
开　　本：730 mm×980 mm　1/16
印　　张：23
字　　数：410 千字
版　　次：2015 年 8 月第 2 版
印　　次：2024 年 8 月第 4 次印刷
定　　价：39.80 元

策划编辑：周　粟　李　明　　责任编辑：邢自兴　王则灵
美术编辑：焦　丽　　　　　　装帧设计：焦　丽
责任校对：陈　民　　　　　　责任印制：马　洁

内 容 简 介

　　电视节目主持方式的推出，不但造就了电视自己的明星主持人，而且推动了电视节目传播诸多方面的发展。　本教程对主持人的基本特征、主持人的风格、类型、作用、节目构思、创造性采访、个性化写作、全方位编辑意识、口语表达、形体语言、明星主持与名牌节目等各个方面进行了比较全面透彻的阐述。

当人们站在新世纪的门槛，回首 20 世纪最伟大的发明时，电视，无疑是最引人注目的骄傲之一。　电视不仅改变了人类的生活方式，而且改变了人类的思维方式，成为当今社会人类精神生活最重要的一部分。

中国电视经过了几十年的风风雨雨，如今已走入活力勃发的成熟期。有人用"电视大国"来描述中国的电视事业——世界上电视观众最多；世界上电视机数量最多；世界上电视台数量最多；世界上电视从业人员最多……这些骄人的数字其实并不能真正说明中国电视的业绩，中国电视真正值得赞许的是它日益与时代的脉动同步。

几乎与电视的发展同时，人们已在不断地试图去了解它和认识它：电视是如何发挥传播信息的优势的？电视是如何创造了奇特的文化景观的？电视是如何影响观众的？电视节目是如何制作的？……特别是近十几年，人们更是开始从总体上对电视的内在规律和外部联系进行着全面深入的分析与研究，以至于"电视学"作为一门新兴的综合性科学开始出现在人们的理论视野中。

中国的电视理论研究虽然只有短短的数十年，却浓缩了许多研究者的心智和探索精神。　他们可谓白手起家，在一片处女地上开始耕耘，先是模仿，后是借鉴，再是开创，终于支撑起中国电视学理论大厦的框架。

北京广播学院（现更名为中国传媒大学）电视系，是中国最早从事电视专业教学和理论研究的机构，至今仍以其教学成果和理论建树享誉全国。1987 年，电视系组织出版了第一套电视专业理论书籍——"电视节目制作丛书"（共十八本）。　这套丛书根据当时的教学需要，对电视制作所涉及的理论进行了总结。尽管那套书还显得很稚嫩，很粗糙，但毕竟是我国第一套论及电视领域相关学问的专著，并在后来很长一段时间，作为电视专业人员入门必读的教科书，产生过很大的影响。

时隔五年之后，电视系又组织出版了一本200多万字的《中国应用电视学》（北京师范大学出版社，1993），这是中国电视理论发展过程中一本重要的著作。这本书从基础理论、节目制作、制作技艺和电视技术几个方面勾勒了电视应用理论的全貌，第一次建立起电视作为一门学科的理论框架。尽管这本书所建构的理论体系还欠严谨和深入，但它毕竟是第一次成功的尝试，毕竟是有中国特色的理论开拓。也许正是因为这个原因，这本书得到了理论界的承认，并获得了国家教委优秀教学成果二等奖、广电部普通高校优秀教材一等奖、中国广播电视学会学术论著一等奖、北京市社会科学理论著作二等奖等多项国家级和部级的奖励。

又是五年过去了，从1997年年底，我们又开始组织这套"电视学系列教程"。组织出版这套书是基于这样的想法：

首先，中国的电视理论经过了这些年的探索期之后，应该说已经进入了成熟期。许多知识和观念经过整理、积累和沉淀，已经具有了稳定性。从学科建设的意义来讲，将这些具有稳定性的知识和观念作一种规范化的理论表述，不仅是电视理论建设的需要，而且时机也已成熟。

其次，中国的电视专业教育近年来发展迅速，各层次专业人才不仅需求量大，而且人才竞争日渐激烈。为适应这一发展，除原北京广播学院电视系外，不少职业院校也纷纷设置了电视专业。从电视专业教学的角度讲，尽管以前已有不少种书被作为专业教材使用，但是显得层次不清，系统混乱，缺乏科学性和系统性，质量也参差不齐。根据电视专业教学规律的要求，应该有一套高质量、规范化的标准教材，才有利于电视专业人才的培养。

因此，这套书将根据这两方面的要求，尽量选择那些规范性、系统性的内容，力求概念准确，条理清晰，既有学术性，又有实用价值。

尽管电视理论是一种新兴的、发展变化着的理论，但我们仍然期望这套书能够经历更长一些时间的考验。也许在未来，电视的发展将给我们提出新的课题，我们可能会再一次做出新的解答，但是，我们仍然期望这套书能够成为这场接力赛中的重要一站。

任金州

钟大年

目　录

导　论

自 1948 年美国电视节目《明星剧场》和《城中大受欢迎的人》率先采用主持人方式以来，许多国家的电视机构先后效仿并不断创新发展。经过六十多年的实践积累，节目主持方式在新闻、娱乐、体育、服务、儿童等各种类型节目中形成了特有的节目形态，为观众展现出颇具吸引力的传播方式。

电视节目主持方式的设置，不但造就了电视自己的明星主持人，而且推动了电视节目传播诸多方面的发展。

节目主持方式改变了传统的单向传输的电视传播模式，使电视具有了人格化和对象化的双向交流传播特征。

节目主持方式为电视节目多样化发展注入了积极因素，起到关键性的作用。有些节目主持方式本身就是一种节目样式，代表着节目的主要表现形态。

节目主持方式促进了电视节目整体编排的有序格局形成，同时也使电视节目编排艺术更为生动活泼、自由灵活。

节目主持方式发展了电视报道方式，在许多节目中，主持方式成为特别的报道形式。

节目主持方式丰富了电视节目的表现手法，主持人以主体方式介入到节目之中进行采访提问、现场即兴应变、实地调查访问、协调引导各种方式的讨论、对话、辩论等，使电视节目的表现手法进一步得到全方位的发展。

节目主持方式还开启了电视节目创作人员的多维性思维。在许多节目中，主持方式成为角度的切入点，成为别具一格的表现形式，成为一种结构方式，以至构成特定的画面内容。

电视节目主持方式为什么会产生如此巨大的作用？

重要的原因就在于主持方式注入了最积极的人的因素。节目主持人作为电视连接受众最直接、最活跃、最能沟通情感、促动双向交流的中介，作为电视节目中最灵验的承上启下、组织串联、传情达意的主导人物，以其创造性的实践活动为电视实现有效传播发挥着不可替代的作用。

中国电视节目主持人的实践起步于 20 世纪 80 年代初，比电视发达国家滞后了三十余年。然而，如同中国电视业发展的进程一样，起步虽晚，但发展速度惊人。

从 20 世纪 80 年代初至 20 世纪 90 年代初的十年间，中国电视节目主持人的实践处于尝试阶段，理论界对节目主持艺术的探讨侧重于节目主持形式的转换、主持人工作环节的调整、主持人素质要求、主持人个性形象、主持人的业务技巧等方面。换句话说，就是对形式转换引发的主持人工作方式及自身条件的研究。

20世纪90年代以来，中国电视节目和主持人实践进入了快速发展提高阶段。中央电视台推出了《东方时空》《焦点访谈》《实话实说》《新闻调查》《新闻30分》《体育沙龙》《体育大世界》《大风车》《半边天》《夕阳红》《社会经纬》《万家灯火》《读书时间》《生活》《商务电视》《世界经济报道》《中国音乐电视60分》《文化视点》等节目，以及《小崔会客》《新闻1＋1》《泉灵三问》《小撒探会》等新的节目。这些节目的推出，带动了节目主持方式的发展，也促进了主持人水平的提高和主持艺术的形成。

时至今日，每当策划一个新的节目，每当老节目改版调整，每当节目评奖研讨，电视节目实际创作者和理论界都将对节目的性质、形态与主持方式、主持人的个性风格的内在联系进行深入的分析、评价。换言之，即对不同节目性质、节目样式对主持人的不同要求进行深入的研究。

可以说，中国电视节目主持艺术研究正在进入宏观与微观研究相结合的新阶段。理论研究不断丰富完善，更科学地指导实践；实践不断提高、创新，促进理论的研究向纵深发展，逐步形成科学的体系。本书所做的努力就是对电视节目主持艺术的形成及其应用进行深入的探索。

本书将从电视节目与主持人相互促动的辩证关系中探索节目主持艺术的规律；

将从主持人的作用与电视节目传达交流的内在联系中探寻有效的主持方式、方法和技巧；

将从国内外节目主持人实践积累的经验性材料中提炼归纳带有普遍意义的规则；

将对优秀节目主持人成功的原因及主持节目的成功例证进行剖析，从中揭示出具有指导作用的理论原则。

现代电视传播正在迅速地发生变化，在撰写本书时，我们还力求跟上时代的发展。从一定程度上讲，这确实是一种挑战。

党的二十大报告指出："加强国际传播能力建设，全面提升国际传播效能，形成同我国综合国力和国际地位相匹配的国际话语权。深化文明交流互鉴，推动中华文化更好走向世界。"只有坚持开拓进取、守正创新的精神，电视人才能在人类命运共同体的构建中做出更好的成绩。

希望本书对了解、学习、掌握电视节目主持艺术起到积极的作用。

第一章
电视节目主持人概说

世界上任何事物都是在一定条件下和一定的社会需求下产生的。电视节目主持人的产生也不例外。

电视节目主持人是电视发展到一定阶段的产物，进一步说，是电视节目逐步走向成熟的产物，也是电视传播实现有效传达过程中的产物。

第一节 节目主持人的推出

美国是电视节目主持人的诞生地。

在美国，娱乐节目主持人先于新闻节目主持人而诞生。早期的娱乐节目主持人大多是喜剧演员，他们主持节目大多以自我表演为主。在娱乐节目中有很多游戏的内容，或者杂耍等喧闹的成分。观众对早期娱乐节目主持人的主持和表演特别感兴趣，但是在他们眼中的主持人类似于报幕员、司仪。直到1956年固定的新闻节目主持人出现，打破了以往播音员播报新闻的模式，主持人同播音员相比有了较大差异，这时主持人才被看作是一个创举，从而带动了这一行当的全面发展。

一、Host 称谓的沿用

特有的名称往往具有特定的含义。

Host 一词，英文的原意为"主人"。借用到主持人这一职业称谓中，特指娱乐节目或轻松类型的节目主持人。

1948年6月，美国电视屏幕上推出了两个具有开创意义的综艺节目：《明星剧场》和《城中大受欢迎的人》。这两个节目推出后立即引发轰动，评论家称之为"巨型炸弹"。伴随这两个节目的创办，两位不同风格的主持人弥尔顿·伯尔勒和埃德·沙利文走上屏幕。前者以天才绝伦的表演曾独领风骚；后者以独具慧眼发现新星成为一代娱乐节目主持人之王。

当时由于伯尔勒本人是一位天才的喜剧演员，他在节目中常常以自我表演为主，观众仍然将他看作为一个演员。而沙利文则恰恰相反，既不跳也不唱，主持节目只说几句话就退下，请演员出场，观众将他看成是新颖的报幕员。事实上，伯尔勒和沙利文对节目内容选择、形式把握等都起到了主持作用，从一开始主持节目，就成为节目的"定调人"。后来，观众对主持人逐步有了新的认识。

1948年12月，哥伦比亚广播公司（CBS）又推出一档娱乐节目《天才展现》，这个节目由阿瑟·戈弗雷主持。戈弗雷将《天才展现》节目演播室布置成家庭会客厅,自己以"主人"身份出现,将艺术界名流和业余爱好者请到"家中",彼此如亲朋故友般谈笑风生。之后,"客人"们各自献上各有特色的技艺和绝活。《天才展现》节目很快以其别出心裁的形式受到欢迎,而Host这个名词也成为主持人的代名词。此后,娱乐节目主持人就以 Host 来称呼。

随着电视节目的发展,许多轻松类型的节目相继开办,Host 这一名词也随之被普遍地使用。后来,其由名词又转换成动词 Hosted,意思特指节目由谁主持。

二、Anchor 称谓的由来

Anchor 一词的英文原意为"锚",在体育术语中意指接力赛跑最后一棒的运动员。借用到主持人这一职业称谓中,特指新闻性节目主持人。

1952 年是美国总统大选之年,CBS(哥伦比亚广播公司)电视节目编导唐·休伊特提出一个新的设想——由一个有经验的记者将全国各地关于总统竞选的报道组织、串联成一个整体,使观众得到更多的信息和较完整的印象。

图 1-1A 埃德·沙利文(左)主持《城中大受欢迎的人》节目,百老汇喜剧明星杰克·本尼(右)在节目中亮相

休伊特形容这个人好比接力赛跑中最后一棒的运动员,在 4 个队员中速度最快、具有冲刺能力并最终完成使命。

20 世纪 50 年代初期的电视新闻报道还处在一个初级阶段,剪辑方法、技术手段、新闻来源、报道时效同今天的水准相差甚远。批评界认为电视报道浅尝辄止、笨手笨脚。休伊特之所以选择具有丰富经验的记者沃尔特·克朗凯特担任 Anchor 这个角色,是因为克朗凯特在第二次世界大战中就已经是最优秀的记者了。可见,新闻节目主持人从一开始尝试就已具有了明确的含义——电视节目传达过程中最关键的人物。

克朗凯特用半年多时间进行准备,最后取得报道的成功。时隔 4 年之后,在 1956 年的美国总统竞选期间,NBC(全国广播公司)推出了一对伙伴主持人，并将这对主持人固定在《NBC 晚间新闻》的位置上。很快，亨特利和布林克利成为大受欢迎的人物。从美国社会歌舞升平的 20 世纪 50 年代中期到多事之秋的 60 年代末，亨特利与布林克利主持的《NBC 晚间新闻》在整整 12 年中一直占据三大广播公司新闻节目收视率榜首。

亨特利与布林克利的成功展示了新闻节目主持人的可观前景——渐渐成为固定的节目形态的一部分。直到今天，Anchor 同 Host 称谓仍然有所区别。

图 1-1B　弥尔顿·伯尔勒主持《明星剧场》节目

三、Moderator 称谓的引申

Moderator 一词的原意是"仲裁人、协调人"。借用到节目主持人这一职业称谓，含义特指游戏、竞赛类型节目的主持人。

游戏、竞赛类节目在电视发展的初期一度比较活跃。例如《你的节目之节目》，请观众参与进行各种逗人发笑的游戏。《64 000 美元之问题》节目，请观众回答各种各样问题，答对了问题进行抽奖，奖品是 64 000 美元。当时这类节目曾调动了众多观众的兴趣，每到抽奖之时，收视率直线上升。这两档节目都进入十大节目行列，可见节目受欢迎的程度。

但是，随着观众欣赏水平的提高，随着其他类型电视节目的发展，游戏、竞赛类型的节目渐渐地失去了观众的喜爱。代之而起的谈话、讨论、专访等节目受到了观众的欢迎。究其原因，游戏和竞赛类节目虽然比较热闹、逗人发笑，但天长日久则会令观众感到习以为常，不足为奇，看

图 1-1C　阿瑟·戈弗雷(左)主持《天才展现》，魔术大师皮普尔斯(右)在节目中做客

过之后得不到什么东西，仅仅是一笑了之。如果没有什么新意，观众往往采取"可看可不看"的态度。

图 1-2A　沃尔特·克朗凯特 1952 年作为新闻节目主持人的第一个
尝试者，主持 CBS 有关两党代表大会报道的晚间新闻节目

Moderator 称谓的使用虽有一定的限定，但在有些国家，仍然具有"主持人"的含义。例如，在德国就使用 Moderator 称呼主持人。

现在，世界各国电视节目主持人发展非常迅速，每个国家都以自己民族的语言来称呼主持人。在我国，统称为主持人，主持人类型以节目性质划分。在使用英语的国家，一般沿用美国的称谓。

Host、Anchor、Moderator 各自所具有的含义说明节目主持人在不同性质的节目中存在着类型上的区分，同时也说明不同类型节目对主持人的选择标准也不尽相同，而主持人在不同性质、不同样式的节目中的工作形态和发挥的作用也是有所不同的。

通过对 Host、Anchor、Moderator 称谓的由来及特定含义上的

图 1-2B　CBS 董事长威廉·佩利（右）与克朗凯特（左）在一起，祝贺其主持节目成功

区别，我们或多或少对不同性质、不同类型的主持人职业特征的某些个性差别有了初步的认识。那么，从纯职业的角度来看，节目主持人在共性上又具有着基本的特征，对此可以从主持人的基本含义及入选条件上得到体现。

四、主持人的特定含义

节目主持人是决定一档节目是否成功的关键因素之一，这一点得到了中外电视界的认同。

作为节目主持人，怎样才能主持好节目，胜任工作？首要的是明确主持人特定角色的含义。

主持人同播音员相比较，是以第一人称来进行电视传播的。播音员是以第三人称来播报的。

简要地概括，主持人就是在电视上为观众主持节目的人。

而具体地分析，主持人的基本含义是：以真实的个人身份代表电视机构在电视屏幕上出面主持节目，以纯熟的技巧在双向交流的传播方式与实现节目有效传达的过程中起积极的主导作用。

图 1-3　亨特利(右)与布林克利(中)1962 年在白宫椭圆形办公室采访肯尼迪总统。他们作为最早的一对固定新闻节目主持人，以走出演播室的采访报道方式，打破了以往播音员的播报形式

这一概念之中包含以下几层意思。

其一，主持人是以真实的个人身份出现，而不是扮演一个特定角色；

其二，主持人是代表电视机构在出面说话，他们的声音要对全社会负责；

其三，以第一人称主持节目是为了更好地实现有效传达，不是为形式而形式，也不是单纯为突出主持人个人形象；

其四，主持人在双向交流的过程中必须真正起到积极的主导作用，否则就不能被称为主持人。

图1-4　在中国电视屏幕上，知识竞赛
节目同样采取了主持人的方式

从观众的角度讲，主持人应该是值得信任、招人喜欢的人物。因为主持人是一个真实的人物，在屏幕上直观可视。

从电视机构角度讲，主持人应该是胜任工作、使节目传达产生较好效果并能吸引观众的人物。

图1-5　中央电视台第一代播音员沈力
在1983年开始主持《为您服务》节目

第二节　节目主持人的职业要求

节目主持人的衡量标准是挑选和评价主持人能否胜任工作的客观尺度。

从观众角度看，主持人应该是亲切、自然真实可信、看着顺眼、让人喜欢的人物。

从电视机构的角度讲，主持人应该是独当一面、应付自如、确确实实胜任工作的人物，以至成为节目的标志。

由于节目主持人在电视屏幕上是直观可视的人物，他们的言谈举止以及能力、技巧往往让人一目了然。因而，主持人这一职业是不断受到观众审视的职业。

那么，什么样的人才能当选主持人？主持人达到什么水准才能得到社会的承认呢？

一、主持人的基本条件

节目主持人作为一种职业分工，首先要具备走上屏幕的起码条件。

目前，电视台挑选主持人大都要先进行试镜，最后还要经过一段时间的试用，然后才能够任用。可见，接受屏幕检验是首要的条件。

1. 顺眼

首先，主持人要出镜上画面，因而第一位的先决条件是屏幕上的形象效果。

由于主持人是以真实的身份主持节目，因而屏幕形象给观众的感觉应该是真实自然而不能忸怩作态。

由于电视是大众化的传播媒介，其优势之一在于进入家庭，因而主持人的屏幕形象应该是生活化、大众化，亲切自然，不能舞台化。

真实自然、亲切贴近的屏幕形象会让观众看起来顺眼，没有距离感。

2. 会说

主持人工作的主要特点之一是口头传达。主持人在屏幕前经常要开口说话，而说话的学问很深。美籍华人主持人钟康妮认为，主持人说什么固然重要，但更重要的是"怎么说"。

"怎么说"实际上就是要具有一定的口头表达能力。口头表达不仅仅是指音质、音调，更重要的是驾驭语言的能力。

驾驭语言的能力是对主持人多方面能力的检验，包括逻辑思维能力、

13

思辨能力、反应能力、认识能力、认识事物水平等。

主持人口头表达出来的东西是思想的结晶，意识的结果。同时，也反映一定技巧的运用。

3. 机敏

节目主持人应该是一个机敏的人。机敏就是反应迅速，应变自如。

机敏并不是一时的小聪明，也不是毫无意义和目的的信口开河。

反应是否迅速，应变是否自如，取决于主持人的思维是否敏捷及对事物的感受程度；取决于主持人的想象、知觉、灵感等一系列的心理能力；取决于主持人对口头语言表达的组织能力。

4. 智慧

聪明、有知识、有头脑是智慧的体现。

智慧型的主持人才具有潜力和发展前途。

聪明的主持人接受事物快、悟性好；有知识的主持人能够博采众长，有文化底蕴作基础；有头脑的主持人能够理智地分析、判断、反映客观事物，有主见和理念。

一个具有潜质的主持人往往都是聪明好学，勤于思考的。

学无止境，多思有益。

从发展趋势看，智慧型的主持人越来越受到观众欢迎。电视机构选拔主持人也越来越注重主持人的潜力。充满智慧才具有潜力，才能够在主持人位置上站住脚。

5. 投入

主持人在屏幕上同观众见面，精神状态必须饱满，有精神气，生气勃勃。换句话讲，就是要完全投入。

主持人投入工作的状态通常能够从精神面貌上反映出来。观众可以从主持人的眼神、语调、表情中判断主持人是否进入了角色。

精神状态饱满、完全投入节目主持的全过程，不仅仅要求主持人工作态度认真，更重要的是对节目内容有深刻理解、正确把握。只有对内容理解透彻，才能主持到位。

有精气神、生气勃勃地主持节目，才能吸引观众，调动观众的收视情绪。生气勃勃的状态取决于主持人对本职工作的兴趣，对主持节目的热忱。

主持人必须具有内心产生将节目内容传达给观众的热切愿望，必须从内心深处酷爱主持节目所涉及的社会领域，并深刻意识到节目传达产生的意义，只有这样才能完全投入。

6. 修养

主持人代表电视机构为观众主持节目，从而成为公众人物。因而，主持人的修养对提高节目声望起到一定作用。

假若主持人在社会上的传闻多有不誉之词，观众就会对其主持的节目另眼相看，也会对电视机构任用人才的尺度产生疑问。

主持人必须提高自身修养，才能树立较好的公众形象。

修养包括道德、品格、文化、情操等方面的修养。在某种程度上讲，主持人的修养功夫越是深厚，就越是淡泊名利。不为声名所诱惑，其他方面的干扰困惑也就显得微不足道了。

提高修养，有利于主持人全身心地投入工作；提高修养，有利于主持人培养敬业精神；提高修养，有利于主持人受到观众的欢迎。

然而，电视节目性质、样式是不同的。不同节目要选择与节目相得益彰的人来主持。这是选择主持人的基本出发点，也是研究电视节目主持艺术的着眼点。

但是，电视节目主持艺术作为一门学科，其自身亦存在着共性规律。这就是说，无论哪种类型的主持人都要在遵循节目主持艺术的共性的前提下来发挥个性。只有将共性与个性很好地结合起来，才能主持好节目。

二、明星主持人的较高标准

明星主持人可以起到名人效应，这是节目主持人职业的特殊性。

电视媒介所具有的画面优势，又能够非常突出地展示主持人的亮相。

主持人一旦在屏幕上出现并经常抛头露面，久而久之就会成为家喻户晓的知名人物。

知名的主持人并不一定都是成功的主持人。只有成功的主持人才能产生名人效应。这也是为什么许多国家的电视机构注重培养明星主持人的原因之一。

电视机构希望拥有明星主持人群体来提高节目的收视率，主持人自身也希望成为明星而得到观众的喜爱。故此，明星主持人作为主持人队伍中的佼佼者，对其衡量尺度是比较高的。

1. 魅力

魅力是明星主持人的一个显著特点。

魅力之于主持人，并非仅仅是外在形象的问题，而是由言谈、举止、风度、气质、才智、个性等诸种因素融合形成的一种特质。

美国著名节目主持人《60分钟》节目开疆元老麦克·华莱士在谈到明星主持人的魅力时，这样说道："确实有一种'占据屏幕'的素质。你出现在屏幕上，就在控制着观众的注意力。一些第一流的从业人员，一流的记者，一流的撰稿人没有坐在主持人的位置上，只是因为没有吸引观众注意力的特质。如果你有这种特质，突然间你就会成为新闻从业人员中更有价值的一个组成部分。为什么呢？因为更多的人会收看你主持的节目。"

华莱士从几十年的工作经验中感悟到明星主持人应该具有的特质——魅力。电视屏幕就是这样"残酷无情"，主持人必须在屏幕上经受检验——是否具有吸引观众的魅力。

魅力是什么？似乎是只可意会不可言传，说得直白一点，就是把观众留在电视机前的吸引力。

2. 创造力

创造力在明星主持人身上的具体体现是：开拓新领域、探索新事物并以新的方式感受、认识、再现原有的事物。

美国当代著名心理学家西尔瓦诺·阿瑞提指出，具有创造力的人在认识方式和感受方式方面有惊人的相似之处。"他们都趋向于新的、不熟悉的事物，或者以新的方式对旧材料加以重新组织并且承认他们渴望进行这种重新组织。"[1]

1988年中央电视台举行全国节目主持人"如意杯"大赛，评委们敏感地意识到创造力是主持人成功的重要因素。开始，打分的标准划分很细，总共有10项之多。诸如外观、声音、风度、应变能力、幽默、组织能力等。然而到真正评比时，评委们很难依据这些

图1-6 美国CBS《60分钟》节目主持人麦克·华莱士以硬性采访的个性展示魅力，他的采访风格影响了许多电视记者

---

① ［美］S.阿瑞提：《创造的秘密》，449页，沈阳，辽宁人民出版社，1987。

具体的细致标准打分，而主要根据总体印象来评分。"在评委眼中，究竟什么是电视节目主持人最重要的特质呢？是创造性。除了外部的一些起码条件（比如外貌、言语、风度等），节目主持人最重要的品质应该是他的内部因素，其中首推创造性。谁具有高超的创造才能，谁就能成为优秀的节目主持人。"①

具有创造力的主持人总是能够不断探索、创新。埃德·沙利文主持节目长达 23 年之久，直到 69 岁才退出屏幕。他主持的综艺节目之所以具有经久不衰的生命力，重要的原因在于他始终以新颖的内容来吸引观众。他确立的主导传播意向是：发现新人，推出新的娱乐艺术。沙利文以他对娱乐艺术独具慧眼的鉴赏力发挥出非凡的创造力。凡经他在电视上"推销"的新人，日后大都成为走红的明星。由于他不断在电视上推出新的艺术表演，使得新的艺术流派得到确立、发展。20 世纪 50 年代美国流行歌曲和摇滚音乐的盛行同沙利文的"推销"有很大关系。著名的歌手普雷斯利 1956 年 6 月在《沙利文节目》中演唱了流行至今的名曲：《不要粗暴》《请温柔地爱我》《爱我》《峡谷中的宁静》。1964 年比特勒斯夫妇在《沙利文节目》中用摇滚方式演唱了风靡全美的歌曲——《我所有的爱》《她爱你》《这个男孩》。这三位歌手获得空前的成功，日后都成为红极一时的歌星。

可见，主持人创造力的实现所产生的影响是久远的。"作为创造力的实际成效是巨大的，它们只构成了它的结果，或者也可能构成了它的动力；然而创造力的根本来源正是在于人的本质。"②

3. 成熟

成为明星主持人意味着进入主持节目生涯的成熟阶段。这一阶段，主持人应当具有相当的经验，理智的见地，临阵不乱，发挥自如，对主持节目的各个环节驾轻就熟，以大将风范压住阵脚。

节目主持人的成熟如同人的成长一样，需要一定时间的培育、生长。大凡成功的主持人，都要经过长期而艰苦卓绝的实践磨练。

一个主持人发展到成熟阶段，情绪波动不大，稳重可靠；他们注意事物，仔细热心地致力于研究，把事物放在心上；花尽心血、绞尽心思，着力于提高表现力；忠于职守而且精益求精。

---

① 舒乙：《评判归来》，见全国电视学研究委员会编：《话说电视节目主持人》，165 页，北京，文化艺术出版社，1989。

② ［美］S. 阿瑞提：《创造的秘密》，53 页，沈阳，辽宁人民出版社，1987。

图 1-7　美国电视新闻的开拓者爱德华·默罗在第二次世界大战中创办
《现在请听》现场广播节目，充分显示出他非凡的创造力。他客观、沉静、
克制、庄重的报道方式成为日后美国广播、电视新闻报道者的楷模

20世纪80年代初，美国广播公司（ABC）新闻部经理鲁尼·阿利奇针对ABC没有老牌明星主持人坐镇的状况提出两个设问："如果总统遇刺，你们会收看哪家电视网的报道？在总统同意接受三大电视网的联合采访时，谁会收看排在克朗凯特和钱塞勒之后的新闻呢？"这两个设问实际上提出了主持人作为电视新闻报道者，必须具备的两个重要的条件，即报道经验和能力。只有比较成熟的主持人才具备报道重要新闻的经验和能力。

主持人进入成熟阶段，在主持技巧上得心应手，达到炉火纯青的程度。同时，具有深刻的哲理思想和理性精神，以自己独特的见解和感受反映客观事物，注意到正在形成的社会思潮或时尚潮流。

享誉世界电视界的超级明星主持人沃尔特·克朗凯特，早在 20 世纪 50 年代初就对环境污染进行不间断的报道，促使美国政府和国会通过了环境保护法。20 世纪 60 年代末，他对越战的报道，使美国人民进一步认清了越战的真正局面和无可挽回的损失。美国总统约翰逊发出感叹：如果我失去了克朗凯特，我就失去了整个美国。从 20 世纪 70 年代开始，他对空间技术进行了一系列的报道，成为宇航报道的权威。

图 1-8　爱德华·默罗在第二次世界大战后转入电视，创办并主持
《现在请看》节目。他同助手弗兰德利（左）在精心制作节目

理智、有见解、有思想、独立思考、审时度势是一个成熟的主持人的自身表现。这种表现是实实在在、真真切切的，不是故作深沉就能呈现的。

4. 权威

权威意味着主持人在观众心目中有很高的威望；

权威意味着主持人在自己主持节目的范围内有发言权；

权威意味着主持人在节目中的发言值得信赖。

主持人的权威感取决于以下几个因素。

△丰富的阅历和主持节目的成功记录。无论主持什么类型的节目，深刻的内容也好，轻松的内容也好，主持人都应该在节目中传达特定的意图。意图实现了，主持也就成功了。

图 1-9　克朗凯特到越南采访报道，引起政府的特别注意

△鉴赏力和判断力。主持人对节目内容的选择和把握要依靠较高水准的鉴赏力和准确的判断力。只有具备鉴赏力和判断力，选择的内容才能使观众感到新鲜、生动、深刻、有意义，而权威性也就体现其中了。

△浓厚的兴趣与深入的研究。主持人对自己主持的节目要有浓厚的兴趣，并通过深入的研究，获得发言权。热爱事业的原动力来自于兴趣。有兴趣，钻研进去，其乐无穷。当将自己的发现、见地呈现给观众的时候，就不会是浅层次的，也不会知其然而不知其所以然。

图 1-10A　美国 CBS 名主持人丹·拉瑟在 20 世纪 80 年代初成为克朗凯特的接班人，主持《CBS 晚间新闻》节目。他具有非常全面的明星素质，是当今美国新闻主持界的三巨头之一

△长时间的实践活动，固定主持同类性质的节目。主持人只有经过长时间实践活动，才能获得丰富的经验。同时，将自己定位于同类性质的节目上，才能形成个性风格，树立权威形象。

5. 独创风格

成功的主持人应该形成自己独特的风格。在一定程度上讲，主持人风格直接作用于节目的风格。

具有独创风格的主持人，能对观众产生较强的感染力乃至号召力。

主持人风格的重要性不言而喻。电视节目通过主持人进行传达，主持人必须在长年累月的工作实践中进行摸索，渐渐形成自己的风格。

图 1-10B　CBS 新闻部主任伦纳德(右一)宣布
拉瑟(中间)成为克朗凯特(左一)的接班人，这项
任命成为一条重要新闻在电视上进行播放

主持人风格虽然直接作用于节目风格，但绝非是主持人主观任意性的表现，而是主观意向同节目客观的现实性相结合的产物。

6. 领导才干

明星主持人是节目的"定调人"。所谓"定调"就是参与节目策划、把握节目基准，起到一定的领导作用。

事实上，主持人参与节目的程度越是深入，主持节目时越是得心应手。

以美国为代表的一些电视发达国家，有些明星主持人成为节目编辑部主任或者总编，有权力调度、指挥全班人马。

图 1-11　丹·拉瑟不但是《CBS 晚间新闻》节目主持人，
而且是该节目编辑部主任，还担负着整个新闻部的编审
工作，遇重大事件时要亲自指挥报道。这是他在指挥
第一线记者进行现场报道(站立者为拉瑟)

　　主持人的权力与能力、才干往往是互动的，没有能力和才干就不可能行使好手中的权力。

　　主持人领导才干同在节目中担任的角色也是相辅相成的。

　　电视节目样式、性质、形式等因素对主持人担任的角色有着不同的要求。在某种程度上讲，主持人的领导才干主要反映在组织、策划、参与节目的过程之中，并不一定完全体现在是否担任领导职务上。

　　节目主持人的人选条件及明星主持人的较高尺度，实际上也是主持人素质构成的具体体现。大凡成功的主持人往往都注重提高自身素质，不断进行创造性的劳动，最终得到观众的认可和社会的承认。

［本章重点］

1. 电视节目主持人是电视发展到一定阶段的产物，进一步说是电视节目成熟的产物。

主持人作为电视连接受众最直接、最活跃、最能沟通情感、促进双向交流的中介，作为一档节目最积极、最灵验的承上启下、组织串联、传情达意的主导，在电视实现有效传播过程中发挥着不可替代的作用。

2. 从 Host、Anchor、Moderator 称谓的区分中看到，节目主持人在不同性质、不同类型的节目中是有所区别的，说明主持人的实践不能脱离节目的性质及特点而独立存在，也说明主持人要按节目性质进行类型的划分。

3. 尽管主持人存在着不同类型的差异，但也具有职业的共性特征。他们都是作为真实的个人，代表电视机构以第一人称出现在屏幕上为观众主持节目的人，因而，主持人应该是节目传达过程中的主导人物。

4. 作为一种职业分工，主持人应该具备胜任工作的起码条件：顺眼、会说、机敏、智慧、投入、有修养。

5. 作为明星主持人，应该具有较好的素质和较高的尺度：魅力、创造力、成熟、权威、独创的风格、领导才干。

6. 挑选主持人往往兼顾两个主要方面：一是能否吸引观众，观众是否认可；二是能否真正主持好节目，并以其个性形象和能力促动节目的发展。

［思考题］

1. 怎样理解电视节目主持人的基本含义？

2. Anchor 与 Host 的主要区别是什么？

3. 主持人入选的基本条件有哪些？

4. 明星主持人的较高标准体现在哪些方面？

5. 主持人的创造力主要表现在哪些方面？

6. 为什么说一流的记者、撰稿人并不一定能够成为著名新闻节目主持人？而名牌新闻节目主持人却应该在一流记者中挑选或具有丰富的记者经验？

7. 美国娱乐节目主持人埃德·沙利文主持的节目为什么收视率经久不衰？他以什么为主攻方向？

8. 美国新闻节目主持人沃尔特·克朗凯特以什么条件成为新闻节目主持人的第一个尝试者？他报道两党代表大会成功的前提条件是什么？

9. 中央电视台第一代播音员在 20 世纪 80 年代都转换成为中国第一代节目主持人，他们身上具有哪些胜任主持人工作的条件？

10. 是不是所有的播音员都能够转换成主持人？真正意义上的主持人应该达到什么样的水准？

第二章
主持人与人格化传播

电视节目主持方式为什么会在世界范围内得到普遍的推广应用？其中主要的原因之一，是主持人作为传者以主体方式介入到节目中来，为电视媒体注入了人格因素。

所谓人格，是人的性格、气质、能力等特征的总和。

通常，人格也意指个人的道德品质，或者人的能够作为权利、义务的主体的资格。

电视节目主持人的出现，为电视传播注入了人格因素，使节目具有一种人格力量。自电视媒介推出主持人传播方式以来，节目主持人作为中介，更为灵活地调动画面、声音、文字等综合表现元素，以人格化传播的形式向受众传达节目内容。这种新型的传播方式集中显现出信息载体、情感传导、形象魅力、节目标志等诸种特点。这些特点构成了主持人人格化传播的主要特征。

第一节　信息载体

载体，是科学技术上的术语。

通常，载体指某些能传递能量或运载其他物质的物质。例如，工业上用来传递热能的介质就是载体。

所谓信息载体，是借用科学技术术语来形容某种专门传递信息的媒介。例如，报纸、杂志、广播、电视等传播媒介进行信息的传递，即起到了载体的作用。

一、载体的功能

主持人在电视节目中起到主导作用，因此具有信息载体的功能。

主持人作为传者，以主体方式介入到节目中来，使得电视媒介得以以人作为信息载体，实现媒体的传播意图和目的。

可以说，以人为载体传递信息，是电视传播的一大变革。

电视传媒本身就是信息载体，主持人又何以能被称为载体呢？

在化学实验中，把一定量的某种元素加到该元素的放射性同位素中，以便于化学操作，所加的某种元素就是载体。

同理，主持人就如同添加的化学元素，使电视媒体通过主持人来实现信息载体的功能。

作为活生生的真实人物，主持人的信息载体功能具有最积极的可操作性因素，发挥出如下作用。

△主持人以什么方式主持节目，在某种程度上起到以人为载体传递节目内容的作用。

△主持人在节目中组织串联、承上启下，提问交谈某一系列的节目传达活动，实际上是一种作为载体向观众传递信息的具体行为。

△主持人作为电视节目构成的重要组成部分，其自身的言谈举止，带给观众主导或从属信息，这本身也是载体作用的体现。

△主持人不是僵硬的工具，而是最灵活的积极因素，可以以多种形式充当载体，从而使电视节目的样式形成多样化发展趋势。

通过上述分析，我们有充分的理由说明：

主持人在媒介与观众之间所充当的角色，实际上是一种信息传递载体。

载体的主要功能是把媒介要传播的内容有效地传达给观众。

明确这点，有利于主持人摆正自己在节目中的位置，主持节目时才会自觉意识到：主持人的一切努力最终都是为了观众。

由此推论，怎样传达信息，表现内容，吸引观众，使其理解、消化、产生共鸣，是主持人首先要思索的问题。

反过来看，主持人切忌自我欣赏，自我表演，过分讲究衣着、发型、化妆、布景等外在的东西，而不关注深层的内容。

优秀的主持人对自己的位置有清醒的认识，善于调动作为信息载体的各种功能和积极因素，用货真价实的内容和全身心投入的状态赢得观众的好感和依赖。

二、载体的形式

载体的形式是以主持人为中心，根据节目样式、节目风格、节目基调，形成一定具体化的主持方式。

载体形式的设计，一般要考虑两个方面的主要因素：一是节目的样式；二是节目的具体要求。主持人作为信息载体，以什么形式来发挥载体的作用，是一个非常值得重视的问题。

从宏观上讲，电视媒介的整体传播以栏目化构成有序传播格局。主持人的设置自然与各个不同的栏目相结合，主持节目的形式同节目样式相辅相成。

目前，中外电视屏幕上有许多种不同类型的节目及主持人方式。以中央电视台新闻节目为例，《东方时空》《焦点访谈》《新闻30分》《新闻调查》《实话实说》这几个节目主持方式都不尽相同。主持人作为信息载体必须考虑节目样式的特定要求。

图 2-1　北京电视台主持人东东(左)、朱大鹏(右)主持《大红灯笼
五洲挂》特别节目，受到好评。在设计电视节目形式的时候，
必须对主持方式和主持人的"载体"作用加以综合考虑

从微观上讲，主持人在主持特定的具体节目时，应考虑节目的不同内容在语言表达上、手法上以至基调的把握上可能会有哪些特殊的要求，主持人要根据节目内容来设计主持方式。

中央电视台编导高峰在谈及纪录片创作中主持人的作用时认为："如果你已决定在某一部纪录片的前期拍摄中要用主持人，你的第二步就应该考虑这部纪录片的风格以及主持人如何体现这一风格。"①中央电视台摄制的大型纪录片《望长城》采取主持人活动式主持方式，为观众展示出不断延伸的流动视线，产生身临其境的视觉效果。

实际上，《望长城》的主持人活动主持方式已成为节目形式的载体。如果抛开主持方式，《望长城》就会是另外一种风格；如果不采用主体介入、活动主持方式，而采取演播馆主持方式，《望长城》也是另外一种形式。可见，主持人作为节目载体所采取的主持方式同节目风格密切相关。

日本 TBS(东京放送系统电视台)与中国《望长城》同时摄制的《万里长城》纪录片，采取演播馆主持与现场活动主持相结合的方式，主持风格同中国《望长城》有所不同。主持人作为载体既在演播馆传达信息，又在现场为观众拓展视线。

———————————

①　高峰：《电视纪录片及其审美选择》，71 页，北京，中国广播电视出版社，1996。

图 2-2A　中央电视台《实话实说》节目是一档谈话节目，主持人作为节目的中心，将现场观众、电视客人、电视机前观众的情绪调动起来，共同关注讨论节目中的话题。该节目主持方式设计同节目样式的形成是相辅相成的

图 2-2B　法国电视一台《13点新闻》节目主持人在播放平台上向观众报道新闻。主持人面前是一只公鸡模型，这是电视一台的标志：主持人身后是一幅地图。在新闻节目中，主持人起到以人为载体传达信息的作用

　　相比之下，日本的《万里长城》的主持方式是考虑到日本观众对中国万里长城的了解不是很多，故此，在演播馆地下铺开一张大地图，主持人向几个年轻人讲述中国万里长城的历史、地理位置，年轻人提出问题，主持人回答。然后再回到现场，主持人以活动方式观察、体验，将自己所见所闻及感受告诉观众。这种方式是为让观众更清楚地了解长城的历史和现状。可见，主持人作为节目载体，以何种方式主持还要考虑特定观众的需要。

三、载体的理念性

电视节目主持人不是简单的"运载"工具，在发挥载体功能的过程中，应具有较强的理念性。

图 2-3A 主持人焦建成以主体介入方式主持《望长城》，他以活动的方式主持节目，带引观众视线寻找秦长城的两端

主持人的理念性往往从四个方面体现：

一是主持人自身具有控制自己行为的能力，在主持节目过程中能够辨别是非、利害关系，达到一种理智水准。

二是主持人本人在长期实践过程中，理论水平、思想水平达到一定高度，成为权威主持人。这样的主持人作为载体，往往起到令人信服的作用。

三是电视节目中一些关于理性思维的内容，往往需要主持人用语言来传达，才能起到好的作用。

四是电视报道中的有些人物，往往需要主持人以提问的方式或交谈的方式进行采访，以便揭示思想观点，探索人物的内心世界。这样的采访理念性较强，主持人作为载体基本上自始至终起到主导作用。因而，主持人的理性思维活跃于信息交流的过程之中。

在一定意义上讲，主持人传递理念性较强的内容，可以增强节目的分量。

"节目主持人往往是一种哲学思想、生活观点的代言人，这类节目若不用主持人，只是堆积镜头的话，容易雷同或空泛。如用大海的波涛比喻改革大潮；用群山的巍峨讲述祖国的美好；用电脑的图像变化象征科技的发

图 2-3B　主持人发现夯土层，同编导崔屹平在观察，观众
在电视机前随同主持人一起观察，不知不觉进入节目之中

展；用飞快的车轮颂扬时代的进步……如果有一个合适的主持人为你帮忙，
他会拉近片子与观众的距离，避免那些雷同的编辑方法。"①

"另外，一个有威望的节目主持人的出现，会增强观众对节目的信任程
度。"②高峰在纪录片创作过程中注意到主持人作为载体起到的理念作用。
他在撰写《为了民族的昌盛》这部纪录片的脚本时，对主持人的载体作用进
行了下述考虑。

主持人 （演播室）	各位观众，任何人类历史的第一个前提无疑是有生命的人的存在。 　　人类创造了人，而过多的人口却又影响着人类自身，这就是我们今天所面临的问题。 　　当今，全世界人口每分钟增加 150 人，每天增加 21 万人。根据联合国专家的预测，今年 7 月（也就是此时此刻）世界人口已达到 50 亿左右。为了引起世界各国对人口问题的关注，联合国人口组织把 1987 年 7 月 1 日，也就是明天定为"50 亿人口日"。现在就请看 50 亿人口日特别节目。 　　我国是一个人口大国，她有十多亿人口，也就是说，全世界每五个人中，就有一个是中国人。假如所有中国人都愿意在电视上露面，我们以两秒钟一个镜头拍下十亿人的特写，每天 24 小时不停地播放，那么这个节目大概要播放 66 年。

①　高峰：《电视纪录片及其审美选择》，74 页，北京，中国广播电视出版社，1996。
②　同上。

主持人画外音（外景画面）	在世界范围内，数中国人口最多，在中国范围内，人口最多的便是四川了。四川省有 1.03 亿人口，占全世界人口数量的 1/50。而它的总面积却小于全世界陆地总面积的 1/260。 　　四川的土地面积为 57 万平方公里。一半以上又是山地和高原，那里只有着少量人口。而在四川东部，70％的人口集中在 17％的土地上。 　　我国是一个农业大国，土地资源也并不少，但一加上人均两个字，就会远远低于世界水平。世界人均耕地面积为 4.5 亩，我国只有 1.5 亩，在四川，就只剩下 0.9 亩地。有的地方，人均耕地面积竟然只有 0.3 亩。 　　四川，被誉为天府之国。早先，人们把为天国收藏珍宝的地方叫作"天府"，在祖先为我们留下的这片土地上，究竟能创造出多少价值呢？

　　从上述两段主持人对话的安排中，我们看到演播室里主持人所讲的是节目中纲领性的话，带有理念的色彩。主持人在画面的解说中讲的话，是叙述性的，陈述的是具体事实。这是一种夹叙夹议的手法：议论部分由主持人在演播室里讲述，直接面对观众传递信息，观众可以引起理性思考；叙述部分由画面加解说构成，观众可增强感性认识。

　　在电视节目中，带有评论性的节目大都离不开主持人的点评，载体的理念性显得尤为突出。

　　中央电视台《焦点访谈》节目是以新闻述评方式出现的评论性节目，主持人以其对事物恰当的判断、推理、讲求逻辑的点评，给观众留下了深刻的印象。主持人对事物的分析、评价往往增强了节目的分量。

　　《东方时空》节目中的"东方之子""面对面"栏目都是理性思维较强的栏目，主持人白岩松无论是在提问过程中，还是在阐述观点过程中，都非常理智地将信息传达给观众，同采访对象和观众进行思想观点的交流。

　　美国前总统尼克松认为，电视是进行思想交流的理想工具。他非常重视对电视的利用，利用电视阐述政府观点、立场，表明身为总统对世界及国内事务的看法、态度。这从另一个侧面说明，利用电视媒介以语言的方式进行理念性的思想交流是能够获得传播效果的。

　　为了在形式上吸引观众，也为了更好地传达思想观点，美国政界要人上电视辩论、演讲、接受访问，大都由著名主持人来主持节目。从电视媒介的角度看，著名主持人不但具有权威感，而且具有较好的技巧和较高的思想水准，因而能够同政界要人进行沟通交流，并成为一个对话者，而不是一架传声筒。这说明主持人不是简单的信息运载工具，而是具有一定理念的、积极的、主动的、活跃的信息载体。

四、载体的能动性

作为信息载体，主持人不是消极、被动地传递信息。

人格化传播的特定形式要求主持人积极、主动地传播，并在传播中体现人格化的特点。

我们不妨以学校教学为例：教师向学生授课，就在起着一种信息、知识载体的作用。教师亲自讲解，其效果显然与学生完全自学不能等同而论——否则教师这门职业也就没有必要存在了。主持人与观众之间的关系，当然并非同教师与学生的关系完全一致；但至少有一点相同：二者均是向特定的对象传播知识、信息，并力求使对方明白所接受的内容。就这一点而言，载体的作用还在于传递有效信息。我们举实例说明这个问题。

图 2-4A　1960 年，尼克松同肯尼迪竞选美国总统，这是他在接受 NBC 节目主持人亨特利与布林克利的采访。尼克松位于中间，通过主持人来发表自己的看法。主持人作为载体，将公众关心的信息传达出去。这样的节目思想性很强，主持人必须成为合格的对话者

　　1992 年 4 月 25 日晚，中央电视台现场直播了第 5 届全国青年歌手"'五洲杯'电视大奖赛"（业余通俗组）。决赛进行时，主持人现场采访中国音乐家协会副主席时乐蒙同志，提出的问题是这样的："……您作为音乐界的老前辈，对这次大奖赛有什么看法？"（"有什么看法"——这种陈年老话如今仍有些主持人挂在嘴上，成为每次采访提问的"标准问题"。）"有什么看法"是很难用三言两语说清的问题。倒是时乐蒙"所答非所问"，回答了观众最关心的焦点：评委评分，主要是看歌手们对歌曲艺术的把握程度如何。假如主持人直截了当地提问：这次大赛评分的标准是什么？就能一下子问到点子上，真正起到信息载体的作用。时老在谈"看法"时，还透露了一个重要信息：近几年业余歌手的演唱水平普遍有所提高。可惜主持人又错过了一

图 2-4B　唐·休伊特(中)主持肯尼迪(左)与
尼克松(右)的电视辩论，这种方式后来成为
美国总统竞选的程序

次良机，没能就这一观众关心的问题及时追问为什么有所提高。在这次"采访"中，主持人只起了一种"话筒架"的作用，毫无反应地一味听，最后以"谢谢您"这句空泛的客套话草草收场。而观众倒看到了另一面：主持人在衣着、发型、化妆上着实下了一番功夫，但却忽略了挖掘实质性内容——向观众传达有效信息。

下面我们来看看《实话实说》节目主持人，是怎样在节目中发挥其载体能动性的。

节目《红娘》(续，1998 年 7 月播出)开场白：现在社会上已出现了许多专门的婚介机构，本期邀请的两位嘉宾是现代型的职业红娘：谭军、仲昭川。

主持人与嘉宾的交流节选：

主持人：对于征婚者提出的要求，是不是要给他们一些必要的指导呢？

谭军：应该给一些指导，但具体到每个人来说，他既然提出来了，就是合理的。

主持人：他们有这个权利。

谭军：我们提出一句话，"用我的感觉去寻找你的感觉"。

主持人：你现在能找到这种感觉吗？

谭军：我认为几千年来男士的择偶观念没什么改变：温柔、贤惠、漂亮；作为女士，她们的观念在不断变化，到了今天，更重视感觉。

主持人：这是您研究出来的吗？

谭军：对，有一次我们组织一个联谊会，在气氛高潮时，大家一起唱《我想有个家》。这时，一个小女孩不由自主地拽住了一个小伙子的胳膊(掌声)，这个小伙子大度地说会有个家的。(全场笑)

主持人：您印象最深的是哪一对呢？

谭军：有一对离婚的夫妻，他们又同时到我们这里登记，我按小伙子提出的要求，给他介绍了一位女士，他一看照片说，这是我前妻。

主持人：真有缘分。

谭军：他们以前也没有太大的矛盾，经历了这一次之后，他们复婚了。

主持人：破镜重圆了。仲先生，有没有征婚者会提出不切实际的条件的？

仲昭川：有的人比较着急，一进门就说有现成的吗？立马就能结婚的。

主持人：为什么就急得这样儿呢？

仲昭川：他7月1日以前还能分房子，要不结婚就没戏了。

主持人：有些人是很认真的，提出的要求也很具体，比如想找一个想到海外发展的。

仲昭川：有，但是涉外婚姻我们还不办。有一次一个会员问，你能保证会员都是单身吗？

主持人：这个问题原则性太强了。

仲昭川：我告诉她：姑娘，不法分子还是有的。希望你擦亮你雪亮的眼睛，有我们给你观敌瞭阵，你也多加小心，料也无妨。

主持人：您带来一只小松鼠和一盆文竹，干什么用的呢？

仲昭川：第一次见面不见得都特别投机，投机也深不到哪儿去，你就送给他(她)一只小松鼠。改日就可以借故到家里看鼠，顺便连父母都看了。(掌声、笑声)

主持人：饲养小动物比较麻烦，我看送花，送文竹也不错。

仲昭川：这是我们推出的另一种方案，送小植物办公室都能搁。

主持人：送小植物收不收会员的钱呢？

仲昭川：这个不是慈善的事业，一定要自负盈亏。

观众：你们的成功率是多少，对会员有没有保证？

仲昭川：许诺没有意义，现在婚介机构真正的意义是给单身朋友一个结束单身生活的希望。

谭军：我们有一句话是只给希望，不给承诺。

主持人：谭先生开业几年了。

谭军：6年了。

主持人：介绍成功了多少对？

谭军：8 000多对。

主持人：仲先生呢，开业几年了？

仲昭川：还不到三个月。

主持人：成功了多少对？

仲昭川：现在有一些在热恋着。结婚的还没有。

主持人：小动物已经送了不少了。（全场笑）

从主持人与两位嘉宾的对话中，不难发现主持人始终处于一个主导地位，始终积极主动地发挥着载体的能动性。而且带着观众的问题提问：你们的成功率是多少？对会员有没有保证？谭先生开业几年了？介绍成功了多少对？节目结束时，观众知道谭先生介绍成功了8 000多对，从而感到职业婚介机构，确实是反映了现代社会婚姻介绍的开放性以及服务性所起到的作用，是非同小可的。

由此，我们看到，主持人的机敏、灵活、即席应变能力，对于发挥载体的能动性所起到的积极作用。

以上我们从载体的功能、载体的形式、载体的理念性、载体的能动性四个方面阐述了主持人作为信息载体所体现的人格化传播特征。

接下来，我们再来探讨，主持人的情感因素在人格化传播特征形成过程中的具体体现。

第二节　情感传导

节目主持人是活生生的有血有肉的人，在主持节目时，情感因素作用其中。

然而，主持人情感因素的注入并不是简单地在表情上表现出喜、怒、哀、乐，而是用所传达的内容来引起观众在情感上的心理反应，从而达到感情上的共鸣与沟通。

怎样才能引起观众在情感上的心理反应，达到感情上的共鸣与沟通呢？

首先，节目主持人自己要对所传达的内容在心理上获得正确的情感反应；

其次，节目主持人用恰到好处的方式、方法与技巧将正确的情感反应传导给观众；

最后，观众引起感情上的共鸣与沟通，从而对节目传达的内容产生深刻的认识和理解。

一、情感因素的注入

依照心理学的解释，情感是人对外界刺激肯定或否定的心理反应。如喜欢、愤怒、悲伤、恐惧、爱慕、厌恶等。

节目主持人在情感上的心理反应，主要是指对节目所传达的内容产生情感。

主持人的情感因素深入与否，还会受到自身体验的影响。

在有些节目中，主持人以亲身体验的方式主持节目，主持人所接触的外界事物必然使主持人受到刺激，产生情感上的心理反应。

中国的《望长城》、日本的《万里长城》，之所以起用演员和作家做主持人，就是因为他们对外界事物有较强的感受力，并能将自己的感受以生动的方式和语言传达给观众。

在这类节目中，主持人在情感上的心理反应对观众具有较强的感染力。

相比之下，当主持人没有身临其境，或不以自我体验的方式主持节目时，主持人的情感因素是不是就淡化了，或者很难产生真情实感呢？

事实上，无论是自我体验，还是身在其外，主持人都受到直接或间接的外界事物刺激，情感上都会产生心理反应。

在多数节目中，电视节目主持方式往往将二者结合，主持人都有机会亲自体验外界事物，也都要对没有亲身经历的外界事物进行传达。

因此，主持人的情感一方面来自自我体验，另一方面来自对节目内容的感知。

举例来说，新闻节目主持人到新闻现场进行观察采访，在现场报道中将自己的所见所闻报告给观众，主持人亲眼看到事件的进程，在情感上受到外界事物刺激，在心理上必然会有所反应。而在演播室的主持人对内容的把握，仍然能够产生情感上的心理反应。

中央电视台的1997年香港回归特别报道，采取了演播室主持与现场主持相结合的节目主持方式。我们看到，水均益等主持人虽然坐在演播室，但他们的情绪、神态乃至言语之中都流露出对香港回归祖国的欢乐与兴奋的情感；白岩松、张宏民等主持人对正在进行中的活动做现场报道，他们的言谈举止、表情、神态同现场的活动相吻合，观众不但受到现场气氛的感染，而且也受到主持人情感传导的感染。

有时候，电视节目采取利用其他传媒电视信号或将提前准备好的录像在电视屏幕展示的方式，通过主持人的主持进行节目传达。这时，主持人如果是同步利用其他传媒电视信号，就要从电视屏幕展示的内容中感受、感知，产生情感上的反应。如果主持人利用提前准备好的录像，事先最好提前感受一下，知道内容是什么，到节目传达时才能较好地把握情绪。

例如，凤凰卫视中文台对英国戴安娜王妃的丧礼的现场转播，就是利用其他传媒的信号，通过主持人观看电视屏幕的方式进行同步的主持。主持人虽然没有置身现场，但获得的信息仍然是最新的。主持人情感上的心理反应是画面刺激而产生的。

中央电视台《正大综艺》节目，通过大屏幕展示提前准备好的内容，请观众参与节目。在"世界真奇妙"栏目中，用了许多国外的资料和录好的节目，主持人和现场观众一同观看。主持人尽管在事先了解了节目的内容，但在情绪上和状态上仍然要完全投入，否则就很难把握情感传导的尺度。

这种类型的节目，在形式上如同现场体验，这和坐在演播室组织串联有所不同。它要突出体现现场感。主持人没有到过现场，同真正到现场的感受是有所不同的；同事先研究了解内容，再用语言组织串联进行传达也是有所不同的。主持人必须要捕捉画面所提供的现场信息，感受现场的气氛，方能既准确地传达信息，又恰当地进行情感交流。

主持人情感因素的注入，是电视人格化传播的明显特质。

主持人无论在现场体验，还是坐在演播室主持，或是在演播室通过屏幕了解现场并转播现场实况，其中都有情感因素的注入。

那么，主持人在节目中注入情感因素，有哪些规则、技巧、方法需要掌握呢？

二、情感传导的尺度

主持人在主持节目时将情感因素注入其中，这种情感因素会传导给电视观众。如同物理学中热或电从物体的一部分传到另一部分一样，会引起相应的反应和活动。

主持人作为电视机构的代言人，情感传导并不是随意的，而是有一定的尺度，一定的原则的。

第一，主持人的情感传导是通过电视媒介进行的，那么就要受到大众传播媒介所具有的规律的制约。主持人要遵循传者与受众的相互关系、传者的角色定位、受众群体的不同构成等规则。

图 2-5　中央电视台体育节目主持人宋世雄、孙正平
在现场主持排球比赛，强烈地感受着现场的气氛，
他们在情感上要较好地把握尺度

第二，主持人主持的节目性质不尽相同，不同节目的性质对节目主持的基调、风格、手法乃至情感注入都有着一定的制约，主持人要遵循电视节目性质的特定要求和原则。

第三，不同节目的主导传播意向对主持人的情感传导具有一定的限定。主持人要明确节目的出发点、节目的意图，不可漫无目的地任意发挥。

第四，主持人虽然以主体介入方式主持节目，但是在对客观事物的反映中仍然是一个观察者的角色，而不是事件的真正参与者。因而，情感传导必须适度，在有些节目中还要克制。

第五，电视节目推出主持人的目的是为了更好地获得传播效果，而不是单纯地进行情感传导。主持人要根据节目的特定内容来进行情感传导，要明确主持人在节目传达过程中的任务、作用。

以下用克朗凯特主持人生涯中两次不寻常的报道作为例证，来说明情感传导的尺度。

> 1963 年 11 月 22 日中午 12 点 30 分，肯尼迪总统在达拉斯遭到枪击。

> 枪声一响，总统车队最后一辆车——第六辆车——记者梅里梅·史密斯立即抓住车上的无线电话向合众国际社达拉斯分社报告了这一消息。

> 枪响 4 分钟后，史密斯发出的消息就在电传打字机上响起来，传向电视台、电台、报纸。

> "合众国际社达拉斯 11 月 22 日电：肯尼迪总统的车队今天在达拉斯商业区遭到三声枪击。"

> 12 点 36 分，纽约 ABC 电台播出了这条消息。

> 12 点 39 分，史密斯在帕克兰德医院发出第二条消息：

> "肯尼迪伤势严重，或许很严重，或许遭到暗杀子弹的致命枪击。"

> 12 点 40 分，克朗凯特出现在 CBS《当世界改变时》的节目中，打断节目的正常播出，根据合众社两条简讯报告说：

> "在得克萨斯州达拉斯市有三枪射向肯尼迪总统的车队。第一次报道说，总统伤势严重。"

> 克朗凯特报告这一消息时，控制不住自己的感情，两眼含着泪水。

> CBS 新闻部领导立刻决定将克朗凯特换掉，系列片继续播放。

> 12 分钟后，电视上的消息连同克朗凯特的态度被人们议论纷纷，全国一片震惊。

> 到 13 点 35 分，人们听到总统已经死亡的消息。

CBS（哥伦比亚广播公司）为什么将克朗凯特换下来呢？

因为新闻报道应该遵守客观、冷静的报道原则。肯尼迪遇刺是硬性新闻事件，主持人应该控制自我感情的流露。

可见，主持人的情感传导是有一定尺度的。

这样说来，主持人是不是在所有报道中都要克制情感，不温不火呢？

不然。

克朗凯特在 1969 年主持人类登月的现场直播节目，曾激动得流下了热泪。电视网和电视观众没有因此而议论纷纷，更没有指责他的感情外露。

1969 年 7 月 20 日是人类科学史上最辉煌的日子。美国"阿波罗 11 号"宇宙飞船将宇航员尼尔·阿姆斯特朗和埃德温·奥尔德森送上月球，掀开了人类登月史的崭新一页。

这一天也是美国最著名的主持人沃尔特·克朗凯特一生中最富有历史意义的一天——主持"阿波罗 11 号"登月的特别节目。

观众守候在电视机前，等待着那激动人心的场面。在观众怀着期待的心情，眼巴巴地盯着电视屏幕之时，克朗凯特首先出现在屏幕上，面带笑容但不失庄重地向观众传达背景信息，介绍现场环境和动态。他穿针引线，将月球上和地球上的活动组织成为一个统一体。

尼尔·阿姆斯特朗站在月球上说："对一个人来说，这只是一小步，但对人类，这是一大飞跃。"

尼克松总统站在地球上说："由于你所完成的业绩，太空已经成为人类世界的一部分。并且因为你从'安宁之海'和我们通话，这就激励我们要加倍努力把和平和安宁带给地球。"

克朗凯特激动地流下了热泪，开始进行他那权威性的评论。观众仍然守候在电视机前，收看事件引起的一系列反应性报道。

"阿波罗 11 号"登月全程的报道，在国际上产生巨大反响。克朗凯特的主持如同神话一样将月球上和地球上人的活动和声音串联在一起，使得这次节目本身也成为一种奇迹。

克朗凯特的情感传导为什么会为观众所接受呢？

因为事件本身所具有的特殊意义，观众对事件本身同样产生强烈的激动情绪。主持人的流泪不仅仅是个人感情的外露，而是事件本身对主持人产生的影响使然，主持人的情感同公众的情感是一致的。

相比之下，报道肯尼迪遇刺时克朗凯特流泪也是他个人感情的外露，观众当时接受信息的状态会受到主持人情绪的影响，产生种种猜测，影响新闻报道的准确性、客观性。①

---

① 美国 CBS 节目主持人丹·拉瑟认为，主持人感情与现场以及内容要有一定联系，新闻报道总体上要沉稳、冷静。

通过上述比较分析，我们可以清楚地认识到：主持人情感传导应该根据节目性质、节目内容的特定要求，把握好尺度。

三、情感传导的技巧

主持人情感传导的技巧运用不能脱离节目传达目的以及节目内容而独立存在。

因此，技巧运用不是目的，而是手段。

图 2-6A　美国航天飞机"挑战者"号即将发射，女教师
麦考利夫将作为第一个普通女性进入太空

在双向交流沟通过程中，双方不仅表达思想情感，还要体会、接受对方的思想情感，犹如朋友之间的交谈、讨论，最终找到双方都能认可的共同点。寻找这个共同点，对主持人来说，是一个复杂的过程。作为电视媒体的传者，主持人的情感传导必须蕴含一定的思想内涵，因而它又不同于日常人际交往中的情感传导。

对此，我们可以从美国广播公司《晚间新闻》主持人彼得·詹宁斯对"挑战者"号爆炸事件的报道中略见一斑。

1986 年 1 月 28 日上午 11 点 38 分，"挑战者"号航天飞机发射不久突然在空中爆炸。灾难

图 2-6B　"挑战者"号升空
47 秒后，在空中爆炸

发生以后，电视成为美国公众寻求答案与安慰的地方。

具有哲学家气质的詹宁斯，在整个报道过程中以极为克制的态度注入思想和感情。他不断报道女教师麦考利夫的事迹，称她为"空间的第一位真正市民"，"她的精神就是我们的精神"。

由于詹宁斯对麦考利夫较为完整的报道，使她在观众心中占据了比其他六位遇难者更重要的位置，成为为了理想敢于冒险献身的象征。

评论家们认为，詹宁斯在报道缺乏细节的可怕的悲剧事件时，能够表达明确的思想和感情，使观众得到一定的安慰和启示。

图 2-6C　人们万分震惊和悲痛，不敢相信自己的眼睛

由此看出，主持人的情感传导确有自身的特点。

人与人之间究竟是一种什么样的关系？是什么决定因素把人与人之间的感情连接在一起的？——是感情的共鸣。

无论在哪种社会、哪个国家，人都是有感情的。而这感情是丰富多彩、千变万化的，其中健康、高尚的情感是人们普遍追求的情感——这正是需要主持人体会把握的内容。

人们接受一种观点、一种做法，总要在感情上体会一番后，上升到理性阶段才能付诸行动；倘若感情上不能共鸣，就很难理解、接受。

自然，情感传导需要技巧。主持人的言谈举止就是一种感情的流露，这种流露应是自然的、发自内心的，而绝非矫揉造作的。一切都应是自然和谐的。主持人更不能以自己的心态、自己的世界观和自己的个性强迫观众接受所给予的内容。

从某种程度上讲，主持人的情感传导应该能够艺术地"化入"节目内容之中，而不单单流露于表情、姿态之上。

情感传导是保障主持人有效传递信息的辅助手段之一。主持人在和谐的气氛之下实现传与受的汇合，就必须与受众沟通情感、建立密切的关系，即彼此相通、心心相印。主持人在传播过程中，注入情感因素，体现双向交流精神；主持人与受众交换内心思想，表达各自的情感意境，以求获得感情共鸣，得到最佳的收视效果。

第三节　个性形象

个性形象是主持人人格化传播特征的又一显著的体现。

所谓个性，是指在一定社会条件和教育的影响下形成的一个人相对固定的特征。

节目主持人的个性形象，是指其在主持节目的实践活动中，反映出的总体精神面貌和相对固定的性格特征。

一、个性形象的展示

个性与形象，对主持人来说，是并存的。它们相互促动、相互制约，缺一不可。没有个性，就无所谓形象；反之亦然。

主持人的形象关键在于其精神上的总体面貌。台湾地区节目主持人凌峰，以外观形象而论，并非英俊男子，但他那种生气勃勃、豪爽大度的个性，加上那妙语连珠、迅速的应变能力，令观众拍案叫绝。他那种热情奔放、充满活力的言谈举止本身就是一种调动观众情绪的"催化剂"；同时，也是自身个性形象的展露。

有一次，凌峰到大陆拍摄《八千里路云和月》的节目时，被上海电视台节目主持人叶惠贤请到《今夜星辰》节目做嘉宾主持。下面是他同叶惠贤的一段对话，从中反映出他的个性特点。

> 叶惠贤："大家对您的光头很有兴趣。"
>
> 凌峰："我喜欢光头，是因为洗起来随便，一天可洗十七八次，我想象不出哪位小姐剪成光头会有什么效果。"
>
> 叶惠贤："您能不能向我们的观众介绍一下您的年龄？"
>
> 凌峰："我是60多岁的身体，50多岁的外貌，40多岁的真实年龄，30多岁的智商，20多岁的性格。"

叶惠贤："您还有 10 多岁的童趣。"

图 2-7　《ABC 晚间新闻》节目主持人彼得·詹宁斯
具有哲学家的头脑和气质。在报道悲剧事件时，
他能以理智的报道传达明确的思想和感情

凌峰与叶惠贤两人都是善于现场即兴发挥的幽默型主持人，一般情况下是不看稿子的。以上的对话是在没有时间磋商的情况下，临时决定直接录制的。两位主持人一来一往，进行了 15 分钟的对话，其间不断地闪烁着即兴语言的"火花"。

由此我们可以看到，主持人自身的性格对其个性形象具有一定的内在影响。

二、个性形象的树立

个性形象是主持人能否取得成功的先决条件之一。

我们通常说要树立良好的形象，国家如此，个人亦如此，主持人当然也不例外。没有个性形象的人是不存在的。然而对主持人来说，形象的树立绝非一日之功，而需要持久的努力和长期的摸索（当然也有例外）。有的主持人"一炮打响"，一露面就在观众心目中留下了较好的印象。不过这还需要时间的检验。

固定栏目的固定节目主持人就无法"一锤定音"，因为观众看的是他们长期一贯的表现。主持人日复一日、月复一月、年复一年与观众打交道，其形象的树立必然经过时间的考验才能得以实现。早在 1952 年就主持过新闻节目的克朗凯特，1962 年接手哥伦比亚广播公司《晚间新闻》后，用了整整 6 年时间的郑重其事的报道，才在观众心目中树立了稳重可靠的"沃尔特大叔"的形象。

需要指出，形象的树立并非来自外表的漂亮，衣着、化妆的时髦——这些只是表面的东西。树立主持人的良好形象的关键因素在于与观众打交道的高超本领及聪明才智。

从中外节目主持人的实践活动看，凡是那些明智、真诚、自然，既有活力又有人情味的主持人，都受到了观众的认可。

这样的形象之所以能为人们接受，是因为体现了一种完美的人格品质，便于交流思想，沟通情感。明智的主持人熟知节目内容，善于把握时机，掌握分寸，在合适的时刻表达恰当的思想，因而容易树立一种使人信赖的权威形象。

克朗凯特从 1962 年起主持《CBS 晚间新闻》节目，直到 1981 年退休。他在观众心目中树立了真实、可靠、和蔼、可亲的"沃尔特大叔"形象，甚至有许多观众希望他退休后竞选美国总统。

第四节　节目标志

节目标志是表明节目特征的"记号"。换句话说，就是节目的标识。

节目标志，代表着节目的特征。

节目标志，影响着观众的收视。

节目标志，一方面是由节目的性质、内容、样式、风格、包装等诸种因素融合而成；另一方面是主持人在主持节目过程中，带给观众的总体印象。

一、"品牌"与"旗帜"作用

主持人作为节目的标志，如同商品的品牌一样，具有识别作用。

人们通过品牌来识别商品、挑选商品，因为品牌代表着商品的信誉和质量。

主持人的能力、水平、风格、个性，同样体现着节目的"品质"。

主持人作为节目的标志，如同一面"旗帜"，成为节目的"象征"，具有一定的感召作用。

观众喜欢主持人，往往选择其主持的节目；好的节目由优秀的主持人主持，往往增色不少。

主持人作为节目标志，同节目之间往往可以用等号相连接。由此可见，主持人同节目之间的关系具有不可分割的特性。

图 2-8A　20 世纪 50 年代初期的克朗凯特(右二)
在早间节目中做特邀主持

图 2-8B　20 世纪 80 年代初期，克朗凯特退休，
但他仍然喜欢带有竞争色彩的运动，他在观众
心目中树立了"沃尔特大叔"的形象

　　主持人以"我"为导线出面主持节目，使自己的形象、言语、举止与节目融为一体，以其鲜明的特色成为节目的显著标志。

　　观众议论一个节目往往连同主持人一齐评论。人们一提到《七巧板》节目，就联想到主持人鞠萍。中央电视台的《正大综艺》节目创办初期，几易主持人，后来物色并固定了观众认可的主持班底，这说明观众不仅认可节目，还要认可它的"标志"。

美国三大广播公司的晚间新闻干脆以主持人的姓名命名——《CBS 晚间新闻与丹·拉瑟》《NBC 晚间新闻与汤姆·布罗考》《ABC 今晚全球新闻与彼得·詹宁斯》。法国电视二台的《新书对话》节目主持人贝尔纳·比沃，更是节目的活的"标志"。《新书对话》即意味着比沃，比沃即《新书对话》。中国香港的凤凰卫视中文台 1997 年推出《小莉看时事》等节目，都以主持人名字命名，以突出节目的"品牌"形象。

可见，主持人与节目是不可分割的一个整体。主持人作为节目标志，起到鲜明的"旗帜"作用，以自己的才智、风格、魅力体现出节目的主要特征，进而成为节目的名副其实的"标志"。

二、树立标志的自觉意识

节目标志的树立需要一定的时间。在一定时间内主持人最好相对固定地主持一个节目，而不要经常处于流动状态。经常调换位置，很难树立起"标志"。

因而，主持人要有树立节目标志的意识，一旦找到自己合适的位置，就不要轻易放弃。

主持人的相对固定是否有利于标志的树立？这就如同一个产品的商标一样，经常出现的产品品牌，往往为大众所熟悉。反之，则容易被公众所遗忘。

主持人的相对固定，同电视节目的相对固定，是相辅相成的互动关系。

节目的相对稳定，更重要的目的是使节目在一段时间内受到观众的欢迎。

节目能否受观众欢迎，关键的因素之一是主持人是否受观众欢迎。

主持人要赢得观众的信赖，树立良好的形象，除了业务水平、文化修养等胜任工作的条件外，还应该相对固定地主持好某一个节目，这有利于节目内容与形式的有机结合，有利于对节目基调的把握，有利于节目风格的形成，有利于观众识别节目。

只有这样，才能保证节目的相对固定，从而实现有序传播的目的，并吸引观众，获得较好的效果，且主持人的"品牌"作用才能长久维持。

克朗凯特 1962 年起主持《CBS 晚间新闻》节目，她直到 1981 年退休，近 20 年没有离开这档节目，他在观众心目中成为 CBS 新闻的象征。由于他的主持，CBS 晚间新闻收视率长期在三大电视网同类节目中名列前茅。

中央电视台少儿节目主持人鞠萍从 1985 年起主持《七巧板》节目，后改

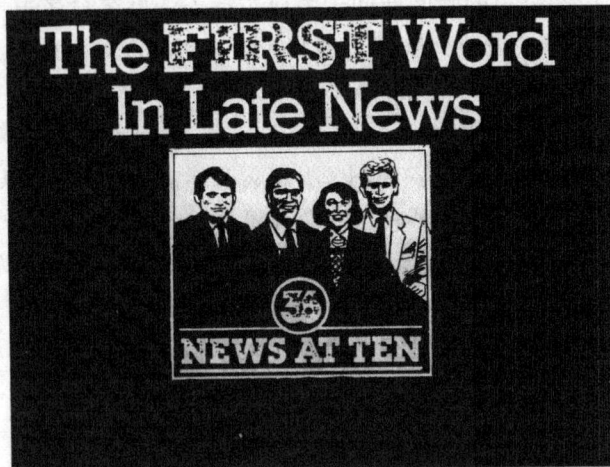

图 2-9 主持人作为节目标志，起到"品牌"
作用，这是美国电视节目的预告，主持人成为
"活招牌"。《十点新闻》在《电视指南》杂志上，
固定不变的预告方式让观众清晰可辨

版为《大风车》，她直到今天仍然主持少儿节目，并成为节目主编。她在孩子们的心目中树立了知心朋友的形象，节目收视率经久不衰，成为真正意义上的名牌节目。该节目时间段位固定，主持人相对固定，因而，拥有相对稳定的观众群，实现了有序传播的目的。

图 2-10 鞠萍主持儿童节目数十年，成为中国
电视少儿节目主持人的先行者，她在少儿观众
心目中树立了亲切、可爱大姐姐的固定形象

电视节目的栏目化同主持人相对固定有着相辅相成的内在联系。

栏目化是电视节目走向成熟的重要标志。

电视节目的成熟，举其要端，有以下这样几条标准。

△一档节目时长基本固定；

△节目播放时间段相对稳定；

△节目主持人相对固定；

△节目内容与形式有机结合；

△节目基调、风格各具特色；

△节目传达具有主导传播意向。

能够达到上述标准的电视节目，才会适应观众的收视要求和习惯，才会发挥电视媒介自身的特点，最终达到有效传播的目的。

设置节目主持人，是促使电视节目走向成熟，以栏目化构造有序传播格局的有效手段之一。因为主持人不仅可以采取灵活方式将各种内容组合串联成一个有机整体，而且还以人格化与对象化传播特征为电视节目传达注入自然、亲切、生动、人情味等积极因素，成为电视节目吸引观众不可缺少的重要组成部分。

[本章重点]

1. 电视节目主持人的设置，改变了电视传统的单一灌输式传播方式，使电视传播具有了双向交流的传播优势。这是电视传播的一大变革，并由此引发了节目传达方式的一系列变革。

在电视节目主持方式不断丰富发展的过程中，主持人作为活生生的人介入到节目传达的活动中，人格因素便不知不觉渗透到节目中来。当电视上众多节目都以主持方式推出之后，电视这一大众化的传播便得以形成人格化传播的特征。

2. 人格化传播特征主要体现在信息载体、情感传导、个性形象、节目标志等方面。这几个方面的相互作用，使电视节目具有了一种人格力量。

3. 主持人作为信息载体，不是僵硬的工具，而是最灵活的积极因素。因而，具有多种功能、作用和形式。然而，主持人作为信息载体的目的是要把节目的内容有效地传达给观众。明确这一点，主持人才能摆正在节目中的位置。

主持人作为载体还应具有理念性和能动性的特点。真正发挥好信息载体的作用，要对载体的目的、功能、作用、形式、特点有全面的认识和把握。

4. 主持人情感因素一方面来自自我体验；一方面来自对节目内容的感受、感知。

情感传导要把握好尺度，遵循大众传播规律及电视节目性质的规定，以及报道原则的限定。情感传导需要技巧，纯熟的技巧是能够将情感因素艺术地"化入"节目内容之中。

5. 主持人的个性形象是在长期的主持节目实践活动中，反映出的总体精神面貌和性格特征。

个性形象是主持人成功的重要条件之一。树立个性形象要经过长时间的努力和磨练。个性与形象是并存的，缺一不可。

6. 节目标志是表明节目特征的"记号"，具有识别节目的标识作用。主持人作为节目标志是节目的"品牌"，代表节目的信誉和品质。主持人作为标志，如同一面旗帜，成为节目"象征"，具有一定的感召力。

[思考题]

1. 主持人的推出，对电视传播方式产生了什么样的变革？

2. 主持人作为信息载体具有哪些特点？

3. 载体的具体方式设计，应该从哪些方面进行考虑？

4. 为什么说载体具有理念性？在实践中应该如何体现？

5. 中国台湾地区节目主持人凌峰的个性形象同他个人的性格、气质、才能有什么关系？

6.《东方时空》与《实话实说》两位主持人的个性有什么不同？

7. 主持人对情感传导的尺度把握应该从哪几个方面加以综合考虑？

8. 对美国"阿波罗11号"登月的现场直播与"挑战者"号失事的现场直播的主持人的情感传导进行具体分析，二者区别在哪里？

9. 主持人作为节目标志，起到什么样的作用？

10. 主持人相对固定地主持节目，对于节目标志的效用是否起到一定作用？反之会有什么结果？请举例说明。

第三章
主持人与对象化传播

当主持人以真实的个人身份出现，用第一人称主持节目时，他们与观众之间就形成了一对一的双向交流形式，这种对象感非常明确的节目，其传达方式使电视媒体具有了对象化传播的特征。

所谓对象，是指行动或思考时作为目标的人或事物。

对象化传播，即以特定的观众作为收视目标。

主持方式的推出，促动电视实现了对象化传播并形成了下述特点：

其一，主持方式是以一对一的传播方式进行双向交流，因而具有很强的针对性——针对某一特定的观众群进行传播。

其二，主持方式又是以一种面对面的形式出现，因而同观众之间又形成了特殊的亲近性——贴近观众的亲切感。

其三，一对一与面对面主持方式，使主持人处在节目的"视觉中心"，决定了主持人是"给人看""被人评判"的特殊角色。因而，主持人又成为观众面对的特定对象。这样，观众对主持人在"视觉感受"方面便产生了"审美需求"。

其四，主持方式不仅仅是能够有针对性地传达信息，而且应能够灵活地进行信息的交流，从而使信息的传播在双向互动因素的促动下，得到较好的收视效果。

第一节　一对一的针对性

主持人的传播不是凭空、盲目、随意的传播，而是有特定对象的传播。

不同节目的主持人拥有不同的主体受众对象。如儿童节目的受众对象是儿童，体育节目的受众对象是体育爱好者。所以主持人在主持节目时总会考虑到特定的观众群，以便"有的放矢"。道理很简单，不了解读者，就难以写出好作品；不了解观众，也就主持不好节目。

从这个意义上说，对象化传播的显著特点之一在于具有很强的针对性，主持人的一切传播手段和技巧都是围绕针对性进行调度实施的。

主持人的对象化传播从整体角度看，是面对全体电视观众的；从具体的节目看，是面对不同观众的。

一、针对特定对象

首先，主持人的对象感是针对特定群体对象从而产生的。这是由于电视节目设置面对不同观众，针对不同观众，也就是由不同节目的不同观众

57

定位所决定的。

有针对性地确定对象感，对于主持节目来说，就好比有了具体目标，有利于调动适合特定对象的主持方式、基调、手法。

例如，中央电视台《夕阳红》节目，是面对老年观众的。主持人就要根据节目的观众定位来把握对象感。无论谁做该节目主持人，都不能脱离特定的收视对象来寻找对象感。

拿《夕阳红》节目和《大风车》节目作比较，两个节目一个是老年节目，一个是少儿节目，面对的观众截然不同，差异非常之大，主持人的对象感也就存在个性差异。《夕阳红》节目主持人眼前浮现的是老年观众，《大风车》节目主持人眼前浮动的是儿童观众，面对特定群体对象，主持人会产生特定的对象感。

可以说，在对象性节目中，只有针对不同观众群体，主持人才能找准明确的对象感。

图 3-1　鞠萍主持《大风车·太阳人》节目，采取
儿童自我展示这一生动活泼方式，增强参与性

二、针对多层面对象

除了对象性很强的节目外，电视节目中还有许多节目是面对多层面的电视观众的。这样，主持人的对象感就不可能针对某一层面的群体而确定了，而要针对多层面的观众来确定。

多层面的观众并不是无所不包，主持人可以根据节目的定位来把握对象感。

例如，中央电视台《焦点访谈》《东方时空》节目，收视群体层面比较广泛，有工人、农民、学生、知识分子、公务员、企业领导、政府机关领导等。这样多层次的收视群体，虽然不同于某一类特定对象收视群体，但指向性比较强，主持人仍然可以找到比较明确的对象感——面对成年的、具有理解能力、判断是非能力、关心时事的收视群体。主持人不必像青年节目、儿童节目那样采取启发、引导、循循善诱等手法来传达节目内容，而是采取成年人能够接受的方式，同时保持节目庄重、严肃、尖锐、态度明朗、是非分明的风格特点。美国 ABC《夜间新闻》节目主持人

图 3-2A　美国儿童节目主持人罗杰斯给小观众讲故事，采取儿童易于接受的方式。他主持的节目《罗杰斯先生的邻里》深受小观众的欢迎。这是他用图画讲恐龙的故事

特德·科佩尔的主持以严肃、深刻、尖锐著称，这与节目内容、性质是相吻合的，也和节目面对的白领阶层观众有一定关系。

图 3-2B　罗杰斯在节目中引导儿童如何
正确服药，正确对待生病

三、针对变化的对象

节目主持人在日常工作中，还要考虑的一个因素是：电视观众的可变性因素。

当今，电视已进入了选择节目的时代。特别是卫星通信带动了卫星电视的发展，观众选择节目的主动性极大地增强了。

观众选择节目的余地增大后，收视群体的可变性也随之出现了。在收视率调查这个环节上，某些可变性的因素往往很难得到准确的测定。但是，可变性在事实上是存在的。

另外，观众的可变性还反映在一些特殊的节目中。有的节目或许要面对世界性的观众，有的节目或许要面对全国性观众。例如，中央电视台《香港回归特别报道》，面向全世界许多国家和地区播出；美国 CNN 的海湾战争报道，面向全世界传送；凤凰卫视用华语直播的《戴安娜王妃的丧礼》，面向泛亚地区播出。中央电视台一年一度的《春节联欢晚会》节目，面向全国及海外华人播出。在这些节目中，观众往往是一下子增多，以亿来计算。主持这样的节目同一般的栏目就要有所不同，首先要明确面对的是什么样的观众，同时根据节目内容，把握好对象感。

图 3-3 《夜间新闻》节目主持人科佩尔主持节目时形成庄重、严肃、沉稳的风格，这与节目本身的定位及面对的观众群体是具有关联性的

一般来说，面对变化的对象（大都是扩大的观众收视群体），主持人一对一的针对性并没有从根本上发生变化，只是收视对象扩大了。主持人要依据节目内容、节目主导传播意向来把握好基调。

香港凤凰卫视中文台主持人对于《戴安娜王妃的丧礼》的现场直播，就较好地把握了对象感和节目基调。窦文涛、许戈辉、陈鲁豫三位主持人在演播室向泛亚地区用华语进行现场直播，由于节目对象是泛亚地区的华人，主持人对华人怎样看待戴安娜王妃、怎样评价、怎样理解这一事件，就必须有所考虑。

显然，华人是不同于英国人和其他欧洲国家的观众的。在把握带有世界性的共识的前提下，主持人较好地把握了这次节目的基调——戴安娜王妃是一位有爱心的王妃，是人民心目中的王妃，她遇到的意外是令人痛惜的。

我们看到，三个主持人沉静、严肃、委婉、恰到好处地进行解说和分析。他们并没有过分地流露出悲哀，但在言词之中表达了痛惜之意。虽然世界的华人对戴安娜并不同于英语国家的人那样熟悉或是有亲近感，多数人也不会像电视上那些参加丧礼的观众那样悲痛，但是全人类还是存在许多共同的带有人间性的感情的。主持人在直播中，用他们的语言表达了对戴安娜王妃美好善良爱心的赞美，并用事实来加以证实。

在节目的开头，三位主持人用较低沉的语调开始向观众进行现场直播。

窦文涛：大家好。

许戈辉：大家好。

陈鲁豫：大家好。

窦文涛：这里是凤凰卫视中文台向泛亚地区现场直播英国威尔士王妃戴安娜的丧礼。

陈鲁豫：上个星期日，也就是 8 月 31 号凌晨，戴安娜王妃在法国巴黎不幸遇车祸去世。这个消息传出之后，在全世界引起很大的反响。

许戈辉：距离此时此刻 1 个小时以后，也就是 9 月 6 日上午 11 点，北京时间 9 月 6 日下午 6 点钟，将在英国西敏寺大教堂为戴安娜王妃举行丧礼。

窦文涛：戴安娜王妃不幸逝世，引起的反应是世界性的。许多国家的首脑，比如英国、法国、澳大利亚、新西兰、俄罗斯，他们听到这个消息，都感到非常震惊和难过。他们发表的声明，都称赞戴安娜王妃献身于人道主义慈善事业，热情、善良，认为失去了一位很好的国际亲善大使。

陈鲁豫：这两天不仅仅英国人，而且全世界各国的人都对这一消息感到悲痛，尤其在伦敦，据说已经成了花的世界。

在节目的开头，三个主持人用比较低缓的语调向观众介绍了事件的发生、事件引起的反应，以及世界各国首脑对戴安娜王妃的评价和人们的悲痛心情。主持人基本上是用客观手法进行表述的。

节目开始的问候语使用的不是"观众朋友，你们好"这样的惯用语，而是用"大家好"三个字。虽然只是一个小小的变化，但其中有很大的讲究。首先，这次节目是面对更多的观众群，用"大家"一词就包括了所有观众。

其次，这次节目内容是由一个悲剧事件引发的重要的盛大的丧礼，人物本身的命运是令人叹息的，无论怎样，是带有一定的悲痛成分的。不用"朋友"这样亲切的称呼，可以减少一些亲密的气氛。

由此可见，面对变化的观众，主持特别节目，主持人必须考虑两个主要因素来把握对象感：一是观众的范围以及观众接受信息的心理；二是节目的内容以及节目的基调。

第二节　面对面的亲近性

亲切，自然，贴近观众，这是亲近性的主要特征。

节目主持人是以真实身份在屏幕上同观众面对面进行交流，观众在视觉感受上会有一种对主持人熟悉、接近的亲近感觉。

从主持人的角度看，以第一人称来主持节目，以真实的面貌面对观众，比用第三人称来播报节目，会感觉放松、自由、灵活，容易拉近与观众间的距离。

然而，亲切、自然、贴近，必须以真实为前提，反之，则会拉大与观众间的距离。

一、真实的亲切感

作为对象化传播的使者，主持人自始至终给人以亲切感。这种整体的亲切感是多方面的，表现在节目的构思、创作、播出诸环节中；它还具有丰富的内涵：热烈、温和、正直、献身，都表达了一种亲切的内涵意境。整体的亲切感的重要作用在于拉近与观众的距离，得到观众的信任。

亲切感的实现，不是在屏幕上强颜微笑，说一些不痛不痒的"甜言蜜语"，或来一番自我感觉良好的卖弄表演；它是来自内心深处与观众交流、为观众献身的动机和行为。

亲切感的体现多半是自然的，极少人工雕琢的。我们赞叹大自然的美，那是因为大自然的美是天然的，未经人类的雕刻。刻意修饰，反倒容易弄巧成拙，倒不如自然质朴，还能收到效果。

亲切感就其总体而言，还涉及一个人的诸多方面：在文化修养、思想品德上体现出它的迹象；在日常生活乃至处世哲学等诸多方面也会有所表露。可见亲切绝非故意装出来的，而是对整个人格的一个真实写照。

主持人追求的亲切感，还具有贴近生活、贴近观众的特点。

1992 年 3 月 15 日，为庆祝国际消费者权益日，中央电视台举办的《消费者之友专题晚会》就是主持人贴近生活、贴近观众的一个范例。在这台晚会上，主持人较好地把握了"维护消费者权益，引起社会共鸣，现场咨询，当众曝光，反对假冒，促进质量"这一晚会的宗旨；不时用生动具体的实例，让假冒伪劣产品在电视屏幕上曝光，引起社会大众的广泛关注。特别是当主持人让一个消费者诉说合肥一家热水器生产厂家生产的热水器，由于质量不过关，致使 5 人丧命的情节时，晚会的气氛顿时进入高潮，引发观众强烈的共鸣。主持人利用这一机会不时穿插采访有关人士，让事实说话，使这一事件更具吸引力，与人们的生活更加贴近。当合肥市传回的反馈信息——市长会议决定撤换这家工厂的厂长——由主持人在晚会上宣布时，现场观众报以热烈掌声。

这个范例告诉我们：电视节目只有与大众同呼吸、共命运，才有持久的生命力；主持人贴近生活，为民代言，才能博得观众的好感与信赖。

二、直观的视觉感受

面对面的节目主持方式，能够使观众产生最直观的视觉感受。

在物质世界中，物体的影像刺激人的视网膜所产生的感觉，称作视觉。

视觉感受往往给人留下比较直观的印象。所谓直观，是人用感观直接接受的，或直接观察的。

直观的视觉感受在人们判断事物或评价人物时往往体现出"第一感觉"的作用。

节目主持人以面对面方式向观众进行传播，在屏幕上形成活动的影像。活生生的人的影像，往往比物体的影像更能对观众产生深刻的印象。

从节目主持人的角度看：

主持人在电视屏幕上占有得天独厚的位置和宝贵的屏幕空间，因而成为"视觉中心"。

在这个视觉中心地带，在他们面对着摄像机、现场环境、现场观众时，他们会有什么样的感受呢？在一定的活动空间主持节目，决定了主持人与他们发生联系的事物，组成一定的关系层次，因而他们在主持节目时会产生独有的感觉。

一个感受力强的主持人，对自己活动的空间感受必然是迅速而细致的。他能凭着清醒而可靠的感觉，辨别和抓住特定活动空间的层次和关系，以严肃的态度对待自己的屏幕空间和位置，把观众带入特定的屏幕空间，为他们提供瞭望现实生活、宏观世界和微观世界的窗口，并以易于感受的方式，将这个窗口提供的内容诉诸普通人的感官和感情，以求获得最佳的收视效果。

由此出发，主持人在屏幕上的活动空间不时变化，既有大背景大空间，也有由众多细节画面组成的完整场面。屏幕上交替出现的远景、中景、近景、特写，不时改变着观众的视觉距离和视角，有助于扩大空间领域，增强观众视觉的广度和深度。

从观众的角度看：

观众对主持人的直接观察具有持续性的特点。因为主持人工作特性决定其他们经常在屏幕上抛头露面。

首先，观众的审美意识要求屏幕上的主持人必须看起来顺眼，招人喜欢，所以他们必然要对主持人一举一动，包括神态、容貌、衣着、发型都做一番评判。

其次，他们更加注重的是主持人的表达能力、反应速度、主持技巧以及相关的诸种重要因素。

最后，他们要看主持人究竟为他们提供了什么样有价值的内容。观众的评判似乎过于苛刻，其实不然。作为主持人对这种评判不能不予理睬，因为主持人特定的职业决定了他们是"给人看的"，是为观众传播信息、沟通情感的，观众的评判是他们对主持人工作成就的最终印象、最后的结论。

作为主持人，应该十分清楚观众的直观视觉感受不仅仅是凭借外观印象，而且是凭借从屏幕上获得的整体印象。

作为主持人，还应该十分了解电视媒介的特质。兼容性极强的电视媒介，是以连续不断运动着的画面诉诸人的视觉艺术。它由一系列流动的画面展现变动中的人和物，其形象的动态是直观可见的。由于这一特质，决定了视觉性在其传播过程中占有不可忽视的地位。

第三节　双向交流的互动性

双向交流是电视传播史上的一大变革。

电视节目设置主持人，找到了双向交流的最佳形式。主持人向观众传达信息、提供娱乐、普及知识，既要让人愿意看，也要让人理解明白——不仅如此，还要与观众进行直接或间接的交流，使对方做出反应，参与节目，提供反馈信息。对象化传播特征体现了双向交流的互动性。

一、灵活的交流形式

世界各国的电视节目初办时期，都采用播音员播报节目的形式。主持人的问世至少有两方面的关键性前提条件：

其一，当电视从业人员掌握了一定的制作节目的技巧、手法、规则，并能为观众提供基本的节目，而且逐步意识到自己的创造力量，认识到自己可以用更好更新的形式和传播手法为观众献出节目时，才推出了与观众直接见面交流的人物——主持人；

其二，只有在电视业整体水平发展到一定阶段，出现了较为细致的分工之后，主持人这一相对独立的职业得以从其他电视从业人员中分离出来，这时才有了专业节目主持人。

这种分工所引起的主持节目的专业化，对主持人的发展至关重要。由于专门分工，迫使主持人用更多的时间和必要的条件去学习和掌握传播、主持节目的手段和技巧，提高创作水平，发展思维能力。

播音员同主持人相比较，在表象方面存有某些共性。诸如声音运用、传达方式、形象仪表等，都几乎相似。

但是，播音与主持的语词概念含义却有着明确的区分。我们知道，术语概念的变化反映现实事物的变革；同理，主持与播音的区分体现了电视节目传播方式的变革。

分工的专门化是社会进步的标志之一。主持人同播音员的转换是电视节目传播形式优胜劣汰的进化。同样的内容，可以采取多种方式传播，电视媒体具有直观可视性优势，非常利于采取主持人方式来传达特定的内容。

应该指出，肯定主持人方式优于播音员方式，是从电视节目整体传播战略角度出发的，并不意味着电视节目完全排斥播音解说。

迄今为止，电视传播的许多内容依然离不开播音解说，例如天气预报、金融行情以及许多风光片、特写、纪录片等。中央电视台《动物世界》节目之所以受到观众称赞，除画面的感染力因素外，还在于赵忠祥独到的解说悦耳动听。可以说，播音解说也是一种艺术创作。

不过，播音解说可以在具体的传播环节上发挥作用，而在整体节目的形式上却不如主持人更有效果，更能吸引观众。

由此可见，从播音员到主持人，确是电视传播史上的巨大变革。

节目主持方式以双向交流的形式进行传播，促进了观众的参与。许多节目采取请嘉宾、现场观众参与的方式来完成，构成了多元化的双向交流形式。

这种多元化的双向交流，完全是在节目主持方式带动下形成的。例如，中央电视台《正大综艺》《实话实说》《文化视点》《五环夜话》等节目，都以多种灵活的方式来促进双向交流。

我们看到，在双向交流的过程中，传者和受者之间并不是单一的传输和接受的关系，而是相互促动的。

那么，选择什么方式来促动双向交流呢？

以《正大综艺》节目为例，开始节目的嘉宾是单独坐在前排，观众单独坐在另一面，主持人站在观众对面。后来，嘉宾坐在观众前边，嘉宾与后边的观众在现场可以互相交流，嘉宾代表他们后边的观众，观众可以在他们回答问题时提建议。这样就形成了主持人同嘉宾、主持人同观众、嘉宾同观众、观众同主持人、观众同嘉宾之间的相互交流，同时各个代表队之间还能形成竞争，相互促动。而电视机前的观众，也如同参与了节目的双向交流，并能够在屏幕前评判，并毫无顾忌地加以议论。

可见，只有采取主持方式才能形成这种节目样式，播音员方式是无法做到的。

图 3-4　中央电视台《正大综艺》节目主持人张政、王雪纯在嘉宾的配合下主持节目，形成多元化的双向交流

需要指出，交流方式的选择是灵活的，多样的，并非都要采取现场参与的方式。电视节目样式以多种形态存在，主持方式可以采取演播室与现场结合的方式，也可以采取一对一的专访形式、谈话讨论方式、演播室单

一串联方式等。每种方式都有各自的特点，在双向交流的过程中发挥各自不同的作用。

二、平等交流的相互作用

整个世界，大至茫茫宇宙，小至微微粒子，无数事物或现象，无不相互联系，互相制约。每一种现象都是由另一些现象引起的；任何一个过程，都是另一些过程的结果。

具体到双向交流，则有必要考虑到交流双方的心态、思想、目的。

任何一种传播，在传送、接收、理解的过程中，都会产生不同的变化，引发不同的反应。

在面对面的传播中，视觉和听觉告诉传者一定要留意观众的反应如何，以便据此不时调整传达的内容和形式。传者和受众之间的这种敏感的相互作用在传播学研究中称为"反馈"。

所谓反馈，又称"回输""回授"。它最初是由美国贝尔电话实验室的哈罗德·布朗克于20世纪20年代提出来的。原意是把电子系统的输出信号的全量或部分量回输到本电子系统的输入端。换言之，把一个系统产生的结果重新送入这个系统中，以便控制另一个系统。举例说，空调机的恒温控制系统便提供了类似的例证：在它感觉到气温的变化时，就会依据这一信息"告诉"预定的气温应该在什么时候升温或降温。

到了20世纪40年代，美国著名科学家诺伯特·维纳拓展了反馈的概念。他强调的是信息反馈，认为反馈具有循环、连续的特点。在传播过程中，反馈不仅是指从受众"返回"的信息，它还包括其他几项内容：其一，传者获取的受众做出反应的信息；其二，为响应这一信息，传者在此后的传播过程中做出的变动。

就大众传播媒介而言，第一个成分包括节目收视率，观众来信及其他类型的报道反应；第二个成分包括在此后做出的改正和调整。

反馈理论对主持人颇为重要。主持人重视反馈的信息，并据此调整、修正节目的内容和形式，找准交流双方都能接受、都感兴趣的话题和交流形式，使传播形成一种水平式的对流格局，自然和谐地流动，在不知不觉中对观众产生潜移默化的影响。

在主持人这一面，出发点是准确无误地把节目内容传达给观众；在观众这一面，则要看主持人传达的内容、表现的思想是否与他们的人生观、趣味、思想相吻合，然后再决定接受或弃之。可见，双向交流并非简单的形式问题，而是一个复杂的变化的过程。

那么，怎样来把握平等交流的艺术呢？

我们选择《实话实说》节目观众的反应和创作人员的感触来具体加以分析和说明。

观众的反应：

《中国电视报》1998年第29期刊登了湖南观众周和平的文章《真心朋友》，全文如下。

> 由于常受传统文化、传统思维的影响，国人中普遍存在一种"遮羞"心理。对于自己家庭中的矛盾或自己生活中的挫折与烦恼一般都是深深地埋在心底，不肯轻易吐露，特别是要面对摄像机镜头，面对众多的陌生观众，让他们来谈论这些令人不快的事就更是难上加难。

> 或许是受到《实话实说》节目真诚气氛的感染，去年有一对父女走进了《实话实说》，父女之间因学习、教育等问题矛盾很大，积怨很深，在节目录制现场，他们把自己的观点及对对方的看法一股脑儿都说了出来，其中有许多话是双方以前即使是在家里也从来没有说过的，也就是埋藏心里最深的话，经过这么一番心与心的交流后，父女之间的矛盾得到了化解。节目结束时，父女不禁相拥而泣，此情此景，令不少观看节目的观众也不禁热泪盈眶。今年又有一位名叫翁冀中的先生走进了《实话实说》，他把自己在事业上干什么都不顺心、诸多机遇都与自己擦肩而过的苦恼和盘托出，并坦言自己是个"失败者"，令人动容。

> 依我之见，《实话实说》节目的最大特色和最大魅力就是她的真诚。她待每一位观众为朋友，从不居高临下、从不颐指气使；她没有说教，只有心与心之间的交流。我们有什么心事，只管放心大胆地说与她。我们的快乐就是她的快乐，她和我们一起分享；我们的痛苦与烦恼就是她的痛苦与烦恼，她决不嘲笑我们，决不奚落我们，决不落井下石，而是帮我们出主意、想办法，帮我们排忧解难。

> 世上最需要的是真诚，最难能可贵的是真诚，最感人肺腑的是真诚，《实话实说》，愿你永远保持这颗真诚的"心"，永远做广大观众的真心朋友！

　　创作人员的感想：

　　《中国电视报》1998年第7期刊登了《实话实说》节目创作人员赵一工的文章《创作实谈·个案问题》，全文如下。

　　　　最近常有观众调侃说："《实话实说》和《生活空间》合并算了。"这是因为近期《实话实说》增加了被我们称为"个案"，专门讲述嘉宾个人人生经历的选题。这和观众们最初认识的《实话实说》有很大差别。那种几位嘉宾唇枪舌剑，主持人妙语连珠的场面似乎很难看到了。

　　　　看起来是选题的方向出了问题。如果我们一直讨论甚至争论下来，一定不会受到这样的批评。但有趣的是，从收视率调查和社会反响上看，整个1997年最引人瞩目的两个节目《父女之间》和《同在蓝天下》，恰恰都是个案。

　　　　这就使我们思考。

　　　　在本节目创办之初，《东方时空》的制片人时间就指出，这样的谈话形式有可能最大限度地逼近人的心灵，而不是单纯地展示个人的状态。而"逼近人的心灵"，是需要交流的，这包括主持人与嘉宾以及主持人与观众之间的交流。

　　　　回过头来，再看看《父女之间》和《同在蓝天下》，现场的交流相当充分，正是有了这样的交流，才会有出人意料的父女相拥，才会有女儿王铮落落大方的即兴演唱。

　　　　现在我们明白了，问题并非出在选题本身，而是对于选题的驾驭。最近，我做的节目《日子》也是个个案。现场两位观众的发言，已经道出了个案节目的症结。一位观众说听了高女士的"课"很受启发；另一位观众则说听了高女士的"报告"深有感触。这两个观众的直觉印象令现场的我啼笑皆非。但这话引出些道理。无论讲课还是报告，都是缺乏平等交流的。

　　　　当然，由于个案型选题在具体情况上的不同，如何操作将是一个在理论上值得长期探讨的问题。但个案并不意味着沉闷，绝不是一个人冗长的演说，它也需要充分的交流。因此，我们似乎找到了一个通俗的评判标准，那就是看起来既不能像"讲课"，也不能像"报告"。也许这只是一个低标准，但仍然是对我们驾驭"个案"能力的考验。

　　　　如果您对这个问题有什么独到的见解，请来信表明您的观点，与我们共同探讨。

对观众反映及创作实践的分析：

湖南观众周和平对《实话实说》节目的反映和赵一工对创作实践的感触思索，刚好验证了信息反馈所具有的循环、连续的特点。

前边我们阐述了反馈不仅仅是指受众"返回"的信息，它还包括受众接受信息后做出的反应，以及为响应这一信息，在以后的传播活动中做出的变动和调整。

从上述实例分析中，我们可以看到平等交流的相互作用，从中也可以找到平等交流的基本点。那就是：无论采取什么样的方式，选择什么样的话题，关键是交流双方必须完全达到一种对等的、水平式的思想与信息的沟通。

赵一工总结创作经验感到：问题并非出在选题本身，而是在于对选题的驾驭。怎样驾驭选题呢？方法又是什么呢？

就谈话节目而言，应该从两个方面入手：一是选择恰当的交流方式；二是在交流过程中实现充分的、平等的相互沟通。

以《父女之间》为例，如果他们之间在节目中没有进行充分的、平等的相互沟通，那么绝不会有最后的相互理解，真心的相互拥抱。观众也就不会产生真情实感，同时节目与观众之间，也很难达到真正意义上的双向交流。

从电视节目的发展来看，谈话节目这种样式，最能在屏幕上显示双向交流的互动性。

美国《眼对眼》节目，在形式上采取两个主持人谈话带动现场观众参与的方式，取得了较好的效果。

双向交流是相互作用、相互促动的。

作为主持人，在主持节目的前期准备阶段，要从受众角度出发，考虑三个主要方面：

其一，受众接受信息的状态、心理、需求；

其二，信息传送到观众之中会引起什么样的反应和结果；

其三，必要时，不妨设身处地地将自己放到观众的角度，认真体会一番。

在主持节目的过程中，要从节目的角度出发，注意三个主要问题：

第一，积极主动把握节目的进程；

第二，因势利导驾驭现场的采访对象；

第三，机智灵活进行即席的发挥。

在节目播出后，要从创作和观众反应的角度进行再探索：

一是纠正过去的失误，弥补不足；

二是调整今后的方向，确立新目标；

三是进行新的有可行性把握的尝试，掌握更新、更完美的双向交流艺术。

图3-5　白岩松主持《东方时空》节目中"面对面"的栏目，以真诚、坦然的态度进行平等交流

总而言之，节目主持方式在电视传播实现双向交流变革中起到了积极的促动作用。作为节目主持人，要开启创造性思路，不断探索，不断创新，因为电视节目创作天地是无限广阔的。

第四节　有效传达的显著性

电视节目传播的目的是为了获得效果。

节目主持方式的推出是节目获得效果的最积极的因素之一。从一对一、面对面的方式来看，对象化传播可以较为显著地获得传播效果。

通过有效的传达获得显著效果也是主持人主持节目的最终目的。

电视节目是电视从业人员集体构思创作的物质体现，主持人的传达活动是实现这一物质体现的不可缺少的手段。只有通过传达活动，节目创作才能最后得以完成；只有明确有效传达的目的性，节目才能收到传播效果。

一、获得效果的过程

主持人的传达活动是围绕获得传播效果进行的。电视作品作为创作人员对生活的反映的产物，只有通过传达而获得了物质存在的形态，才能为广大观众所感知，从而在社会上得到流传，产生特有的影响。主持人能否使自己主持的节目为观众所欢迎，关键在于能否做到有效传达。然而，传播效果的获得往往很难用一种尺度衡量。有些特别节目一夜之间引起轰动效应，有些节目则要通过长年不懈的努力，产生潜移默化的效果。为此，主持人对有效传达获得效果的过程必须有所认识。

图 3-6 赵忠祥、倪萍主持中央电视台 1998 年《春节联欢晚会》节目，传播范围广泛，效果显著，能够在一夜之间引起受众普遍注意

从更深的层次剖析有效传达，我们会发现这是一个颇为复杂的过程。这里本书阐述美国著名传播学者哈罗德·拉斯威尔对传播效果提出的主要论点和见解，结合主持人的传达活动做一探讨。

拉斯威尔在《宣传、传播及公众舆论》一书中对传播如何获得效果及其过程做了如下阐述。

他认为，传播是一项极为复杂的过程，而并非简单的、信息和效果之间的、机械的、一对一的因果关系；相反，是传播与变化的过程——如果传播有任何效果的话，那是因为信息本身具有的效果起到了作用。

一般来说，传者往往带着某种主观愿望进行传播，他的性格、动机、传播技巧以及其他变化在他开始传播之前，就已"限定"了他想要传播的信息。此外，他所使用的传播媒介本身也有自己的局限性。受众在接收传者发出的信息时，或许会受到接收环境的影响，甚至会受到个人的情感状态、人生观、习惯性以及许多社会和心理变化的影响。在排除所有这些因素之后，传播的信息或许会有一些效果。

但效果并非都是直接的。

拉斯威尔在对传播过程及效果进行了大量深入的调查研究之后，提出了检验受众反应的测试程序。

这个程序在五个阶段得到体现：首先，传播的信息必须引起受众的注意，但传播若不能收到较高水准的效果，观众的注意力就会迅速消失；下一步是理解（受众是否理解了接收的信息），之后是欣赏（喜欢/不喜欢）、评价（同意/不同意）；最后是明显的行动，即受众接收信息后采取了某种行动。

拉斯威尔解释说，受众在每一个阶段通常只能做出推理测量，因为这类反应绝大多数是主观性的。最后一个阶段的测试则比较困难，因为许多效果并非是立即获得的，而是经过长期的潜移默化才获得的。

节目主持人的对象化传播，在传播效果方面具有一个显著特点：即能够获得直接的明显效果。这是由于节目的方式能够较为灵活地将传达的信息迅速、及时又形象地传达给观众，引起观众特别的关注和参与。

二、明显效果的验证

主持人要发挥传达手段的独特功能，需要掌握、运用一定的传达技巧，并使之成为主持人手中形象地表达作品内容的得力手段。

主持人的有效传达，本质上是对节目的一种再创作。

主持人要把各种内容的话题、材料有序地串在一起，经过创造性的发挥，再现和描绘事物所蕴含的普遍意义，为观众清楚地认识事物引路、指南。

观众不仅对节目的思想内容感兴趣，而且对主持人的表达形式也感兴趣。换言之，欣赏者在把握节目的思想内容的时候，并不完全扬弃主持人的传达形式。

诚然，得心应手的有效传达，需要熟练掌握某种特定的传达手段，需要准确地使这种手段，按照节目内容的要求加以灵活运用。

主持人在传达节目内容时，节目本身的构思、创作活动尚未停止，而是更加集中深入、更加具体化了。

就一定意义而言，主持人的传达是对节目构思的一种检验，因为只有通过传达活动把它化为实际可见的物质存在之后，才能看清楚构思是否完善。

由于主持方式体现出较为直观、直接的人际交流，主持人同有些重要人物之间的交流，或对重大的、贴近现实的问题的探讨，往往能获得立竿见影的效果。

1986年9月，世界上几乎所有的新闻机构都以最快的速度报道了美国CBS《60分钟》节目主持人麦克·华莱士对邓小平的专访。中央电视台同美国CBS同时进行了1小时时长的现场直播。新华社也分两次详尽地向全世界播发了访问记的内容，并破例地对外采用"预发稿"形式。

当时，华莱士对邓小平的专访成了各国政治评论新的话题，成为国际研究机构的最新信息。

在这次专访中，邓小平用较长时间阐述了中苏关系的历史、现状及今后中国的态度，他表示愿意在任何时候、任何地点同戈尔巴乔夫会谈。

华莱士采访邓小平后，向外界透露，他下一个采访目标是戈尔巴乔夫。他认为，现在球在戈尔巴乔夫一边，该是他对邓小平的话做出反应的时候了。

华莱士对邓小平的专访即刻引起世界性反应，其原因除了邓小平是一位中国改革的领导人物，本身具有名人效应以及谈话内容的重要性外，更在于电视媒介以及主持人所代表的节目具有影响力，并且还有主持人本身的能力和主持方式所起的作用。

在华莱士之前，意大利著名女记者法拉奇曾经采访过邓小平。但是，法拉奇的采访并没有像华莱士的采访引起世界性轰动，且在普通人中的影响也并不广泛。

当然，这并不说明法拉奇的采访水平低于华莱士。但从一个侧面说明，电视节目主持方式对电视传播效果起到了催化作用，这种作用有时确实有着立竿见影的神奇作用。

美国尼克松政府的"水门事件"丑闻，是由《华盛顿邮报》两名年轻记者最先报道的，但却没有引起新闻界和社会的特别关注。后来，克朗凯特在节目中报道了两名记者的调查，节目中没有任何新的东西。然而，第二天就成为街谈巷议的内容，尼克松政府为之不满，《华盛顿邮报》原来的报道被安排在27版，现在一下子放在了头版。

评论家们认为，"水门事件"导致尼克松的下台，实际上是电视起到了"推动"作用。

CBS《60 分钟》节目关于"格特案件"的调查，导致最后法官将判错的案件重新审理，将无罪的黑人格特释放。而在这个节目之前，《纽约时报》、人权组织等都先后为格特鸣不平，但地方法官不予理睬。

中央电视台《焦点访谈》节目中有许多批评性报道，甚至第二天节目刚刚播完，就会收到有关方面的反馈。《焦点访谈》节目播出 4 周年推出的《再聚焦》节目，选取的 7 个事件中有 6 件得到了当地党委或政府主要领导的关注和批示，促使问题得到了解决。

1992 年 12 月 15 日，反映河北省曲阳县羊村问题的《如此红旗村》播出的当晚，中共河北省委就用电话做出了严肃处理的决定。随后又四次书面做出批示，两次直接听取汇报。17 日，曲阳县委迅速处理了一批干部，其中包括撤销村党支书的职务，免去乡党委书记的职务。

以上几个直接效果的例证，说明了电视媒介的影响力之巨大，也说明了对象化传播获得效果的显著性。当然，有效传达的显著性还包括持续效果、潜在效果的获得。

对象化传播具有一对一的针对性、面对面的亲近性、双向交流的互动性、有效传达的显著性四方面的主要特征。然而，要在实践中达到上述目标，还有赖于主持人的能力。

主持人的传达能力是在长期的实践活动中培养起来的，其运用和提高又必须服从于长期实践活动中获得的对现实生活的感受、体验、认识、评价；必须掌握一定的传达性能和规律，这就需要主持人长期艰苦的训练，使其劳动成果充分发挥作为精神食粮的特殊的社会作用。当然技巧不能替代节目，离开节目内容，将会流于专门卖弄技巧的形式主义作风。但技巧却是构成节目的完整部分，也是体现节目意图，完成传达任务的重要条件。缺少这些条件，多么高明的构思都不能得到完美的实现。美国 NBC《晚间新闻》节目主持人亨特利之所以成为那个年代著名的主持人，是因为他懂得并把握了新闻节目的基本规律。

本书第二章与第三章所阐述的内容——人格化传播与对象化传播，是节目主持艺术的基本特征，也是节目主持学科建设的基本理论依据。

这是由以下两个重要因素决定的：

其一，比较看来，人格化传播与对象化传播具有比其他特征更大的力量，因而成为主持人实践活动中最稳定的深层特征。"最稳定的特征，在历史上和生物学上一样，是最基本、最普遍，与本体关系最密切的特征。"①
丹纳的见解是十分精辟准确的。倘若我们抛开这两个特征去寻找其他特征，
就会发现，其余的特征与之相比，确是微不足道。

图 3-7　美国 NBC《晚间新闻》节目主持人亨特
利，以他超人的精力和才干主持节目长达 12
年，被称作"最懂电视新闻的人"

其二，这两个特征的有益程度极为明显。以人格化传播而论，主持人
的问世一改传统的"非人格化"传播，使电视具备了面对面传播的特点；同
时，又突出了人的作用，把人的才智、风度、个性、魅力统统推上屏幕，
使电视节目更具人情味、更具可视性。再以对象化传播而言，主持人注重
的是"有的放矢"。面对特定的观众群，主持人心理上做好准备，用生动活
泼的语言向观众描述节目内容，为其创造一种愉悦的收视意境。

正是由于这些显著特征，才使主持人成为与观众进行交流的"第一人"。

---

① ［法］丹纳：《艺术哲学》，356 页，北京，人民文学出版社，1983。

［本章重点］

1. 对象化传播的显著特点之一是"一对一的针对性"，即主持人的传播不是凭空、盲目、随意的传播，而是有特定对象的传播。

从电视节目的实际出发，主持人要确定明确的对象感，才能把握好节目的基调。一般来说，主持人可以根据节目所面对的对象来把握对象感。对象性节目要面对特定对象；综合性节目要面对多层面对象；特别节目要面对变化的对象。

2. 对象化传播的具体体现之二是"面对面的亲近性"。真实、亲切、自然、贴近是亲近性的主要体现。

节目主持人首先要同观众拉近距离，建立真实的亲切感，从内心深处为观众着想。节目的内容要贴近观众、贴近现实、贴近社会。另外，面对面传播还具有直观的视觉感受的特点。主持人要了解电视媒介自身具有的视觉性的特质，同时也要知晓观众对主持人的视觉审美要求。

3. 对象化传播显著特点之三是"双向交流的互动性"。

首先，节目主持方式可以设计多种灵活的节目形式来进行双向交流，以至于可以达到多元化的、多层次的双向交流。

其次，双向交流的互动性是建立在平等且充分沟通的基础之上的。只有平等的交流、充分的沟通，才能实现传者和受众之间的双向互动式的交流。

作为节目主持人，要把人际交流的艺术和大众传播的理论结合起来运用好，同时要利用电视传媒的优势，掌握电视屏幕上的双向交流技巧。

4. 对象化传播具有的特点之四是"有效传达的显著性"。有效传达、获得效果是主持节目的最终目的。

对象性强、面对面的节目主持方式往往可以进行有效传达，从而获得显著效果。

一般来讲，对象化传播可以获得直接的立竿见影的效果；间接的持续一定阶段的效果；潜在的潜移默化的长期效果。电视传播要获得效果，就要寻找较为理想的传达方式，节目主持方式可以实现有效传达的目的。因此，主持人的能力在传达过程中显得十分重要。

[思考题]

1. 主持人面对多层次的观众，怎样确立对象感？举例说明。

2. 在凤凰卫视中文台《戴安娜王妃丧礼》现场直播节目中，主持人是怎样把握节目基调的？

3. 面对面交流对主持人在视觉感受方面产生了什么样的审美要求？主持人应该怎样理解和把握"视觉性"对自身的要求？

4. 主持人怎样才能把握好节目的形式来促进双向交流的互动？

5. 中央电视台《实话实说》节目是如何体现双向交流的互动性的？主持人起到了什么样的作用？

6. 注意、理解、欣赏、评价、行动，是检验受众反应的五个阶段，具体到主持节目，应该怎样有效地进行传达，以便获得较好的传播效果？

7. 对象化传播有时能够引起直接的立竿见影的效果，这其中从主持节目的方式、选题等方面来看，是否存在某些规律性的东西？

8. 信息反馈的理论，对于主持节目具有什么样的理论指导作用？具体体现在哪两个主要方面？

9. 怎样理解对象化传播效果的显著性？

第四章
节目主持人的风格

风格，是指一个时代、一个民族、一个流派或一个人的文艺作品所表现出来的主要思想特点和艺术特点。

节目主持人的风格就是主持节目活动中表现出来的主导思想和艺术特点。

节目主持人的思想和艺术风格是各种有机因素的总和。

所谓有机因素，是指事物构成的各部分互相关联协调，而具有不可分割的统一性，就像一个生物体那样。因而，要把握主持人风格的整体特点，有必要分析各种因素及其相互间的关系。

主持人风格作为一种表现形态，其有机因素包括外观形象、内在气质、个性语言、品格修养等互相关联协调的几个部分。

主持人风格具有个性差异的特点，同时也具有风格类型的倾向性特点。

第一节 主持人风格的本质

本质是指事物本身所固有的、决定事物性质、面貌和发展的根本属性。

节目主持人风格的本质特征，有如人的总的风貌一样，是主持人总体上呈现出来的代表性特点，是主持人主观方面的特点和节目的客观特征相统一构成的独特面目。

怎样理解主持人风格的本质特征呢？

对此，可以从反映主体的个性特征和反映对象的客观特征两个方面来加以分析。

一、主体的个性特征

主持人作为电视节目传播的主导人物，在电视屏幕上展示的风格，是在他所特有的思想情感、个人气质、生活经验、审美理想规定的范围内，由他所深刻感受、体验引发的创作冲动促成的。

主持人在主持节目时，不论自觉与否，总会表现出自己的精神面貌、对现实的独特的感受、认识以及特有的文化素养。

中央电视台《曲苑杂坛》节目主持人汪文华，过去是部队文工团的话剧演员，对单弦、大鼓、评书等说唱艺术有浓厚兴趣。在下部队演出的过程中，练就了一人能演一台戏的本事。自从担任《曲苑杂坛》节目主持人以来，她无论走到哪，都想到节目的需求。

她时常站在观众的角度上，设想节目怎样吸引观众。由于她全身心地投入工作，节目收视率稳步上升。1996年起她又开始担任制片人兼编导。平时，她留心观察生活，从别的节目中吸取有益的经验，甚至对观众打来的电话也非常关注，希望能够捕捉到线索和产生灵感。

在保持节目求新求异风格的基础上，她注重利用电视画面的视觉效果，增强吹拉弹唱艺术的视觉感染力。在1998年6月录制的一期节目中，她发现节目中小女孩吹唢呐的基本功很好，但表现力差，形式单一，使人很难感受到其中的美妙之处。她为这个节目设计增加了杂技表演和变换乐器。节目推出后，小女孩的表演便受到了观众的欢迎和社会的肯定，还到巴黎参加了国际民间艺术节。

汪文华从前期节目策划、创作、排练、导演，到后期编辑、合成、主持，每个步骤都亲自参与。在节目中融入了她的思想情感、审美理想。

图4-1　中央电视台《曲苑杂坛》节目中融入了主持人汪文华的思想情感、审美理想

从主持人的自身看，其风格的形成，同时也是其生活阅历与工作实践决定的。"艺术家能够成功地反映到他的作品中去的东西，只是在他所特有的思想、情感、个人气质、生活经验、审美理想规定的范围内，能够为他所深刻感觉、体验和引起他的创作冲动的东西。而且艺术家在反映现实的同时，不论自觉与否，总是要表现出他自己的精神面貌，表现出他那与众不同的艺术素养。"①

一个主持人一旦具备了独创的风格，就意味着他对丰富多彩的现实生活的审美性质的特征有了独特的把握，并能在节目中成功地加以表现。

二、反映对象的客体特征

需要指出的是，可贵的风格，绝非主持人的主观任意性的表现，而是主持人的主观特性与节目对客观现实的真实反映相结合的产物。

在一定意义上讲，主体不能脱离客体。而具有个性风格的主持人对现

---

① 王朝闻：《美学概论》，282页，北京，人民出版社，1981。

实的反映一方面具有不可重复的独创性；一方面这种独创性又正是对客观真实的深刻揭示。而脱离现实的所谓"独创性"或"风格化"，不过是一种主观任意性的表现，它不可能形成与现实真实性相一致的风格，而只能形成脱离现实的、肤浅的"风格"。

1. 电视节目的特定性质以及节目反映的客观对象，对主持人的风格起着制约作用。

中国台湾地区电视节目《非常男女》，是一档介绍男女婚姻的服务性节目。节目采取在演播室现场介绍 10 男 10 女的情况，通过回答问题、互相提问，当场选择配偶，并安排观众参与、亲朋好友发表看法，非常轻松、活泼、自然、有趣。

图 4-2 中国台湾地区电视节目《非常男女》节目的服务性质及客观对象，决定了主持人轻松、明快风格的形成。主持人胡瓜和高怡平受到观众喜爱

节目分为"一见钟情""二见钟情""说真话""非常速配"几个阶段，每个阶段都插进了对有关家庭关系、伦理、道德、社会责任、人际关系等问题的讨论。主持人在其中协调、引导、组织、串联，以幽默、轻松的语调提问，以亲切、自然的态度来把握分寸，现场气氛非常和谐，充满了关切之情。

《非常男女》节目的服务性非常"透彻"。其间穿插星座专家的分析，分析的过程中会产生许多善意的建议；而亲朋好友的关心、爱护、祝福，也使观众以常人心态来看待台前的 20 位男女；已经成功地通过节目找到幸福的伴侣现场披露，给那些已经上电视或准备上电视选择佳偶的人以美好的希望。

总之，这个服务节目充满了温馨和愉悦。

相比较而言，假如是一个新闻性调查节目，其主持人的风格就不能像服务性节目那样轻松、风趣，而应该比较严肃、庄重。

在电视节目中，有的节目内容深刻、富于哲理，其主持人的风格就要郑重其事，深思熟虑；有的节目轻快明朗、风趣幽默，主持人相应地要轻松自然、活泼生动。主持人的风格与节目内容只有合二为一，才能发挥效应。倘若脱离主题而任意追求、炮制某种风格，其风格就不免矫揉造作、并与人们在生活中所形成的审美需要相去甚远。

2. 电视节目的样式，对主持人风格也有一定程度的制约作用。不同样式的节目以不同的主持方式来传达节目内容，因而带来风格上的差异。

我们肯定电视节目性质、样式、题材等因素对风格的制约作用，但并不否定主持人的创作个性在风格形成中的支配作用。主观条件不同的主持人，用同样方式去反映客观对象，也会流露出主持风格上的不同特点。

第二节　主持人风格的表现形态

节目主持人风格的形成，有各种有机因素作用其中。主持人风格作为一种表现形态而存在，因而，主持人的外观形象、内在气质、个性语言、品格修养是其中较为重要的因素。

一、外观形象

外观形象指主持人外表的样子。是指面貌、体态、神情、衣着、打扮、举止的外在印象。

外观形象还要得力于内在气质的补充、提高、升华；但这并非完全否定外在印象。

主持人的外观形象总是观众议论的话题之一。一般而言，总不能找一个五官不正、奇丑无比的人来主持节目；主持人的外表至少是应该说得过去、让人能接受的。

电视媒介的特点是贴近社会贴近现实，作为主持人又是以真实的身份主持节目，因而主持人的外在并不一定要十分漂亮，也没有什么固定的衡量标准。关键的一点在于主持人的外观形象要有特点、有个性、有魅力。

对主持人来说，单纯漂亮的男女面孔倒不如富有个性的外貌更能吸引人。这一点，从国际一流电视节目主持人身上可以得到验证。美国的沃尔特·克朗凯特、约翰·钱塞勒、迈克·华莱士、哈里·里森纳、丹·拉瑟、汤姆·布罗考、巴巴拉·沃尔特斯、黛安·索耶、埃德·沙利文、约翰·卡森；英国的阿拉斯泰尔·伯内特；法国的克里斯汀·奥克伦特、贝尔纳·比沃；加拿大的诺尔顿·纳什、彼得·曼斯布里；日本的北野武、山田邦子，等等，都具有鲜明的个性形象和优秀的内在气质。他们吸引观众并非全靠外表，而是靠他们与观众打交道的高超本领和用独创的风格为观众展示的货真价实的内容。哥伦比亚广播公司新闻部副经理戈登·曼宁，根据新闻节目主持人发表的评论，总结出了其中的奥秘：绝大多数主持人是通过展示报道技巧而不是靠化妆来得到观众的信任感，从而树立明星地位的。美国电视娱乐节目顾问著名喜剧作家哈尔·罗瑟伯格，在对娱乐节目主持人经过周密的分析研究后，得出定论：第一也是最重要的原则是"传播、交流"。罗氏的定论表明，主持人的外观形象较之传播、交流的能力，完全处于从属地位。

中国香港地区的电视娱乐节目主持人曾志伟和沈殿霞，从外观形象上看，并不是生活中的漂亮男女，一个长得很矮小，一个长得很胖。但他们主持节目得心应手，各有特点。观众并不因他们长得不漂亮、身材不好看而不喜欢他们。

当然，节目主持人并不一定要有与众不同的体态、特别奇特的长相才算是有个性特点。主持人的外观形象并不单指长相和体形，还包括举止、风度。这就同主持节目时的仪态、表情、精神状态相关联。

从国内外一些成功的主持人身上，可以发现他们主持节目时有一个共同特点，那就是生气勃勃、全神贯注、专心致志。他们总以饱满的精神状态来主持节目，这种精神状态对于他们的外在形象起到"提神"的作用。

无论主持人外观条件如何，都一定要有精神，这一点或许是主持人职业的特殊性所致。

二、内在气质

内在气质指主持人相当稳定的个性特点，是高级神经活动在主持人行动上的表现。

不论主持人的外观形象如何，展现其中个人的风格，关键还在于内在的气质。在电视屏幕上，我们看到过这种情形：有些外观形象很不错的主持人，主持节目却漏洞百出——无知、做作、浅薄，说起话来不伦不类；相反，有些主持人外观形象并不漂亮，但内在气质颇好——主持有方、出口成章，反倒能成功地把观众留在屏幕前。这就说明外观形象一定要有内在气质的支撑，才能有活力有效果。

图 4-3　娱乐节目主持人主持节目

一个人的内在气质一方面具有先天的因素；另一方面来自后天的修养和磨练。先天再好的禀赋，若没有后天的精心培植、完善，也不会有所长进；相反，先天的素质不高，但能艰苦磨练，潜心修养，照样能培养成较好的气质。

气质是由综合要素形成的，包括人格修养、道德情操、文化结构、思想情感、个性意志等诸因素。气质是伪装不出来的，完全是自然流露的。一个人有什么样的气质，就会有什么样的表现——这在屏幕上是一望而知的。

真正具有优秀气质的主持人，大都是受观众欢迎的主持人。内在气质的卓越，最重要的是真实，诚恳、自然，来不得半点儿勉强或做作。"搔首弄姿绝不是艺术，自作解人的谎话更不是艺术。"①在实践活动中，如果主持人不能用自己的内在气质感染观众，打动观众，反而让观众注意到细节动作，表情变化，那只能说明主持人的功夫不到家，人格修养还不够。

三、个性语言

图 4-4 香港娱乐节目主持人沈殿霞（右一）主持香港回归一周年节目，她被同行和观众亲切地称为"肥姐"

语言是人类所特有的用来表达意思、交流思想的工具。

语言表达是主持人主持节目的重要手段，也是主持人风格的一个组成要素。

主持人的个性语言是通过驾驭语言能力以及语言的表达方式来展现的。

通常，最基本的要求有三条：

首先，准确地运用语言的构成系统——语音、词汇、语法的书面形式和口头形式。

其次，用生动的语言将节目内容表达出来。

最后，在语音、语调、语气、语句的使用上形成自己的个性。

例如，中国台湾地区节目主持人赵晓君常以平缓、舒展的语调来主持节目，语气非常亲切、轻快，语句不紧不慢，形成了她温文尔雅的个性风格。

再比如，中国台湾地区节目主持人凌峰，说起话来滔滔不绝、语气爽快、语句非常紧凑，语调活泼、风趣，形成了豪气、大度、热烈、奔放的个性风格。

美国《今晚》节目主持人卡森以拥有滔滔独白的能力而著称，他主持节目常以幽默的语调来讨论娱乐艺术，格调高雅，风格轻松。

每个主持人都有自己的个性语言，并在主持节目时，不可避免地会显现出不同的个性差异，这种差异造就了不同风格的主持人。主持人的个性语言越鲜明越突出，就越能表现出特殊的魅力和感染力。这正如艺术创作一样："一切伟大的艺术家都是由于他们具有自己的聪明创作个性，才能对

① 傅雷：《与傅聪谈音乐》，9 页，北京，生活·读书·新知三联书店，1984。

艺术的发展做出独特的贡献，用自己的与众不同的作品丰富了人类艺术的宝库，使社会的多种多样的审美需要得到满足。"①

主持人要反映丰富多彩的客观世界，必然会把个人主观方面的因素糅进自己的语言中，以特有的方式表现出来。

节目主持人的表达方式是体现个性语言的较为重要的方面。美国著名华裔主持人钟康妮认为：主持人说什么固然重要，但更重要的是怎么说。

怎么说，并不单纯取决于主持人的语言技巧，还取决于时代和受众的因素。个性语言的形成与发展，既同主持人个人自觉的追求和探索分不开，又与现实社会的因素密切相关。一定的时代需要，时代环境、时代风尚，对主持人的个性语言的形成与发展，起着重要的影响。

在"文化大革命"期间，电视播音员一律用"高调儿""居高临下"的形式播音。随着改革开放的推进，电视节目主持人逐渐地将播讲式改为谈话式，注重与观众平等交流。在西欧诸国，很长一段时间采取单一传播模式，现在又开始注重双向交流，强调个性语言。"英、德、法、意等欧洲国家过去让播音员播报新闻；现在这些国家发现观众喜欢每天晚上从那种他们认可的、信赖的主持人那儿获取新闻。"由此可见，电视传播、时代发展和受众需求促使主持人创造自己的个性语言，以求符合受众的审美需求，最终获得良好的传播效果。

通常，主持人在努力形成个性语言的过程中，应该注意下述三个问题：

第一，学习他人是必要的，但不要完全模仿。

主持人在形成自己的创作个性和语言之前，大都会经历一个模仿他人或独自探索的幼稚阶段。这种学习是必要的，可以从中受到启发。但模仿只应成为一种必要的准备和手段；而独自探索，是为了找到自己特有的气质、个性、语言。二者的最终目的都是为了形成自己独有的个性语言。

第二，不要流于平庸俗套，要不断创造、挖掘。

个性语言切忌俗语套话。真正有价值的语言都是在发掘别人尚未认识或认识不深的事物及其特点和意义，达到感受与认识的新的高度之后，才得以产生的；否则就难免会流于平庸俗套。不但主持风格"千人一面"，主持人语言也流于"同一腔调"，就更谈不到个性语言了。

第三，不要忽视节目的特定要求，要把握分寸。

---

① 王朝闻主编：《美学概论》，149 页，北京，人民出版社，1981。

　　主持人的个性语言也要与节目形式和内容有机地结合，不能单纯强调个性语言而忽视了节目。主持不是表演，而是有客观对象需要表达。强调主持人的个性语言，还要注意在不喧宾夺主的情形之下，把节目的内容忠实、生动地再现给观众。观众不是看主持人的自我表现，而是要看节目。一切主持技巧都应围绕节目内容进行。不喧宾夺主，关键不仅在于掌握节目的风格，还在于对节目的深层理解和对观众心理的把握。主持人要与节目表现的内容融为一体，这样才会自觉掌握用语的分寸。

四、品格修养

　　品格，是指主持人的品质性格，以及有关道德的端庄行为。具体讲，就是主持人行为、作风所体现出的思想、认识、品性、品行。

　　修养，是指主持人理论、知识、艺术、思想等方面的一定水平，以及待人处世的正确态度。

　　品格的卓越，修养的深厚，对传播精神文明的主持人来说，直接关系到其成就的大小。

　　主持人在屏幕上的表现，如沉稳、机智、热情、诚恳，是其品格修养的反映。

　　人是有思想情感的，面对社会，面对各种事物、各种现象，人总会有所判断，有所评价，而不至于无动于衷。"屈原的忠贞耿介，陶潜的冲虚高远，李白的徜徉恣肆，杜甫的每饭不忘君国，都表现在他们的作品里面。他们之所以伟大，就因为他

图 4-5　美国《今晚》节目主持人卡森是滔滔独白的能手

们一篇一什不仅为某一时刻即景生情偶然兴成的成就，而是整个人格的表现。不了解他们的人格，就不可能彻底了解他们的文艺。"[1]朱光潜先生的话应用到主持人，道理也完全适合：言谈举止是其人格的流露。因此，人品的培养不亚于技巧的锤炼。唯有正直、高尚的品格，才会有真挚的性情和高远的胸襟。

---

　　[1]　朱光潜：《朱光潜美学论文选集》，259页，长沙，湖南人民出版社，1980。

品格的卓越，还有赖于多方修养。观众在屏幕上看到的两种类型的主持人，为品格修养提供了例证：有的主持人说的是大白话，平淡无味，不痛不痒，或者故弄玄奥，玩弄莫名其妙的词句，自以为深沉，俏丽；有的主持人却是那么真诚，那么敏锐，时刻想着观众，给人以信心和力量。这两种类型主持人间的反差如此之大，不能不说与其品格修养的高低有直接关系。

要想做第一流的节目主持人，品格修养这一关非过不可。我国美学大师朱光潜先生说得好："天才愈卓越，修养愈深厚，成就也就愈伟大。"[1]朱先生特意指出修养的重要性，是有深刻内涵的。观众对电视节目主持人的要求也近似"苛刻"——这是这项工作的特殊性促成的。

从世界范围看，在各种传播媒介中，还没有哪一个行当的从业人员像电视节目主持人那样受到万人的注视，有那样大的影响，有那么多的观众。因此当然不能掉以轻心，当然要格外慎重。

美国著名的记者、主持人爱德华·默罗之所以成为美国人民心目中的英雄，是因为他的新闻实践对美国社会产生了巨大影响，还由于他品格的卓越，修养的深厚。在畅销全球的《光荣与梦想——1932—1972年美国社会实录》一书中，爱德华·默罗被列入屈指可数的"美国人物画像"之一。

默罗以现场广播报道第二次世界大战而一举成名。他主持引起震动的有《现在请听》《这里是伦敦》等现场广播，极大地促使当时保持中立的美国政府和人民领悟到战争的性质。他独创了战地现场报道、连续报道等形式。

战后，默罗创办并主持《现场请看》《面对面》电视节目。他在电视上揭露炙手可热的美国极右翼参议员迫害进步人士的行径，最后导致麦卡锡的下台。这是他的新闻活动对美国社会产生的又一次巨大影响，他的记者生涯达到鼎盛时期。他对于处于幼年阶段的电视新闻做出了奠基石般的贡献，在创办节目、拍摄新闻纪录片、深度报道、电视辩论、人物专访等方面，树立了几座"丰碑"。

默罗所取得的成就在很大程度上得益于他的思想、文化、理论、知识修养，以及他优秀的品质。

1941年12月7日，默罗从欧洲回国做短暂休息，罗斯福总统同他进行了长谈。谈话期间罗斯福向默罗透露了刚刚发生的"珍珠港事件"以及事件

---

[1]　朱光潜：《朱光潜美学论文选集》，257页，长沙，湖南人民出版社，1980。

对美国海军造成的损失。消息能否发表，总统没有说。默罗深知这一信息的发布，将使他成为发表独家新闻的第一人。然而，他放弃了这样的机会，因为他考虑到这事关系国家的利益，关系到对第二次世界大战的影响，所以他决定由政府来发布新闻。为什么默罗在第二次世界大战中表现出英勇无畏，甚至冒着生命危险报道空袭，而对"珍珠港事件"消息的披露采取放弃的态度呢？因为这是职业道德的约束。可见一个人的品质对其行为的直接影响和作用。

1956 年，默罗专程到仰光采访了正在缅甸访问的周恩来，成为第一个采访新中国总理的美国电视记者。这在当时美国国务卿杜勒斯强硬的排斥中国的历史背景下，是需要勇气和胆识的。

这一年，默罗还为三个到中国采访的美国记者回国后受到的不公正待遇大声疾呼，并走上法庭进行辩护。默罗认为，如果全体人民不能自由获得广泛的消息，那么就无从做出针对国家和世界的明智的结论。他还认为美国一些政府官员不把中国首都称为北京而称为北平，是非常可笑的政治态度。

1960 年，默罗制作了《收获的耻辱》节目，自己亲自主持。节目中揭示了农业季节工人生活的困境，当观众在《CBS 新闻采访与报道》节目中看到美国社会还有如此贫穷的农业工人，都感到吃惊。默罗认为，对美国社会的现实做客观、公正、全面、真实的报道，从长远的观点看，会给美国带来益处。只报喜不报忧，不可能反映社会的真实面目。

在默罗的新闻生涯中，他还发现带动并影响了一批明星记者和主持人，如克朗凯特、塞瓦赖德、弗兰德利、夏勒、拉瑟，等等，这些人都对美国的电视新闻事业做出了非凡贡献。

默罗善于同人打交道，结交了当时的英国首相丘吉尔、美国总统罗斯福等政界要人，同许多社会名流成为朋友，也同普通的平民百姓成为朋友。他在为人处世方面，受到同行和熟悉他的人的称赞。他在伦敦采访期间，受到许多英国上层人士的肯定，认为默罗是真正优秀的美国人，极其勇敢，有道德观念，而且非常宽宏大量。

默罗生前，曾受到同行的尊敬，得到无数听众和观众的爱戴。默罗逝世时，美国和欧洲都举行了非常特别、隆重的悼念活动。如今，默罗的精神以及他所代表的一切仍然在影响着像丹·拉瑟、汤姆·布罗考、彼得·詹宁斯等一批美国电视新闻明星主持人。

爱德华·默罗的新闻活动，足以证明品格修养是主持人个性风格表现形态的重要方面。

　　以上，本章从外观形象、内在气质、个性语言、品格修养四个主要方面，对节目主持人风格的表现形态进行了具体分析。

　　通过分析，我们可以更清楚地认识到，风格关系到电视传播的效果；具有独创风格的主持人，能对观众产生巨大影响、感染力乃至感召力；不仅给观众留下深刻的印象，而且能对观众起到一定的激励效果。

图 4-6　爱德华·默罗（右）主持《现在请看》
节目，他旁边是著名记者史密斯

　　风格问题的重要性，是由传播媒体及其传播内容的本质所决定的。这个本质特征要求节目的最终创作者——主持人——必须保持对现实的具体把握和独特的表现方式。丰富多彩的电视节目，通过多种独创风格的主持人的再创作，以一种新的形式得到了更好的反映；对于由客观世界的多样性，以及不同节目、不同受众对象所决定的、观众群多元化的审美要求，也只有具备多种独创风格的主持人才能满足。

第三节　主持人风格的多样性与一致性

　　节目主持人的风格作为一种表现形态，自然就要呈现出多种多样的风貌。同时，节目主持人的风格自然也要形成具有某些共性特点的一致性。

一、多样性与一致性的对立统一

　　多样性是主持人风格的必然特征。
　　风格的多样性是由这样几个因素决定的。

△电视节目的样式多样化以及节目内容的丰富多彩，决定了主持人风格的多样性；

△主持人自身的思想感情、审美标准、创作观念、表现手法的多种多样，形成了主持人风格的多样性。

△观众对电视节目的多种需求，不同口味和欣赏标准，要求主持人必须以多种风格展示个性特点，从而满足不同观众的不同需求和欣赏审美要求。

风格的多样性不仅表现于不同样式、不同内容的节目中，而且也表现于同一主持人主持的不同节目之上。

例如，赵忠祥主持《正大综艺》节目同主持《人与自然》节目的风格是不尽相同的。主持人反映的现实生活包含着广阔的天地，主持风格必然需要多方面的适应性。

同一内容的节目，不同的主持人有不同的主持风格。著名美籍华人电视节目主持人钟康妮认为，任何一位主持人都不会完全像她一样主持节目；反过来，她也不像任何其他主持人。她在主持新闻节目时，并不像有些同行那样咄咄逼人，说话尖刻，而采取全神贯注，诚实稳重的风格。

有时候一个主持人主持固定节目但内容不同，也会采用不同的风格，这如同文学创作，作家描写不同对象，写法就大不相同。古代大诗人杜甫的艺术风格就是丰富多彩的，有"欲倾东海洗乾坤"那样的豪放，有"落日照大旗、马鸣风萧萧"那样的悲壮，也有"细雨鱼儿出，微风燕子斜"那样的轻灵。

人总是不会满足于一种内容、一种形式、一种风格。丰富多彩的风格给人以更广更深的视野，使人们得以在广阔的天地间驰骋，思考，回味，摄取。

毫无疑问，主持人风格的多样性是主持人实践活动的必然发展。

需要指出，主持人风格的多样性发展，常常要经历一个漫长的过程；在不同历史时期，主持人思想情感、生活经历、实践活动的变化，构成了产生不同主持风格的可能性。

然而，世界上任何一门艺术都遵循艺术的一般规律，但又有各自独特的规律。主持人风格如同艺术风格一样，在多样性之中还存在着一致性。

那么，如何理解多样性与一致性呢？

在风格的多样性之中又显示出一致性，这是由于主持人的主观条件自身的构成因素的对立和统一。

以主持风格而论，主持人的风格的多样变化，最终要受到他们的创作个性的制约，受到他们所共同生活的时代、民族特性的制约，而不可能超越所处的时代、民族的共性，这就决定了他们的风格不能不带有一致性的特点。举例来说，新闻联播型节目在各个国家的基本样式都带有一致性特点，主持人风格也就不能不带有相一致的特点，同时也存在某种个性区别。

由此可以得出结论，主持人的风格是多样性与一致性相对立相统一的一对矛盾。从艺术发展史上看，伟大的艺术家的风格，从来都是某一时代、某一民族的进步社会集团的审美理想的最好的体现。

图 4-7A　澳大利亚新闻节目主持方式示意图

对于今天的电视节目主持人来说，创造体现时代精神，同时又具有民族特色的新风格，乃是节目主持人为之努力的新目标。

二、风格类型的倾向性

风格类型的倾向性，是指不同主持人在主持节目的活动中形成的带有比较明显、比较接近的共同特点。

1. 风格类型的区分

风格类型是对大量不同风格的主持人进行比较、归纳、研究的结果。

风格的类型取决于某一时代、社会潮流和社会风尚的现实状况。因而，不可能会有某种适应于一切时代一切社会的风格类型存在。即使有某些类型在各个时期都同样存在着，但它们包含的具体内容却有了变化。

图 4-7B 中国香港新闻节目主持方式示意图。上述两个
节目(见图 4-7A、图 4-7B)分别是澳大利亚和中国香港的
联播型新闻节目,其主持样式和风格具有明显的一致性

对风格类型的区分,如果符合客观实际,可以概括指出某一时期的几
种基本风格倾向,从而可以把握风格,确定以哪种类型的风格主持哪种类
型的节目。

2. 风格类型与流派

风格类型也是某种流派,即由一批风格相近的主持人所形成的。他们
由于在某种气质、某种情感或某种技巧上类似,而与另一些风格类似的主
持人有所区别。

中央电视台《为您服务》节目主持人沈力,当年开创了服务类节目主持
人的风格,影响了不少类似风格的主持人,从而形成一种风格类型的倾向
性。又如少儿节目主持人鞠萍那种亲切、自然、活泼、热忱的主持风格,
着实吸引了一批少儿节目主持人。再如每年中央电视台的《春节联欢晚会》,
都有欢快、活跃、幽默、热烈的综合娱乐节目的主持风格显现在屏幕上,
成为这类节目的代表性的风格类型。此外,体育节目主持人宋世雄、孙正
平的播报风格已成为体育节目主持人的典型风格。

通过比较,可以清楚:当一种风格类型在表现手法上有鲜明的个性、
创新,并能吸引大批观众的注意力时,它就可能会成为该时期占据主导地
位的流派。

这种风格类型可以存在、活跃于某一特定的时期,也可以有相当长的
一段时间的继承性和延续性。

　　例如克朗凯特那种稳定可靠、郑重其事的直播风格至今在美国电视新闻界被视为"正统派"，其影响依然存在。与克朗凯特同时代的约翰·钱塞勒、哈利·里森纳等老一代节目主持人的风格也是庄重、可靠、郑重其事；他们对待新闻报道的态度也是严肃、认真，力求客观、准确、公正、全面；他们在新闻报道方面也同样显示出超人的能力、过硬的技巧、顽强的作风。可以说，在风格类型上同克朗凯特是同一个"流派"。

图 4-8A　克朗凯特主持特别报道

图 4-8B　钱塞勒在芝加哥现场报道 1956 年两党代表大会

就风格流派而言，主持人在我国产生的历史较短，他们的风格有待发展。只有发展到一定程度，对社会生活进程产生重大影响，主持风格趋于成熟，形成明显的倾向性时，理论研究才能占有丰富、大量的第一手材料，对既抽象又具体的主持风格做出科学的概括。但理论研究又必须有超前意识，主动研究新动向、新趋势，依据掌握的材料触类旁通，从局部到整体，从个别到全部，为实践工作者指出切实可行的前进道路。本着这种精神，本章就主持人的风格类型提出以下论点：

第一，经过多年的实践探索，我国电视节目主持人有必要从整体上确立具有时代特色并为广大观众接受的风格类型。在此基础上产生占主导地位的风格流派，影响、带动全国的电视节目主持人。

第二，目前的风格类型还远不能满足日益提高的观众的欣赏水平。故此，极有必要提倡大胆的尝试、创新、交流，而不局限于一种风格、一种模式。只有当一大批风格鲜明的主持人成熟起来，才有望看到有代表性的流派形成、发展。

图 4-8C　里森纳主持《ABC 晚间新闻》节目

第三，实事求是地讲，真正形成群体效应的第一流的节目主持人队伍还有待形成。观众期望的是风格独特、富有个性魅力的主持人。他们应该是一批深刻而不古板，热忱而不轻浮，生动而不流于俗气，自然而不做作的人物——这有赖于时代环境、社会风尚、观众意识的培养，更有赖于主持人独创性的实践积累，最终形成各种风格类型的流派。

三、风格的个性差异

当我们阐述主持人风格类型具有倾向性特点的同时，还要特别注意风格的个性差异这个特点。

风格的个性差异，主要决定于主持人主持节目时表现出的创作个性的差异。

从主持人自身看，独创的个性风格的形成，主要是主持人不同的生活经验和工作实践所起的作用。

社会生活纷纭复杂，电视涉及人间万象，主持人的个性千差万别，表现方式灵活多样。这些因素决定了主持人风格的个性差异。那些具有独创性的主持人，或热情奔放，或质朴清新，或沉郁顿挫，或庄重沉稳，各有特色，不能相互替代。

主持风格最忌千篇一律，而以创新为贵。创新，方能调动观众的情绪，吸引观众的注意力。

风格也是主持人的精神面貌的显现。精神是世界上最丰富的东西，绝不能只有一种存在形式。

创新风格的形成，是主持人成熟的一个重要标志。"艺术风格的独特性，是艺术家个人独创性的集中体现，是艺术家的创作达到成熟的标志，更根本的是对艺术家的生活实践和艺术实践的一种检验。""一个艺术家的作品具备的独创风格，意味着他对丰富多样的现实生活的审美性质的特征有了不同于别人的新的发现，并且相应地在艺术上得到了成功的表现。"①

没有创新风格，天长日久会趋向平淡、平庸的主持风格，这意味着主持人对所反映的客观对象还没有达到真正独到的感受和认识，因而没有独创性的客观根据，也提不出独到的加以表现的主观要求。

主持人风格的形成或流派的兴衰，是和特定的社会、时代相联系的，其自身的发展并不是孤立现象。对此，许多电视节目的兴衰是可以证实的，其道理是一样的。

关于主持人风格类型的倾向性和主持人风格的个性差异以及二者之间的关系，在主持艺术中占有重要的地位。作为具有独创性特征的个性风格，其特殊性体现着风格流派的一般性；特定的风格流派一旦形成，将反过来影响个性风格的变化。

---

① 王朝闻：《美学概论》，284 页，北京，人民出版社，1981。

［本章重点］

1. 节目主持人的风格是主持节目的实践活动中表现出来的主导思想和艺术特点。把握主持人风格的整体特点，要分析各种有机因素的作用及其相互关系。

2. 主持人风格的本质特征，有如人的总体风貌一样，是主持人在整体上所呈现出来的代表性特点，是主持人主观方面的特点和节目的客观特征相统一构成的独特面目。

从主体的个性特征看，主持人在屏幕上展示的风格，是在特有的思想情感、个人气质、生活经验、审美理想规定的范围内，由他们所深刻感受、体验引发的节目创作冲动促成的。

从反映对象的个体特征看，节目的性质以及反映的客观对象，对主持人风格起着制约作用；节目的样式和主持方式对主持人风格也有一定程度的制约作用。

3. 主持人风格是作为一种表现形态而存在的。主持人的外观形象、内在气质、个性语言、品格修养是其中较为重要的成分因素。这几个方面并不是没有联系、孤立存在的，而是相互作用、相互影响的。

4. 主持人风格类型具有倾向性特点，即带有比较明显、比较接近的共同特点。

风格类型也是某种流派，即由一批风格相近的主持人所形成。他们在某种气质、某种情感、某种技巧、某种理念上相类似，而与另一些风格类似的流派有所区别。

5. 当一种风格类型在表现手法上有鲜明的个性、创新，并能吸引大批观众注意力时，就可能会成为该时期占主导地位的流派。这种风格类型可以存在、活跃于某一特定时期，也可以保持相当长的一段时间的继承性和延续性。

6. 节目主持人风格还具有个性差异的特点。风格的个性差异，主要决定于主持人主持节目时表现出的创作个性的差异。

独创风格的形成，是主持人成熟的一个重要标志。意味着主持人对丰富多样的现实社会生活的审美性质的特征有了不同于别人的新发现，并相应地在节目中得到了成功的艺术化的表现。

7. 主持人风格的多样性与一致性是对立统一的关系。作为具有独创性特征的个性风格，其特殊性体现着风格类型的一般性；作为特定的风格流派一旦形成，将反过来影响个性风格的变化。

在不同历史时期，主持人思想感情、生活经历、实践活动的变化，形成了产生多样性主持风格的可能性。

同时，主持人风格的形成，也必然受到自我的创作个性的限制，受到时代和民族特性的制约，而不可能超越时代、民族的共性。因而，主持人风格不能不带有一致性的特点。

[思考题]

1. 怎样理解主持人风格是一种表现形态？其有机因素都包含哪些成分？

2. 怎样理解主持人风格的本质特征？主体的个性特征同反映对象的客体特征是一种什么关系？

3. 为什么说电视节目性质、内容、样式以及主持方式对主持人风格起着制约作用？举例说明。

4. 中国台湾地区电视节目《非常男女》是一档什么类型的节目？采取的形式和主持方式对主持人风格形成有什么影响？

5. 主持人外观形象是不是一定要非常漂亮？主持人精神状态同外观形象有没有关系？

6. 主持人内在气质对于个性风格形成具有什么样的作用？

7. 主持人的表达方式是否体现个性语言的重要方面？表达方式是否单纯取决于技巧？

8. 主持人的品格修养包含哪些具体的内容？在实践中又是如何体现的？举例说明。

9. 主持人风格的多样性是由哪些因素决定的？

10. 主持人风格为什么具有一致性特点？

11. 为什么说多样性与一致性是对立统一的关系？

12. 怎样理解主持人风格类型倾向性特点？风格流派的形成要具备哪些条件？

13. 以克朗凯特为代表的美国"正统派"新闻节目主持人，其风格流派具有什么样的个性特点？

14. 怎样理解主持人风格的个性差异？独创风格的形成中，起决定作用的是什么因素？

15. 主持人风格类型的倾向性与主持人风格的个性差异，在主持艺术中占有重要地位。那么二者之间是否存在着相互影响的关系？

第五章
节目主持人的类型

节目主持人实践活动的基本规律的揭示，学科系统理论的建树，其首要前提有赖于科学分类。

世界上一切事物都可按其属性区分开来，归入一定的门类。怎样对节目主持人进行类型划分才比较科学？

分类是以比较为基础的。主持人的类型划分亦是通过比较，找到共同点和差异点，进而根据共同点，集合为较大的类，划分为较小的类。

分类的结果是形成概念系统。一经科学分类，我们将会对不同类型主持人之间的区别和联系形成清楚的认识。

第一节　类型划分的根据与标准

主持人的类型划分关键在于标准的确立。一般来讲，在一次分类中，只能依据一个标准进行分类。

标准的选择取决于分类的目的。下面我们运用科学方法论，以现象分类和本质分类标准为依据，对主持人进行初步的归类研究。

一、主持人的现象分类

主持人在我国兴起已有多年的历史。在这特定的阶段，我们的电视节目传播方式正处在一个新旧方式转换的过程中。在新形式逐步取代旧形式的交替时期，新的事物不免会带有旧的痕迹。电视界迫切需要搞清楚主持人的工作方式、职责范围、地位、作用、发展方向等具体要求。故此，本书比较侧重于根据主持人实践活动的外部形态来区分其类型。

归纳起来，目前对主持人做的现象分类大体有以下几种划分方法。

两大类划分：

△播音员式。其特点是，主持人以第一人称播讲编辑撰写的稿件。这一类主持人对节目构思、文稿撰写、口径把握都处于被动地位，故被视为初级主持人。

△主编式。主持人对节目全面负责，从节目构思、文稿撰写、内容选择、节目制作到屏幕前主持播讲等诸环节起主导作用。这类主持人被认为是高级主持人。

这种划分法是从电视节目的传播方式上所做的归类。从字面上看，播音员式的提法十分不妥。因为主持人的传播方式同播音员具有明显的区别；主持人不等于播音员。主编式的提法也不够恰当，因为主持人的成功与否并不能以是否胜任主编工作为尺度，而是以传播效果为尺度。此外，以播音员式和主编式来划分主持人等级不够科学。主持人的等级体现在节目主持的水平上，而不是类型上。

这种划分法无论是在字面上还是在内涵上，都不能十分准确地阐述主持人的类别。究其原因，这种划分法是在我国节目主持刚刚兴起的20世纪80年代初提出来的，是以当时播音员方式转换主持人方式的亦此亦彼时期的现象为依据的。在一段时间里，这种提法曾引起电视理论界的争论，同时也导致了实践的困惑。今天看来，这种见解不符合电视节目主持人的基本特点。

三大类划分：

△采、编、播合一式，即主持人参与节目的采编播全过程。

△采、编、播合作式，即主持人以出场主播为主，部分参与节目制作过程。

△客串式，即聘请社会人士主持一次性或一定时间段的节目。

这种划分法是从主持人参与节目的程度和工作方式上进行的归类，具有一定合理成分。但是笼统地将主持人类型定为采编播合作或采编播合一，不能明确体现主持人同一班人马多层次、多环节的连接关系。

事实上，主持人在电视节目中参与节目的程度是变化不定的。有时候主持人必须参与某个节目的采编播全过程；有时则侧重于采访或播报。多数情形之下，主持人不可能一个人全部承担整套节目的采编播工作。因此，简单地将主持人类归于采编播合作或合一，容易对主持人的工作形态产生误解。

四大类划分：

△独立型。主持人独立承担整个节目的采编播工作。

△单一型。主持人主要或仅从事话筒前的再创作播报工作。

△参与型。主持人参与节目的采编播各个环节。

△主导型。主持人是整个节目的策划者、组织者、采编者、体现者。

相对来说，第三种划分法比较合理。不过其中的单一型主持人仅仅是主持人过渡时期的产物，严格讲，还不能称之为一种类型。此外，独立型主持人仅是极为少数的一种类型。在广播节目中，有些信息传递、谈话节目采用一个主持人往往可以单枪匹马独当一面。而电视节目由于制作程序复杂，主持人很难独立承担一个节目的全部工作。个别的以打电话方式进行交流的节目所起用的独立型主持人也是不多见的。美国公共广播公司的拉里·金的深夜谈话节目，主要由他一个人主持。但是这类节目缺少形象画面，以对话为主，因而在电视节目中所占的比重很小。

从客观角度讲，由于我们的节目主持人实践活动的历史较短，不可避免地会受到事物发展特定阶段的历史性局限。

主持人现象分类的标准是根据主持人具体工作的表现形态和行为活动进行的归类研究。"有一些事物，在进行分类过程中，由于一时难以掌握其本质的属性，往往要从现象分类入手。"①在节目主持人刚刚兴起阶段，从现象分类入手，对主持人的分类既有一定的积极作用，又有一定的局限性。

现象分类的积极作用主要是指通过主持人的现象分类，可以对主持人的外部形态和行为活动有一个感性认识，能够在较大范畴内对主持人工作的具体环节有所把握。正如列宁所说，"由现象到本质，由所谓初级的本质到二级的本质"，是"从不甚深刻的本质到更深刻的本质的深化的无限过程"②。

一般来讲，对一个领域的事物分类，要经历从现象分类的阶段进而到本质分类阶段的深化过程。生物学的发展，就是一个先从现象分类再到本质分类的全过程。对节目主持人的认识如同人类对自然的认识一样，是一个不断由浅入深的历史发展过程。我们不能因为暂时没有把握本质而不进行分类，从而停止对该事物的深入研究。

现象分类的局限性，主要是不能完全或准确反映主持人的本质。

虽然现象是事物本质在各方面的外部表现，事物的本质是通过现象从不同方面表现出来的，但是并非所有现象都能反映事物的本质。

例如最初的生物分类就是这样：人们用"虫"去称呼一切爬行的动物，用"鱼"称呼一切在水中游动的东西。显然，这样分类的结果就不能准确地反映事物的本质特征。

将主持人分为"单一型""播音员式"就是现象分类固有的局限性的表现。事实上，所谓"播音员式""单一型"仅仅是电视节目在播音员播报方式过渡时期的特定产物。这种活动形态会随着主持人的发展而消失。

现象分类带有一定的主观随意性，因而它在分类学中被认为是一种人为分类。对于节目主持人的类型研究不能满足于现象分类，而要深入到本质分类。

---

① 林康义：《比较·分类·类比》，69～70页，沈阳，辽宁人民出版社，1985。

② 列宁：《哲学笔记》，278页，北京，人民出版社，1974。

二、主持人的本质分类

本质分类是以事物内在的本质属性为标准所进行的分类。

对主持人进行本质分类，必须以主持人本质的属性和关系作为分类的依据。列宁说："分类应该是自然的，而不是纯粹人为的即任意的。"①

主持人本质分类的入手点是什么呢？是主持人同电视节目相互依存的关系。电视节目对主持人来说好比植物赖以生长的土壤，离开这块土壤，主持人就失去了生存的条件。而不同性质的节目又好比不同的土质，孕育生成不同属性的植物。

从主持人同电视节目相互依存的关系中，我们可以找到本质分类的依据。

电视节目的基本属性应该成为主持人本质分类的依据。首先，根据节目性质，对主持人进行基本类型划分；其次，根据节目样式，划分为若干小类。

根据电视节目基本属性，我们将主持人划分为八大类型：新闻节目主持人、娱乐节目主持人、教育节目主持人、服务节目主持人、体育节目主持人、经济节目主持人，对象性节目主持人、特别节目主持人。

第二节 不同类型的基本特点及发展变化

随着节目主持人实践活动的发展，各种类型的主持人逐步形成了自己的特点。同时，主持人的类型又在发展和变化中不断得到丰富和扩充。

一、不同类型的基本特点

我国电视屏幕上的各种类型的节目主持人，都有其各自的特点。这里，仅从类型区分的角度，对主要的八种类型进行基本的概括分析。

1. 新闻节目主持人

新闻节目是电视机构的支柱节目。

以社会影响而论，新闻节目主持人居各类主持人之首。在美国，电视新闻节目主持人被视为作用于社会的重要人物，"排在总统、国会议员、工

---

① 列宁：《哲学笔记》，255页，北京，人民出版社，1974。

会领袖和工业巨头之后，占据第五位"①。

以发展的眼光看，新闻节目的样式正朝着多元化方向迈进。

节目样式的变化，为主持人的类型划分确立了不同的标准。区分开来，主要有这样六种类型：以事件新闻为主的新闻联播节目主持人；容纳各种内容的杂志型新闻节目主持人；带有讨论、评论、辩论色彩的新闻言论节目主持人；以人物专访为主的访问节目主持人；以沟通交流为主的谈话节目主持人；以调查为手法的深度报道节目主持人。

以上几种类型，在中央电视台都拥有具有代表性的节目，如《新闻联播》《焦点访谈》《新闻 30 分》《实话实说》《新闻调查》等。目前，除《新闻联播》外，其他几个节目都设置了主持人或者采取了主持形式。此外，人物专访节目在《东方时空》节目中的"东方之子"栏目有所体现。

以美国为代表的西方国家，联播型节目主持人因其节目的重要性而占据最重要的位置。美国著名的三位主持人丹·拉瑟、汤姆·布罗考、彼得·詹宁斯被称作"三大巨头"。

2. 娱乐节目主持人

新闻、娱乐、服务、教育是电视的四大功能。娱乐节目在电视屏幕上占有相当大的比重。

图 5-1　美国三大广播公司晚间新闻节目主持人，被称为"三巨头"

---

①　[美]巴巴拉·马图索：《晚间明星》，1 页，波士顿，霍顿·米夫林出版公司，1983。

在许多国家，电视的繁荣是由综艺节目率先带动起来的。传统上，娱乐节目同新闻节目、广告被看作是电视屏幕的三大领地。今天，娱乐节目在电视传播中仍然占有重要地位。

娱乐节目主持人随着娱乐节目样式的发展变化也形成了不同的类型。

除电视剧、电影等娱乐节目外，我们对电视屏幕呈现的节目主持人进行归类可见，起主导作用的主要有六种类型：以推出各类表演为主的综艺欣赏节目主持人；以讨论不同门类娱乐艺术及其社会作用为目的的娱乐文化讨论节目主持人；以娱乐明星访问为主的人物专访节目主持人；综合各种小栏目、以轻松愉悦格调为主的板块结构娱乐杂志节目主持人；以专项娱乐艺术为主的娱乐专题节目主持人；以开心、逗趣、观赏为主的娱乐化游戏节目主持人。

上述六种类型的节目占据了相当多的电视屏幕空间。以中国观众熟悉的节目为例，有影响的节目有：《正大综艺》《综艺大观》《音乐电视60分》《曲苑杂坛》《文化视点》《美国家庭滑稽录像》《相聚凤凰台》，等等。这些节目在推出的同时，都设置了节目主持人。

一般来讲，如果没有主持人，娱乐节目是很难进行调度的；而没有一个好的主持人，或与节目相适应的主持人，娱乐节目也是很难支撑起来的。

3. 体育节目主持人

体育节目具有非常的独特性，一是节目内容非常专一；二是观众非常忠实。

在电视屏幕上，每当有重大体育比赛，体育节目经常成为轰动节目。

从体育主打节目来看，体育节目主持人大体有六种类型：体育新闻节目主持人、专项体育运动节目主持人、综合体育节目主持人、体育赛事现场解说加评论节目主持人、体育运动讨论或谈话节目主持人、体育项目讲解或分析示范节目主持人。

在电视发达国家，体育节目中还穿插拍摄了很多纪录片。比如美国的《美国体育运动员》系列节目，就是以纪录片方式反映美国体育运动员的职业生涯和内心世界以及日常生活的。我国中央电视台曾播出的《中国冠军录》系列节目，用100集的篇幅记录了中国体坛上的世界冠军。

如今，中央电视台和北京有线电视台相继开办了全频道体育节目，随之，形成了体育节目多样化的新格局。

《体育新闻》《体育大世界》《五环夜话》《名将说牌》《五环体育科技》《环宇体育集锦》《NBA精彩赛事》《ATP网球杂志》等节目，各有千秋。与此同时，这些节目也推出了师旭平、刘建宏等深受观众欢迎的主持人。

此外，体育节目除了上述六类主打节目外，还推出了《体育商城》《健美五分钟》《休闲假日》等带有服务、娱乐性的节目。带有服务、娱乐性的体育节目主持人，大多以轻松、活泼的风格主持节目。从某种程度上讲，这丰富了体育节目主持人的类型。

图 5-2　体育节目《足球之夜》深受观众欢迎

4. 教育节目主持人

教育节目特指社会教育节目，而不是专业教学节目。

教育节目主持人基本上可划分为科学、文化、知识、法律、时事五种类型。

中央电视台《走近科学》《读书时间》《社会经纬》《万家灯火》等节目都属于社会教育节目。

一般来讲教育节目，应该是由具有一定专业知识或者对主持节目涉及的领域有专门研究和兴趣的人来主持。

法国电视台《新书对话》节目主持人比沃是一个知识渊博、博览群书的人，主持节目得心应手，并具有权威性。凡经他在节目中介绍的新书，常常形成畅销的局面。

电视被称作"没有围墙的学校"，社教节目的目的性非常明确，节目主持人所承担的职责带有更为直接的社会性。

图 5-3　法国电视一台轻松的教育节目，以说笑
的方式谈论社会各种问题，启发观众思考

5. 服务节目主持人

服务节目在国外亦称为信息节目。

这种类型的节目分为两种样式：

一是定向性专门服务节目，如《电视购物》《非常男女》节目。二是定向性综合服务节目，如中央电视台经济生活服务节目《生活》。

在节目的表现形式和主持方式上，服务节目主持人大都追求轻松的风格，在风格类型上有共性特点。

近年来，服务节目发展很快，突破了过去单纯演示性的服务模式。以《生活》为代表的经济生活服务节目，将新闻性融入节目之中，使节目具有了深度。节目主持人以在演播室走动的方式出场，带给观众清新的感觉。

北京电视台开通了生活频道，推出了各种各样的直接和间接服务节目。包括饮食、健康、学习、交通、家居、置业、财经、休闲，等等，几乎无所不包。

服务节目主持人在类型上不同于新闻节目，两者有非常明显的区别，因为服务节目样式基本上是围绕怎样服务来设计，万变不离其宗。因而，主持人大都是以亲切、自然、热情的面貌出现。北京电视台《电视商场》节目两位主持人被称作"大众女婿""百姓媳妇"。

服务节目的宗旨是为观众提供各种服务，主持人应该对节目宗旨有深刻领会。

6. 对象性节目主持人

对象性节目面对不同的收视对象而设立。在我国分为儿童节目、青年节目、妇女节目、老年节目、农民节目、解放军节目、对外节目等。在国外一般分为儿童节目、青年节目、妇女节目、少数民族节目、国际输出节目。对象性节目主持人类型则根据为不同收视对象而设立的节目来划分；同时又视节目样式进一步分类。

在对象性节目中，儿童节目具有一定特殊性。

儿童节目在屏幕上占有相对固定的时间段，节目样式基本趋向一致，既是对象性节目又是将教育、知识、娱乐融为一体的综合节目。国外一般都将儿童节目单独划分为一种类型，主持人也相对具有独立性。

图 5-4　美国儿童节目《罗杰斯先生的邻里》，深受好评

7. 经济节目主持人

经济节目在电视节目总体构成中占有一定比重，这是由经济在现实生活中的作用所决定的。例如，法国电视一台的《赌注》节目，以报道世界经济的变化为主要内容，面向欧洲播出，很受欢迎。

我国中央电视台第二套节目，主要是以经济节目为主，形成了较为多样化的经济报道格局。《经济半小时》以深度报道为主攻方向；《世界经济报道》以报道世界经济为侧重点；《中国财经报道》以报道中国财经新闻为主要内容；《商务电视》以提供商机、商情为观众服务；《生活》以解释经济生活有关政策、指导消费、提供成功经验为观众服务；《金土

图 5-5　中央电视台妇女节目
《半边天》，节目主持人张越

地》以报道农村和农民经济生产、生活为突破口；还有《商桥》《供求热线》为企业与企业之间、生产与经营之间、供应与需求之间提供服务。

经济节目根据自身的格局，在类型上大体分为两大类型：一是经济新闻信息、动态节目和经济问题深度报道节目；二是商情服务节目，政策、生活服务节目，经营、生产服务节目。第一类是新闻性节目；第二类是服务类节目。

节目主持人依据经济节目的类型划分为新闻性和服务性两大类别。

图 5-6　法国电视一台经济节目《赌注》是一档新闻类经济节目

经济新闻节目主持人对经济和新闻两个领域的知识、要求都要比较熟悉，才能主持好节目；经济服务类节目主持人，不但要遵循服务性节目的共性规律，还要注意经济服务节目的特别要求。因为经济类节目是政策性很强的节目，因而要比较谨慎。

8. 特别节目主持人

除了长期固定栏目主持人，电视屏幕推出的各种临时安排的一次性特别节目，或在一段时间内播出的节目大都是重头节目，有特别的传播意向。这类节目主持人大多由著名的专职节目主持人或特邀嘉宾主持人来主持。对特别节目主持人可根据节目属性划分类型。

中央电视台的《望长城》(3 部)12 集大型电视纪录片，选择焦建成、黄宗英主持。他们当时都不是专职主持人：一个是话剧演员，一个是老演员兼作家。纪念中华人民共和国成立 35 周年的天安门广场阅兵式现场报道，由赵忠祥主持。赵忠祥是著名专职主持人。

有时候，特别节目为了突出特点，选择不同国家、不同地区或者不同电视台的主持人联合主持，营造气氛。例如香港回归一周年之际，内地和香港两地都举办了纪念活动，电视也举办了晚会节目，两地主持人联合主持，营造香港回归后的和谐氛围。

特别节目主持人，往往还具有一定知名度，因此可以产生名人效应。

图 5-7A　《波恩之夜》特别节目

图 5-7B　中国著名的报幕员李小玢(左)与法国节目主持人(右)共同主持《波恩之夜》特别节目

二、类型的发展变化

节目主持人由现象分类到本质分类，实际上反映了这一学科理论由浅入深、由表及里的必然发展。对此，可从美国电视节目主持人类型划分的发展过程略见一斑。

节目主持人的诞生地美国，最初将游戏、竞赛节目中出现的主持人称为 Moderator，这个词的原意为"仲裁人""协调人"。后来随着一些轻松的讨论节目和辩论节目的出现，Moderator 也被应用到这类节目中。这类主持人在屏幕上的外部形态好比裁判员，主要起调节、客串、仲裁作用。

最初的综艺表演节目和轻松的以明星访问为主的谈话节目由于起用的主持人多以自我表演为主，被称为 Host，其原意是"主人"。当时的这类娱乐节目主持人大多是能歌善舞的喜剧演员或滔滔独白的能手，他们以主人的身份活跃于节目中。在屏幕的外部形态上，这类主持人如同家中主人一般，而电视节目中请来的其他演员则好比客人。有些节目干脆就布置成家

113

庭会客厅，主持人也以主人形式同客人交谈。

1952年，唐·休伊特把 Anchor 一词用到新闻节目中，显然有别于 Moderator 和 Host。Anchor 一词的原意是"锚、支撑点、关键时刻可以依靠的人"。顾名思义，Anchor 在节目中起承上启下、组织串联、关键时刻亲自完成使命的作用。

从 Moderator、Host、Anchor 这三种称谓看，对美国电视节目主持人的分类，最初也是从主持人的外部活动着眼的。

随着电视节目不断丰富、变化，严肃的讨论节目、辩论节目、杂志型节目应运而生。综艺节目主持人不再以自我表演为主，而以推出精彩的内容为主。这也导致了主持人工作的外部形态发生变化。

三、不同类型的区别与联系

主持人类型之间有一定区别，但也有一定联系。

以新闻节目为例，晚间新闻同早间新闻相比，从共性方面看，都属于新闻性节目，都要遵循新闻报道原则。但在个性上又存在一定区别：内容的选择、形式的安排、风格的表现上都大相径庭。早间新闻一般选择软性新闻较多，以杂志型风格出现，采取轻松、明快的形式；晚间新闻则以重大事件为主，以庄重严肃的风格传播新闻。在30分钟的晚间新闻节目中，主持人郑重其事地主持报道，自我渗透的表现极为罕见；早间新闻一般长达1～2小时，主持人以自然攀谈方式主持，两人不时交流看法和感受。尽管二者都是新闻节目，但主持方式不一样，作用也大

图5-8 美国"NBC 早间新闻节目《今天》，主持人以伙伴方式出现，风格轻松、明快。这是简·波利与布罗考在20世纪70年代主持节目

不相同。

那么，是否在杂志型、联播型之间划一条界线就清楚了呢？其实不然。《60分钟》是杂志型节目，但内容以当代美国社会问题为主，采取调查性纪录片的形式，几位主持人不仅坐镇演播室，还会亲临现场，调查事件的原委，跟踪事件发展的走向。

面对各种节目样式的演化，电视网逐渐意识到：不同性质的节目对主持人有不同的要求和制约。因而有必要根据不同节目性质和样式来设置主持人。

在他们看来，轻松的娱乐节目和严肃的新闻节目二者之间的界线划分最为重要。因而用 Host 特指娱乐性节目主持人，用 Anchor 特指新闻性主持人，对于介于二者之间的综合性板块节目则依主导内容和节目形式而定。

这样区分仅仅是从现象分类到本质分类的初步过渡。因为各种节目样式和主持类型仍然不能以娱乐和新闻两大类笼而统之，还必须按节目在电视传播中的特殊形态来进一步划分。

于是，就以新闻、娱乐、信息、教育、体育、儿童、对象、特别节目来对主持人进行分门别类，每一大类再按节目样式分为若干小类。这样，主持人之间的类比则是按同类节目性质和样式进行比较的，节目收视率也是在同类节目之间一比高低的。

对比早间新闻与晚间新闻节目的样式和主持方式，会发现有很多不同之处。首先，早间新闻收视时间是在清晨，人们出出进进，不能像晚间那样专注。因而主持人要以轻松、明快的风格主持节目。美国NBC《今天》节目主持人简·波利被称为"早晨的笑脸"，因为观众们早

图 5-9　美国 ABC《今晚国际新闻》起用的第一个黑人主持人马克斯·鲁宾孙，以华盛顿的"黑旋风"著称。主持节目风格显然不同于《今天》

晨起来不希望见到一副咄咄逼人的面孔。而 ABC《今晚国际新闻》起用的黑人主持人鲁宾孙，则是以严肃、尖锐的报道风格成为华盛顿的"黑旋风"。可见同类节目之间也存在类型的差异。

通过上述分析，我们可以对节目主持人的类型划分有一个较为清楚的认识。节目主持人的类型划分并非是对主持人划分等级，无论是现象分类还是本质分类，其目的都是为了揭示主持人活动的内在规律。

主持人的等级差别体现在主持水平上，而非类型上。从长远的观点看，类型划分有助于主持人明确自我发展方向，找到适合于个人发挥才干的定位。

第三节　主持人类型界定的作用

任何一门学科要从事实堆积的经验阶段走向整理事实的理论阶段，就不能不借助分类来架设中间桥梁。例如在物理学中，对天体、基本粒子的描述，起初处于模糊笼统的状态；后来通过天体的系统分类，基本粒子的系统分类，人们对天体、基本粒子的认识才走向理论化。在生物学中，分类已然成为理论的重要部分。

由此可见，依据节目主持人本质属性而建立的分类体系，往往能反映出不同类型主持人某一方面的规律性。因而我们可以有充分理由得出结论：节目主持人分类的意义在于提示主持人实践活动的规律，并为这一学科理论系统形成提供前提条件。

一、分类与主持人的定位、风格及形象

主持人分类对主持人的实践活动至少有以下几种作用：第一，有利于主持人的相对固定；第二，有利于主持人的个性风格形成；第三，有利于主持人树立权威形象；第四，有利于主持人自身素质的提高。

多年来，我国节目主持人经过不断实践摸索，在整体水平上有了明显提高，同时也暴露出一些不容忽视的问题。一些主持人轮番主持不同性质的节目，有的主持人误以为主持大型文艺晚会是主持人追求的最高目标。他们或许是服从工作上的安排，或许没有意识到"万金油"式主持人实则是对自身形象的"破相"，是冒险的尝试。这种现象至少说明主持人分类界限不清而导致实践的盲目。

主持人相对固定，是这一事物成熟的标志；但这并不意味一位主持人

一旦主持了一个节目就再也不能脱身。一般而论,主持人主持相同性质的节目并不算错位。但是一个节目主持人同时主持两个以上长期播放的不同类型重头节目,恐怕会顾此失彼。有一段时间,中央电视台《观察思考》节目主持人同时主持《在下周屏幕》《地方台五十分钟》三个节目。其中,一个是带有评论性的专题节目;一个是专门播放各种题材的专题片、纪录片并具地方特色的专栏节目;一个是提供下周屏幕节目播放信息的服务节目。显而易见,三个节目风格各异,主持人自然不能以相同的语气、形式和面貌出现在屏幕上。按理说,在尽可能范围内主持同类性质的节目是无可厚非的,但主持不同性质的节目则有损主持人的自身形象,特别是新闻性和娱乐性节目主持人的换位更是危险的尝试。

电视传播的目的,无非是为了收到效果;而效果的获得,首要的一步是推出相对稳定的节目及相对固定的主持人。在这个前提下,电视才有可能做到有序传播,照应受众的收视习惯。

主持人作为一档节目的标志,是节目整体构成中的有机组成部分,不能脱离节目而存在。倘若主持人不时换位主持节目,其后果之一就是打乱电视节目的有序传播。

需要指出,主持人的相对固定不是主持人实践活动的最终目的。因而主持人类型划分不仅仅是促成主持人的相对稳定,还要在此基础上逐步形成个性风格,从而树立权威形象。

道理十分清楚,当主持人对主持人类型有了比较清楚的认识,才能自觉而不是盲目地从事实践活动。主持人的主持水准自有高低之分,观众不会要求一位主持人一上屏幕就达到较高水准,但却会要求主持人不断提高主持水平。主持人若要得到观众的认可,就必须认识不同性质的节目对主持人的规定性,按照节目的要求提高自身素质。在这个意义上讲,分类的作用还有助于主持人素质的提高。

确定主持人的分类,按照节目不同性质将主持人相对固定于同类节目之中,是否就能形成个性风格,树立权威形象,提高自身素质呢?这绝非一个简单的数学等式。确定分类的目的是揭示主持人实践活动的特殊规律,指出一条必由之路;主持人想要顺利通过,还需迈出坚实的步伐。

二、分类获得的科学的理性概念及范畴

分类是科学理论的前提。

没有科学的分类,节目主持人的研究就无从向理性的方向发展。理论

的模糊不清，反过来势必导致实践的混乱。"没有种的概念，整个科学就没有了。科学的一切部门都需要种的概念作为基础……"①

本着科学态度对主持人进行分类研究，可以使我们对具有一定属性关系的不同类型的主持人产生比较清楚的概念。有了种类的概念，才能把握事物的区别和联系，为进一步揭示主持人这门学科的原理和基本规律打下基础。

图 5-10　美国最早的固定新闻节目主持人布林克利，
从 1956 年开始主持新闻节目

1988 年，中央电视台在举行"如意杯"节目主持人评选活动时，由于没有对主持人进行分类评比，尽管制定了明确具体的评分标准，仍然出现了评委和观众对同一选手的打分结果悬殊的情况。以"十佳"专业节目主持人作比较：第一名中央电视台儿童节目《七巧板》主持人鞠萍，得分 83.3 分，第十名上海电视台《大世界》综艺节目主持人叶惠贤，得分 45.3 分。第一名和第十名的分数相差 38 分，悬殊由此可见。这种分数差距在其他各种评奖活动中实为罕见。此外，"十佳"主持人前五名得分超过 50%，后五名则低于 50%。若按百分制标准评判，竟有半数为"不及格者"。再看"十佳"主持

---

①　恩格斯：《自然辩证法》，198～199 页，北京，人民出版社，1971。

的节目类型，大多是轻松的文化专栏、儿童节目、娱乐节目。如果对"十佳"作严密比较，很难选择一个客观标准。尽管主持人有共性可言，但不同类型节目主持人差异极大，难以等量齐观。以娱乐节目和新闻节目为例看，二者无法相提并论。这使我们想到每年一度的通俗唱法、美声唱法、民族唱法电视大奖赛，选择对三种唱法分类评比，其道理不言而喻。同理，节目主持人评比亦应如此。诚然，"如意杯"是在中国电视节目主持人刚刚走过 6 个年头时举行的，我们不能过分苛求；但这个失误至少给了我们一个提示：分类作用对于主持人学科理论研究，既是前提，又是入手点。

图 5-11　布林克利在 20 世纪 80 年代仍然主持新闻节目

　　强调主持人分类对于理论研究的重要作用，还需指出：主持人分类所获得的概念、范畴是有条件的，相对的，因而既有科学性也有局限性。

　　分类导致范畴的固定化，这是分类方法本身局限性的一个表现。即使是所谓科学分类，也只能近似地反映客观世界的自然系统。主持人分类的另一个局限性就是难以对付亦此亦彼的类型。世界上的任何事物，都是以往历史上的事物发展变化而来的。事物由一种质态转化为另一种新的质态，往往要经过量变到部分质变再到整体质变的过程。因此，总会有一些事物处于亦此亦彼的中间状态。在主持人处于这个发展阶段时，就很难根据一种标准的尺度来测断同异进行分类。

　　解决的办法是：对事物的两个方面进行分析，以占优势的方面归类或者按事物发展的进化方向归类。1983 年美国出版的《晚间明星》一书的作者巴巴拉·马图索，用 20 万字的篇幅专门研究美国三大电视网晚间节目主持人，这样的专门研究具有可比性，因而有助于揭示客观规律。这对我们的理论研究无疑是一个有益的启示。

　　应该看到，随着电视节目的发展，主持人的类型划分也会不断变化，理论研究自然会随之修正、补充、发展。

　　我们特别强调分类是科学理论的前提，这是因为"精神科学采用了自然科学的原则、方向与严谨的态度，就能有同样稳固的基础，同样的进步"①。对此，不妨来举例说明：达尔文就是从物种的分类中获取材料，提出了进化论。达尔文进化论的出现，使生物分类由单纯的形态分类发展到演化分类。节目主持人一经本质分类，必将使我们的视线从节目主持人外部形态转移到其内在的本质和关系上。

如此说来，是不是只要对节目主持人进行科学分类，我们的理论研究就称得上是深入了呢？如果说是，那也只是在一定发展阶段的深入。但有一点是肯定的：一旦我们掌握了科学方法，我们的研究朝着理性方向发展，就可能揭示出主持艺术的基本规律。

---

① ［法］丹纳：《艺术哲学》，11 页，北京，人民文学出版社，1983。

[本章重点]

1. 主持人类型划分关键在于标准的确立，而标准的选择取决于分类的目的。

分类的目的是通过比较，找到共同点和差异点，进而根据共同点集合为较大的类，再根据差异点将较大的类划分为较小的类。

分类的结果是形成概念系统，从而找到不同类型主持人之间的区别和联系，揭示出主持人实践活动的基本规律。

2. 现象分类，是以事物的表面属性和外部特征为标准进行的分类。

从客观角度讲，以节目主持人具体工作表现形态和行为活动进行的现象分类，一方面具有一定积极作用，一方面具有一定局限性。

其积极作用是：可以对主持人工作的外部形态和行为活动有一个感性认识，能够在较大范畴内对主持人工作具体环节有所把握。其局限性是：不能完全或准确地反映主持人的本质。作为一种人为分类，带有一定的主观随意性。

3. 本质分类，是以事物内在的本质属性为标准所进行的分类。

电视节目的属性是主持人本质分类的依据，根据节目性质及主持人同节目相互依存的特质，可以将主持人分为八大类型：新闻节目主持人、娱乐节目主持人，服务节目主持人、教育节目主持人、体育节目主持人、对象性节目主持人、经济节目主持人、特别节目主持人。

4. 主持人不同类型的形成是逐步发展变化的，每一种类型都有各自的基本特点，同时也存在着一定的相互之间的联系。

因而，类型划分有利于主持人确定自己的主攻方向。类型划分并非是对主持人划分等级，主持人等级的差别体现在主持水平上，而不在类型上。

5. 类型界定，对于主持人的实践活动，至少有四个作用：第一，有利于主持人相对固定；第二，有利于主持人的个性风格形成；第三，有利于主持人树立权威形象；第四，有利于主持人自身素质提高。

6. 分类是科学理论的前提。没有科学分类，主持人的学科研究就无从向理性方向发展。本着科学态度对主持人进行类型划分，可以对具有一定属性关系的不同类型的主持人产生比较清晰的概念。

有了种类的概念，才能把握事物的区别和联系，为进一步揭示节目主持艺术这门学科的原理和基本规律打下基础。

7. 主持人分类所获得的概念、范畴是相对的、有条件的，因而既有科学性也有一定程度的局限性。

分类导致范畴的固定化，这是分类方法本身局限性的一个表现。即使是科学分类，也只能近似地反映客观世界的自然系统。

主持人分类的一个较大局限性就是难以对付亦此亦彼的类型。解决的办法是：对事物的两个方面进行分析，以占优势的方面归类或者按事物的进化方向归类。

[思考题]

1. 怎样对主持人进行类型划分才比较科学？分类的目的是什么？

2. 主持人现象分类的依据是什么？其有利因素和局限性的具体表现是什么？

3. 主持人本质分类的依据是什么？依据本质分类，大体划分几种类型？

4. 概括描述不同类型主持人的基本特点，并举例说明两种不同类型主持人的区别。

5. 对中央电视台新闻节目样式及主持人类型进行比较分析，说明同类节目主持人在类型上也存在的联系和区别。

6. 对中央电视台《生活》节目和《电视购物》节目的服务性进行分析，对主持人的风格类型进行比较，说明存在哪些共性的东西。

7. 为什么说主持人的等级差别不体现在类型上，而体现在主持水平上？

8. 类型划分对主持人定位起什么作用？

9. 主持人相对固定是否有利于主持人树立权威形象，形成个性风格？这同类型划分有什么关系？

10. 对于处于亦此亦彼的发展状态的主持人怎样进行归类，较为可行的办法是什么？

11. 怎样认识主持人分类导致范畴的固定化？这同分类的科学性是否存在矛盾？

12. 主持人分类对于理论研究起什么作用？

第六章
节目主持人的作用

　　本书第二章、第三章从传播学角度对主持人的人格化与对象化传播特征进行了阐述，其中已经涉及主持人对电视整体传播方式的作用。本章侧重从电视节目形态以及节目编排方式和节目的结构特点的角度，对主持人在节目创作中的具体作用进行分析。

第一节　主持方式作用于节目形态

　　所谓形态，是指事物的形状或表现。

　　电视节目形态，是指节目的外部"形状"、内部的"构造"及其变化表现。

　　节目主持人的推出，对电视节目的形态变化（从外部"形状"到内部"构造"）起到了相当大的促动作用。

　　主持方式将零散的电视节目内容组合起来，使得电视节目能够以栏目的形式出现，形成有序传播的格局。

一、主持人与节目的栏目化

　　电视节目的栏目化，从宏观上讲，是节目的整体编排方式以栏目形式来构造；从微观上讲，是具体节目的内部组合以栏目形式衔接。

　　第一，节目主持方式使得电视节目具体编排由零散变整齐，在长度上和播出时段上达到相对稳定，为栏目化奠定了基础。

　　节目的栏目化有利于在整体编排上实现有序传播。因而，首先要求一档节目时间长度基本固定，节目播放时段相对稳定。

　　这样讲，并不是简单地将电视节目划分成若干个栏目，也不是简单地在时间上将节目切成若干个小板块。

　　过去，电视节目在时间长度上不规范，特别是受到制作能力限制，经常开办一些3分钟、5分钟、8分钟的小节目。在节目编排上也比较散乱，观众很难养成固定的收视习惯。

　　节目主持方式推出后，电视节目的内部组合，可以以主持方式进行组织、串联、承上启下，许多节目以相对长的时间段推出，时间虽然拉长了，但编排上却不显得松散。

　　电视节目在长度上能够保证时间的充足，从而带给制作人员一定的节目创作空间。

　　第二，节目主持人的设置及主持方式的推出，使电视节目在形态上具有了可辨认和可记忆的特点，为实现栏目化构造了丰富多彩的外部"形状"。

现在，电视上几分钟长的小节目越来越少了，许多必不可少的内容都以杂志型节目的样式包容在一个节目之中。由于主持人的作用，节目内容虽然较多，但却不显得杂乱无章。

另外，节目以相对长的时间长度变成整块的方式，使观众能够比较清楚地记住节目的名字、播出时间以及节目的特点。

可以说，主持人及主持方式使得电视节目具有了清晰的可辨认和可记忆的特点。

同时，由于主持人成为节目的标志，也使电视节目的栏目化具有了自己的特色，增添了活生生的人的色彩。例如：美国节目主持人戴维·麦克尔哈顿主持的《最后的疆界》系列节目，就是以主持人目击的方式来介绍宇宙的过去、现在和未来。另外，主持方式的多种多样，也使电视各个栏目的外部形态避免了雷同，形成了多姿多彩的整体格局。

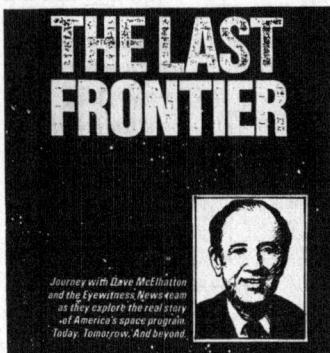

图 6-1 美国电视节目《最后的疆界》节目以主持人形象作为节目标志

第三，节目主持方式促动电视节目实现栏目化，为电视节目在整体编排上形成有序格局奠定了基础。

我们可以来看看中央电视台第一套节目 1998 年 7 月 19 日（星期日）的节目安排：

表 6-1 中央电视台第一套节目安排表(1998 年 7 月 19 日)

时　间	节　　目	是否以主持方式进行
18:00	新闻	否
18:09	大风车	是
18:56	收视指南	否
19:00	新闻联播	否
19:31	天气预报	是
19:38	焦点访谈	是
19:55	科技博览	否
20:00	收视指南	否
20:05	电视连续剧	否
21:00	新闻	否

时　间	节　　目	是否以主持方式进行
21:09	收视指南	否
21:10	体育大世界	是
22:00	晚间新闻 世界报道 体育新闻 天气预报	是
22:52	地方文艺	是

以上从晚间 18 点至 22 点 52 分，共 292 分钟的节目中，长度在 30 分钟以上的节目有 5 个，节目总时间约 220 分钟。另外节目预告、广告、天气预报时间约 44 分钟，《焦点访谈》13 分钟，《科技博览》5 分钟，整点新闻 10 分钟。

30 分钟以上的节目，除《新闻联播》外，都设置了主持人。《焦点访谈》节目也以主持方式传达。这个节目时间段位安排在《新闻联播》之后，电视连续剧之前。这两个节目长度虽短，但播出段位及前后的节目都是观众比较喜欢的。故此，在栏目化的整体格局中仍占有重要的一席，不易被观众所忽视。

22 点播出的《晚间新闻》《世界报道》《体育新闻》《天气预报》，原本是四个内容的节目，中央电视台将这四个部分用主持人上下串联的方式组成一个相对统一的板块，形成了一个相对固定又相对长时间的收视时间段位，其目的就是以栏目化构造整体传播格局。假如没有主持人的串联，这四个部分就不会较为自然地组合成一个相对完整的统一体。

客观地讲，以上我们分析的近 6 个小时节目的播出与编排顺序，以及节目的段位安排和时间长度，还不能说十分科学，但已经朝着栏目化有序传播的方向发展了。这其中不难看出节目主持人和主持方式的作用。

二、主持人与节目的多样化

电视节目多样化发展是同设置主持人和采用主持方式分不开的。

电视节目多样化主要体现在两个重要方面：一是不同类型、不同性质的节目多种多样；二是不同样式、不同风格的节目多种多样。

节目主持人作为最自由、最活跃的因素，以其不同面貌、风格、个性、形象和不同主持方式为节目的多样化注入了积极因素。

首先，主持方式是节目样式不可分离的组成部分。有时候，主持方式就是节目样式的基本特征。在一定程度上，电视节目样式由主持方式来识别。

以新闻节目为例，从世界范围看，电视新闻节目从早期分割式新闻组合到并行剪辑；从简明新闻到新闻联播；从发布动态新闻到深度报道；从新闻回顾综述到新闻论坛；从访问到谈话……都是在人的促动下不断丰富、发展的。在电视新闻从业人员创造力实现的过程中，主持方式使得他们更加自如地创办出一个又一个不同样式的新闻节目。

图 6-2A　中央电视台《东方时空》节目

今天，新闻节目已成为电视机构的支柱节目。新闻的社会影响日益扩大，公众对电视新闻节目依赖程度越来越强。究其原因，这是同新闻节目多样化发展紧密相关的。对此，我们可以从分析新闻节目样式同主持方式的关系中得到进一步的印证。

我国中央电视台新闻节目的样式同主持方式的关系：

图 6-2B　中央电视台《焦点访谈》《新闻调查》节目，主持方式不同，因此构成样式各异

从大的新闻节目范畴看，目前新闻节目样式大体上有这样几类：联播型、调查型、访谈型、谈话型、综合型。其代表性节目是：《新闻联播》《新闻调查》《焦点访谈》《实话实说》《新闻 30 分》《东方时空》。除《新闻联播》外，其他各类节目的推出，均采用了主持方式。如果没有主持方式，我们很难做到样式多样化，也很难达到理想的收视效果。

美国三大电视网名牌新闻节目样式同主持方式的关系：

《今天》是杂志型的早间新闻节目。节目中不但有动态信息，还有人物专访，体育赛事，等等。《CBS 晚间新闻》是联播型的晚间新闻节目；《ABC 夜间新闻》是综合型的深度报道节目；《60 分钟》是调查式的新闻纪录片模式；《20/20》是新闻深度报道节目，主要由纪录片和人物专访两部分组成；《48 小时》是大型新闻纪录片样式的社会问题深度报道节目；《今日美国》是杂志型的对社会现象、时尚、潮流的深度报道节目，亦被称为生活方式报道。这些节目在中国电视上都曾经播出过部分内容，节目主持人大多都来中国进行过采访、报道。每一个节目的样式都同主持方式密不可分。

其次，主持人形成的不同类型，是节目多样化的促动因素，成为节目样式的表现形态。

图 6-3 美国新闻节目不同样式与主持
方式有着相辅相成的关系

图 6-4 法国电视一台《事实游戏》节目，
主持人在演播室舞台上主持节目

本书第五章专门对主持人不同类型的特点进行了分析，其中涉及各种类型节目的样式。从这个侧面来看，电视节目多样化确是在主持方式的促动下实现的，是主持人的不同类型样式的表现形态。

以娱乐节目为例，法国电视一台的《事实游戏》节目，是以谈话形式出现的娱乐节目。节目主持人在演播室设计的舞台上出现，请来明星人物一同站在台上。然后请现场观众和场外观众向明星提问题，明星可以回答，也可以不回答。节目间隔时，中间穿插歌舞表演。

美国的《今晚》节目，也是以谈话形式出现的娱乐节目。节目主持人在演播室以滔滔独白开场，引出一个讨论的话题，然后请几位嘉宾共同讨论，节目的道具只有一把椅子，供主持人使用，一张沙发，供嘉宾使用。长期以来，节目影响力经久不衰，其原因是节目格调非常高，但形式轻松。

图 6-5　法国著名电影演员阿兰·德龙(右)，
在《事实游戏》节目中作为嘉宾，回答观众问题

凤凰卫视中文台的《相聚凤凰台》节目，也是以谈话形式出现的娱乐节目。但节目采用两个主持人伙伴的主持形式，基本上以两人谈话为主，中间穿插有关内容的画面。有时，也请一些嘉宾来访。

以上三个节目虽然都是谈话形式的娱乐节目，但是主持方式仍然有所不同，因而节目样式的外在形态也有所不同。

最后，主持人个性形象是节目多样化的明显而突出的标志。主持人风格不同，节目风格亦不相同。由于主持人风格对节目风格的形成起着重要的作用，因而主持人形象成为节目表现形式的重要部分。有时候，主持人个性形象会成为区别不同节目的最明显的标志。

以儿童节目为例，中央电视台节目主持人刘纯燕在《大风车》节目中以"金龟子"的形象出现，她那活泼、好动、好奇、可笑的个性形象在小观众心目中留下了非常深刻的印象。她的这种打扮和"扮演"的角色，成为节目的有机组成部分，因此，刘纯燕在小观众心目中就等于是"金龟子"，她的个性形象很明显影响到了节目的表现形式。

主持人的个性风格，好似节目的"内核"或"精神所在"，对节目多样化发展起到"催化"作用。

美国著名节目《晚安》，是一档以讲故事为主的节目，主持人在节目中安排了许多小动物，来增强节目的趣味性。主持人同小动物之间的亲密关系以及小动物的可爱形象，在观众心中留下美好的印象。这种节目形式的形成同主持人的个性形象是密不可分的。

有些电视节目，还用固定的木偶、动画形象来主持节目。比如《迪士尼

图6-6　美国《晚安》节目是以讲故事为主的节目，
主持人同小动物在一起主持节目

彩色世界乐园》的有奖竞猜节目，设置的主持人就是动画形象米老鼠。这种形象自然成为节目的代表性特征，成为节目特别的表现形式，构成了别具一格的节目样式。在法国电视一台，有些幽默节目，同时用人和"活木偶"来共同主持，木偶由人操作，成为节目的固定形象。

从以上几个例证的分析中，可以看到主持人的不同个性形象确是节目多样化的表现形式之一，在某种程度上，也成为节目样式的组成部分。

第二节　主持人与节目的结构方式

电视节目的结构，是指各个组成部分的搭配和排列。

一、主持人的结构作用

主持人在节目结构方式的构成中起到特殊的组合作用。举其要端，有这样一些作用：

△在有些节目中，主持方式本身成为一种结构方式。

△主持人是构成全篇报道的最灵活的可调度因素，起到对不同层次、不同段落的连接作用。

△主持人可以弥补画面的不足，也可以以自身的活动构成一定的画面内容，发挥出电视节目以画面来结构的特点。

△主持方式可以成为一种表现手法，灵活地运用到节目的组合过渡和搭配中，成为节目结构方式中的有效手法。

二、主持人的结构方式分析

为了说明上述的观点，我们来具体分析《60分钟》节目关于"马梅迪惨案"的报道。

1945年，第二次世界大战结束前夜，德国军队在马梅迪屠杀了大批美军战俘，这是第二次世界大战中德军对美军战俘最大规模的屠杀。战后40年，下令并指挥这次屠杀行动的战犯莫恩基却逍遥法外。美国作家迈耶经过多年调查，将这个事实公布于世。

1985年，《60分钟》节目在"老兵节日"纪念日这一天播出了"Killing Time"节目，将莫恩基这个战犯的所作所为以及为什么会逍遥法外的原因，进行了披露。

由于这个事件已经过去了40年，现场的画面已无法捕捉。但《60分钟》节目的主持人，以调查方式，非常成功地制作了一期完整的调查报道，其中情节性、故事性非常强。

第一步，主持人在节目中以调查方式来结构全篇报道，主持方式本身成为一种结构方式。

第二步，由于事件发生在20世纪40年代，主持人的调查是以观众的心态和观众的问题来安排的。每一个段落都是在回答观众的疑问，等问题解释清楚，故事也就讲完了。

第三步，主持人以同作家的采访、交谈为主线，将资料、当事人的采访组成一个完整的统一体，成为节目的主干材料。

第四步，主持人以活动式的方式出现在事件发生的地点以及事件波及的地点，构成一定的画面内容，弥补现场画面的不足。

第五步，主持人在节目中接触、采访了事件的披露者、活着的当事人、死去的当事人的后代、审理此案的法官、战犯的妻子及还没有开口说话的战犯。通过这些人物的出现和采访，构成节目的内容和一定的画面，也增强了节目的实证性。

第六步，主持人尽量在事件发生的现场和事件波及的现场出现，使节目的可视性因素得到增加，同时也让观众产生现场为证的感触。虽然不是当时的"共时刻"现场，但是仍然可以用触目惊心的墓地和一排排的十字架墓碑来作证。

一般来说，调查性纪录片是吸引观众的较好的节目形式。《60分钟》总编导唐·休伊特认为，《60分钟》节目的结构方式和表现手法，就是用画面给观众讲一个完整的故事。他还认为，用主持人的方式来结构报道，不但非常成功，而且还给节目增添了个性色彩；在某种程度上，主持人起到调动各种表现元素的作用。

下面是八幅"Killing Time"这一节目的片段，从中可以对主持人的结构作用略见一斑。

**图 6-7A　主持人布林克利从演播室
走出来，背景是战犯莫恩基的照片**

**图 6-7B　主持人走到照片的左侧，开始将
节目的由来向观众报告**

图 6-7C 主持人换了一个位置，走到照片右边，
向观众简要介绍事件的原委

图 6-7D 现场主持人(右)同作家(左)，在
"马梅迪惨案"发生地点交谈，将事件引出

图 6-7E 主持人在战犯现在居住的地
点出现，准备到战犯家里去了解情况

图 6-7F　主持人在法官办公室采访法官

图 6-7G　主持人在柏林希特勒下命令的
指挥部讲述事件的经过

图 6-7H　主持人（右）和作家（左）在节目最后，通过
采访来提出观点：什么是正义？答：正义是负责

第三节　主持人与节目的传达

主持人在电视节目传达过程中是最后的一个环节。节目的意图、节目的内容最终是通过主持人传达给观众的。因而，主持人在节目传达中占据非常重要的支撑地位，并起到主导作用。

一、节目的支撑人物

主持人作为电视节目直接出面向观众进行传情达意的特定角色，自有其特殊的地位。总括一点，就是节目的支撑人物。

明确这一点，并非说主持人是天生的"超人"，可以凌驾于所有电视从业人员之上；而只表明主持人特殊的使命是一定的分工和社会条件所决定的。

从电视传播形式看，观众需要主持人，电视更需要主持人。节目给予他们一定的条件和施展才干的机会，得以集中反映创作人员的意图，并以较好的水平主持节目满足观众的欣赏要求。

主持人的支撑地位主要表现在他们对节目的成败起举足轻重的作用上。在一定程度上，正是由于主持人在节目中所占的主导作用，国外电视界才视主持人为提高节目收视率的关键人物。每当节目收视率下降时，他们便把更换主持人当作补救的重要措施加以实施。美国全国广播公司经理施洛索就表态说："只有一招——替换主持人——来提高收视率。"[①]通常，其他西方国家也把主持人视为节目中的关键人物。大凡有影响的节目，其主持人必是闻名全国的人物。

诚然，有些节目的失败不能完全怪罪于主持人，而有可能是因为节目的宗旨和内容对观众不适宜等因素造成的。但除某些特殊情况外，主持人的主导地位也不可忽视。美国著名新闻顾问艾尔·普里莫认为，"如果把所有构成一档新闻节目获得成功的因素考虑进去，并且给每一个因素增加一些分量，构成 10 个因素的话，那么主持人会占据其中 8 个因素，其他诸种

---

① ［美］巴巴拉·马图索：《晚间明星》，191 页，波士顿，霍顿·米夫林出版公司，1983。

因素的总和只占两个因素。"①普里莫的观点虽是一家之言，但其中却有合理成分。西方电视评论界认为，主持人是传播过程中最灵活、最后的一个"环节"。

由此可见，主持人若不处于节目的支撑地位，就很难最终出色地实施电视的传播功能，因为他们的职责要求集中体现电视创作人员创作的意图，创造出形式与内容完美统一的作品——电视节目。

二、多功能的主导作用

主持人在节目中所处的支撑地位，决定主持人在节目中起着主导作用。具体讲，其主导作用主要是：组织、串联、协调、引导、沟通、交流、传达、吸引。

主持人发挥主导作用是多功能的，这是同电视特性的展现分不开的。电视节目是一种"精神产品"，能够满足人们多方面的精神需求。人们购买电视机，是为了从电视节目中获取信息，增长知识，消遣娱乐……而电视节目恰恰能运用具体可视的形象画面和生动通俗的语言，描绘再现不同历史时期的政治、经济生活和社会风尚、文化艺术，表现各阶层人士的生活状态、精神风貌以及人们之间的相互关系。大凡成功的节目，在引导帮助观众认识世界、揭示生活的真谛方面，无不起到潜移默化的作用。

电视自身具有的声画合一的双通道传播特质，令其他传媒望尘莫及。也正是由于电视节目能诉之于普通人的视觉、听觉感官，节目主持人才有必要在屏幕前同观众进行面对面的双向交流。不难理解，主持人作为活生生的真实人物来主持节目时，自然会成为节目中最积极最活跃的因素，其主导作用自然也会得以发挥。

1. 组织、串联

主持人的组织、串联作用主要表现在两个方面：一是节目中的栏目组合；二是节目层次的衔接、段落的过渡。

从电视节目的样式和组合上看，许多节目由若干小栏目组成，一期节目的内容又分为几层内容。主持人的任务则是把这些小栏目或若干内容组织、串联在一起，形成一个统一体，最后献给观众。在此过程中，组织、串联的作用自然必不可少。

---

① ［美］巴巴拉·马图索：《晚间明星》，159页，波士顿，霍顿·米夫林出版公司，1983。

首先，组织能使内容更集中、更统一、更突出。看似零散，其实从整体上看，错落有致，工整规则。串联则把节目中的转折、高潮、冲突、变化有机地穿在一根线上，使收视者看到节目的流畅运转。

其次，组织、串联还表现在主持人组织、设计节目方面。从拟题、创意、构思、采访到制作、播出诸环节，主持人不仅亲自参与还应起到主导作用。这样，主持节目才会得心应手，纵横自如。倘若"主持"完全由他人设计的节目，那毕竟是"隔"了一层。

首先来分析主持人在栏目组合上的组织串联。

1995 年中国电视奖社教节目栏目类一等奖节目《看厦门》，是由四个板块组合的。总体上体现爱护厦门、保护厦门、美化厦门、做厦门的主人的主题思想。这里节录主持人的几段串联词，从中可以看到主持人的组织串联作用。

　　主持人：观众朋友，您好。欢迎收看《看厦门》节目。今天为您安排的节目有：在如今物价年年讲、年年涨的年代，一位修鞋老人却自觉地保持 10 年修鞋价格不变。《三百六十行》将讲述这位传奇老人平凡的故事。闻名天下的鼓浪屿却出现了南辕北辙的路，这种奇怪的现象到底是什么原因呢？《鹭岛经纬》请听记者的发问"敢问路在何方"。今天的《厦门一家人》向您介绍一个家庭 5 个孩子、4 个是博士的故事，孩子们都说"感谢父母"。好，先请您收看《封面人物》。

　　《封面人物》——许文善——厦门警备区某部一连指导员。（内容略）

　　主持人：观众朋友，今天的《三百六十行》我们向您介绍一位固执的修鞋老先生，他固执地把修鞋当作他全部的生活，他固执地稳定 10 年价格不变，在他似乎不被理解的固执当中，我们看到令人感动的珍贵所在。

　　《三百六十行》——修鞋老人庄师傅。（内容略）

　　主持人：鼓浪屿的路闻名天下，日光岩以美闻名天下。慕名而来的游客却惊奇地发现指示日光岩的路标竟出现截然不同的方向。鼓浪屿应该迷人，但不能让人迷路。记者站在鼓浪屿路上，不禁发问，敢问路在何方？

　　《鹭岛经纬》——"敢问路在何方？"（内容略）

　　主持人：观众朋友，现在有许多父母为独生子女创造了很好的成才条件，无论是在精神方面，还是在物质方面。我们去采访这样一个家庭，这个家庭的父母虽然没有满足孩子太多的物质需要，他们却用自己朴实、进取的人生观影响着他们的孩子。

上述几段主持人的串联词，将几个小栏目有机地组合成一个整体。

假如没有主持人，我们很难想象这样几个内容不同的小栏目怎么能够组合在一个节目之中。

再来分析主持人在节目层次衔接、段落过渡的组织、串联。

中央电视台制作的《跨世纪的和声——电影艺术与高科技》节目，"以其特有的学术品味和兼容主义美学风格引起诸多电影人士的关注和称道"①。节目以45分钟的长度，通过回顾历史、分析现状、展望未来，阐述电影艺术的发展与现代科技的密切关系及发展方向。

节目中设置了两个主持人，一位是中央电视台专职节目主持人纳森，另一位是电影学院教授周传基。两个主持人分别从不同侧面在节目中发挥承上启下，组织串联的作用。纳森负责整体结构的搭配和解说，周传基负责点题，从学术角度进行阐述以及经典作品和例证分析。请看下面的几段节录。

（开头字幕、片头、旁白略）

解说：1995年，世界电影整整走过了它的百年历程。我们中国电影也在为民族电影艺术的90年华诞张灯结彩。百年庆典的来临，既振奋着电影世界，也迷惑着影坛内外的人们。电影是否已经到了它的垂暮之年了呢？

（历史回顾，略）

用历史的长镜头聚焦电影的来头，这命题长久地诱惑着我们。

周传基：是科学推动了电影的发展。（点题）

解说：是的，伴随着世纪的更迭，艺术也的确面临着一次划时代的转型。

（有关舞台艺术，空间艺术，文学艺术，略）

纳森：是否是历史的巧合？整整100年后的今天，传统艺术又同样面临着一次由高科技带来的世纪性转折。而今天的电影人，

---

① 贾磊磊：《横跨千里、纵横百年》，见《1995年中国电视奖获奖社教作品评选》，121页，北京，中国广播电视出版社，1996。

是不是也会以艺术贵族的姿态对待这场变革呢?

解说:回顾电影的百年历程,在电影创世纪的辉煌中,每一项震撼人心的美学革命都与科技发明分不开。电影美学的任何一个问题都有着物理学的背景。

(有关的例证,略)

以上是这部纪录片的开头部分,在整部片子中,周传基教授出场 11 次,纳森出场 13 次。

通过周教授的主持,传达的内容主要有:

摄影机与电影艺术的关系,运动摄影对电影美学的影响;有声电影的革命;声音在电影艺术中的作用;经典作品分析;聚光灯发明与艺术例证分析;中国主体电影分析;新型电影分析。

通过纳森的主持,传达的内容主要有:

开场白的主题阐述;无声到有声电影的过渡;从声画共振到色彩魅力的转折;胶片技术飞跃的引入;宽银幕及超大银幕技术的新突破到主体电影层次的衔接;电影特技话题的插入;电脑技术的插入;从传统美学到现代技术震荡的过渡;电影在 21 世纪的前景展望;结束语。

从周传基教授和纳森在节目中传达的主要内容上看,这部片子的基本材料完全是通过主持人来结构搭配的。由此可见,主持人在节目中的组织、串联作用。

从更深层的意义上讲,主持人的组织、串联,不仅在层次的衔接、段落的过渡上发挥直接作用,而且在结构的框架搭配、材料的顺序排列、内容的传达上也起到相应作用。

2. 协调、引导

主持人的协调、引导作用主要是为达到节目的特定传播目的,有意识地引导观众领会节目的主导意图,明白节目的主要内容,理解节目的主题思想;同时在有现场观众参与、群体配合的节目中,协调现场的各个环节,使之相互间配合得当。

电视节目虽不同,但每个节目都由特定的内容构成,都是针对某一特定的观众群的。从节目的开头到结尾,主持人应该有意识地起到协调、引导的作用。例如怎样起承转合,承上启下,何时发问,何时设高潮,怎样展示矛盾、冲突并提出解决方法或怎样把握节目基调,创造气氛——这都需要主持人的协调、引导。

进一步说,主持人的协调、引导还有更深一层的意义:即提倡一种精神，开创一种风气，树立一种崇高的理想或目标。主持节目本身并非纯客观地再现现实生活，而或多或少寄寓着一定的社会理想与审美观念，表现出主持人对生活的态度与评价。优秀的主持人不单给观众提供一幅幅现实生活的真实画面，更重要的是，能够提出自己独到的见解与分析。

1988年元旦，法国、美国、中国、苏联、突尼斯、巴西、印度、日本、科特迪瓦9个国家通过卫星，联合组织了一个《世界青年对话》节目。节目总演播室设在法国，总主持人在法国演播室负责总体协调。其他8个国家的分演播室通过屏幕由总演播室控制，主持人负责同总演播室协调。

《世界青年对话》节目的主题是"世界和平"。节目围绕这个主题展开讨论，其中也穿插了青年们感兴趣的话题。

由于这个节目是通过屏幕控制，事先并不清楚各国青年回答问题或提出问题的状况，总主持人通过对法国青年的调查数据来切入问题，引导各国青年展开讨论。我们仅就有关战争与和平问题来具体分析一下主持人的协调、引导作用。

〔法国演播室〕

　　主持人：你是否打算从事一项伟大的事业？事前我们对法国青年进行过一项调查，65％的青年愿意从事伟大事业；21％的人愿意为自由和争取人权的工作服务；21％的人愿意从事反对种族主义的事业；4％的人愿意从事政治事业；3％的人愿意保卫祖国。为什么只有3％的人愿意保卫祖国呢？先请法国青年谈谈。

　　法国青年：如果国家需要，我个人愿意去保卫祖国。

　　主持人：巴西青年，你们对这个问题是怎么看？

　　巴西青年：现在，世界上有许多国家还很贫穷，我们应该先考虑救救那里的孩子。

　　主持人：美国、日本被认为是世界上最富的国家，你们对这个问题怎样看？

　　日本青年：日本现在经济很发达，但是我们仍然担心战争。

　　主持人：下面的问题是，生活中最担心的是什么？37％法国青年担心失业；18％的人担心贫穷；15％担心恐怖主义；10％担心种族主义。突尼斯青年请先回答，你们看起来很激动，始终举手要求发言。

　　突尼斯青年：美国向其他国家出售武器，这是否也是维护和平？

主持人：确切地说，美国不是唯一出售武器的国家。美国青年，你们对这个质问气愤吗？

美国青年：出售武器的是里根政府，不是我们。我们要问，苏联入侵阿富汗，为什么？

突尼斯青年：我们要发一个呼吁，呼吁世界和平，里根为什么出售武器，我们要呼吁世界和平。

主持人：今天我们的节目目的不是发出呼吁，是讨论问题，等一会儿我们来讨论和平问题。

苏联青年：我们相信我们的政府，我们的政府是保护人民的，我们希望得到信任，应该有诚意地进行合作。

美国青年：全世界都希望和平，可苏联却入侵阿富汗，刚才他们大谈什么诚意，这是怎么回事？

法国青年：美国入侵尼加拉瓜，美国的善意是什么？这难道不危险吗？

主持人：今天我们是谈论世界青年的团结，不是针对美国和苏联这两个国家。

法国青年：请问苏联什么时候撤出阿富汗？

苏联青年：美国什么时候撤出，苏联就什么时候撤。要知道，是青年们在打仗，他们在死亡。

美国青年：不是美国军队在阿富汗，是苏联。

主持人：今天我们的节目使用了5颗卫星，刚才有的国家线路中断，声音不通。我们再请突尼斯青年发言。

突尼斯青年：我们想谈种族歧视，为什么我们突尼斯人在法国受歧视，而法国人在我们这里却受欢迎？

法国青年：突尼斯那边一直在找碴儿，在挑衅。

主持人：争论很激烈，是好事。从开始到现在，大家都在探讨，都很积极，我们很高兴。有的青年有机会讲话，有的没有。年轻人让人感到天真、坦率、亲切。总的来说，大家都非常关心世界命运，探讨问题。今天法国电信局从技术上提供了交流的机会，我们组织青年们聚会，切磋，今后还会交谈下去。看看现在时间已经到了，请大家说结束语，说祝愿的话。

巴西青年：我们始终没有机会发言，我们不想谈话了。

主持人：时间来不及了，请说结束语。

突尼斯青年：我们还想谈谈种族歧视。

主持人：请说结束语，祝全世界青年新年快乐！好，非常高兴，节目到此结束。

从上述的讨论过程中，可以看到中间出现三次矛盾和冲突。一次是美国同突尼斯；一次是苏联同美国；一次是突尼斯同法国。主持人都非常镇定、自然地进行了协调、引导。

当突尼斯青年质问美国出售武器时，主持人巧妙地说，"确切地讲，出售武器的不仅是美国"，这样缓和了气氛。

当美苏青年和其他国家青年就阿富汗问题争论不休时，主持人引导大家说，"今天的节目不是针对美国和苏联两个国家的"，这样平息了争吵。

当突尼斯青年质问法国青年种族歧视问题时，双方开始互相敌视，主持人把话题引开，并且肯定争论是件好事。最后，主持人引导大家说结束语，相互祝愿。但青年们意犹未尽，巴西青年甚至还发了点儿小脾气。主持人自己抓紧时间讲了句祝福的话，圆满结束。

这个节目还有一点值得提及，即各个分演播室的主持人同总主持人和现场观众的协调、引导作用。他们要目不转睛地盯着 9 个屏幕，注意倾听总主持人的问题和青年们的回答，同时还要组织自己演播室的青年回答问题。

假设这种节目形式不用主持方式来进行，那是根本无法组织的。因此，这个例子又一次证实主持人在电视节目多样化发展中的积极作用。

3. 沟通、交流

以平等的态度，与观众沟通情感，进行面对面的交流，是主持人责无旁贷的义务。情感得到沟通，双方才能交流，方能使观众最终产生共鸣，进而收到传播效果——这是每个主持人期望做到的事。

人不同于动物的一个显著特征，是人有情感有理智。人与人之间的情感沟通之所以必要，是因为唯有如此方能相互理解、相互信任。"好的节目主持人，更重要的是沟通作用，表现在他本人同观众之间的沟通。有时并不在于他自己讲多少话，更重要的是一种心理上的沟通。"①

怎样进行心理上的沟通呢？

---

① 艾丰：《新闻文化和电视节目主持人》，见全国电视学研究委员会编：《话说电视节目主持人》，163 页，北京，文化艺术出版社，1989。

图 6-8 《世界青年对话》节目中国部分演播现场。
这个节目共设置一个总主持人，九个分主持人

其一，较高水准的心理沟通须全身心投入，需要技巧、真诚、理智，同时把握观众的心理，用简洁、平和但却包含一定思想内容的提问和对话把观众引入他们感兴趣的问题中，与之平等交流。若不如此，很有可能会出现这样一种情景："在电视节目中，我们看见一些节目主持人，他们手持话筒，也提些问题，但他并未真正同对方沟通，说得挖苦一点，只起了个'话筒架'的作用。因而，他并不能起到采访对象和观众之间的'沟通媒介'的作用。"①

其二，交流是双向的。主持人一方面传情达意；一方面把观众请到节目中，为他们提供参与节目、发表议论的机会。中央电视台《正大综艺》节目把观众请到现场，与主持人一起参与节目，从而提高了节目的参与感，使观众感觉到节目是大家的。

其三，交流是平等的"心灵对话"，是主持人与观众之间坦诚相待、直抒己见的表露。要使交流顺畅展开，主持人须具备与人打交道的本领；与人平等对话的资格；讲究语言艺术；体验现实生活；从生活的细节入手，逐渐深入到深层次中去，从而抓住事物的本质特征。——这种交流才是有意义的、高超的交流。

---

① 艾丰：《新闻文化和电视节目主持人》，见全国电视学研究委员会编：《话说电视节目主持人》，163 页，北京，文化艺术出版社，1989。

中央电视台《实话实说》节目主持人在节目中非常注意从生活的细节入手，逐渐深入到深层次的交流之中，抓住事物的本质。在同采访对象的交流中，注意用问题把观众的注意力吸引过来，从而达到双向的沟通与交流。

我们来分析一下《警察故事》，看看主持人在节目中的沟通交流作用。

主持人：我试着把您的工作尽量简洁地介绍给大家，有罪犯犯罪了，又跑了。但有目击者，您通过他们的描述画出罪犯的样子。公安机关再通过画像去抓捕他们。你们有行业术语吗？

张欣(上海铁路公安处)：就是模拟画像。

主持人：四个字就说清了，咱们还是眼见为实吧。看看张警官画的像与犯罪分子像不像。(大屏幕展示画像与犯罪分子的照片)。

主持人：通过您的画像破案或抓获犯罪分子有多少呢？

张欣：到今天为止，破案478起。

主持人：咱们再加一个吧，我手里有个案子，有"犯罪分子"的照片，大家提供给张警官，请他画一下。

(观众看照片，并描述)

长脸，上宽下窄，头发是分头，两个外眼角下垂，有一个龅牙。比较瘦，脸较平，起伏不大，目光呆滞。40多岁，牙出来一块，下嘴唇较厚。头发再往下一点。

主持人：张警官画完了，请大家屏住呼吸，请画中人上场。

(嘉宾上场，观众鼓掌)

主持人：您在后边听观众描述您的时候一定很不舒服。大家看电视剧，觉得您是不够标准的警察样子，有没有人说过。

李永江(齐齐哈尔铁路公安处)：有。

主持人：我一说他的工作，大家一定非常佩服，他是专门抓小偷的，到现在抓了多少个？

李永江：2 000多个。(观众鼓掌)

主持人：我猜到了，您是为了抓到他们才化装成跟他们差不多的样子。怎么做上这个工作的？

李永江：头一次看到老百姓丢了钱，就恨这个贼，恨贼喊捉贼就开始抓贼。

主持人：小偷都很隐蔽，又很有手段，跟他们打交道一定很不容易。

李永江：抓早了不行，他还没掏完，就不承认；晚了也不行，他把钱扔了也不承认，我们行话必须抓"现行的"。

主持人：这个时机真难把握。

李永江：有一次我在火车上遇见个贼，抓早了，他不承认。我就把他放了，当时我说不出一个星期，我保证把你送进去。后来我就化装成一个农民，还在这趟车上又碰到他，等他掏完我的兜，我一喊他名儿，他傻了。

主持人：有没有这样的时候，抓住了贼，旁边没人他就把偷的东西给您，还有女贼。

李永江：有，太多了。

主持人：贼都有什么样的特征呢？

李永江：看眼神儿，贼的眼神儿非常活。

主持人：眼光乱转，在商场里不看商品到处看人。

李永江：对，看人也不看脸，专看兜。第二看着装，这季节我们都穿一件衬衫，他们往往还穿件西服当"托儿"。第三个是听语言，他们都有"行话"。

主持人：盗贼什么样的都有，有的可能膀大腰圆，您又要抓"现行"会不会很困难？

李永江：时间长了抓他们就跟玩儿一样，有一次碰上一个，比我高一头。我就跟他说对个火儿。趁他不注意，就把烟头扔到他脖子里，他一掏烟头，就把他铐上了。

主持人：听说您这些年，手铐都用坏不少了。

李永江：对，十多副了，现在手铐也不太结实。

主持人：给大家看看吧。

李永江：这个是用坏的，这个是新的。

在《警察故事》这期节目中，介绍了两个人物，一个是搞模拟画像的张欣警官，一个是专抓小偷的李永江警官。张警官通过模拟画像，已经破案478起。他在现场当场画像，通过大屏幕展示，让观众眼见为实。李警官抓过2 000多个小偷。通过与主持人对话，让观众听得津津有味。

主持人在节目中和两个警官进行沟通、交流，从生活细节和观众关心、好奇的角度提出问题，将故事生动地引出来。例如最后几个问题都是观众关心的。"有没有这样的时候，抓住了贼，旁边没人他就把偷的东西给您？""贼都有什么样的特征呢？""盗贼什么样的都有，有的可能膀大腰圆，您又要抓'现行'，会不会很困难？"这几个问题引出了一连串的生动故事，吸引了观众的注意力。当李警官回答完上述问题，主持人又说："听说您这些年，手铐都用坏不少了。""给大家看看。"这个细节给观众留下了非常深刻的印象。

《警察故事》用现场画像来证实张警官的高超技能，用戴坏的手铐来证实李警官的抓贼本事，这两个细节部分都是非常成功的。

此外，主持人在同采访对象交谈过程中，用好奇的态度来发问，同时，将事先了解到的信息用交谈的方式带出来，使整个谈话节目成为平等、自然、亲切、生动的交流过程，没有居高临下的感觉，也没有什么都由主持人来畅谈的感觉，更没有什么都知晓的万事通感觉。

沟通与交流也是双向互动的关系，只有沟通，方能交流。沟通要在感情上相互理解，交流要在思想上引起共鸣。

图 6-9 《警察故事》节目中的主持人在同警官交流

实现沟通与交流的双向互动，节目的形式也值得重视。《实话实说》节目在这方面比较动脑筋。调动大屏幕、现场小乐队来加强节目的可视性和趣味性；采用主持人同采访对象坐在沙发上谈话的方式，在形式上体现节目的平等交流；主持人请现场观众参与来增强信息交流的互动。

总之，沟通、交流的作用发挥得当，节目内容的传达就容易产生效果。

4. 传达、吸引

前面我们提到，电视节目主持人这一职业是给人看的。主持人作为电视与观众之间的中介，他们的作用还在于能把观众吸引到电视机前，自愿欣赏节目；同时将节目所要传达的思想内容或要传递的信息、提供的知识，娱乐有效地传达给观众。

　　主持人吸引观众并非是最终目的，最终目的是更好地传达内容；但传达内容首先必须吸引观众。"主持人与观众面对面交流，首先要让观众喜欢，如果一出现在屏幕上就让人感到不舒服，将直接影响到屏幕效果，甚至危及这个节目的收视率，因此主持人问题也是电视美学研究的对象。"①

　　主持人怎样才能吸引观众呢？

　　真正吸引观众并不是"故作轻松、口若悬河，或作潇洒，或作深沉，或作高雅，或作幽默，哗众取宠，追求表面效果"②。从客观的角度讲，观众是否欣赏主持人，是否喜欢主持人，往往凭借主持人主持节目的水平，而不是一招一式的花架子。"自我表现意识极强，眼里根本没有观众，毫无亲切感，一看这个主持人，观众就不愿看节目了。"③从节目创作角度讲，主持人绝非电视节目中的一种"摆设"，主持人应切记不要将观众视线引入到对自身的观赏上面来。主持人若要吸引观众，最根本的是提高主持水平。

　　说到底，主持人吸引观众，是为了引导观众欣赏节目，而不是欣赏自己。美国著名新闻节目主持人汤姆·布罗考认为，主持人的个性魅力固然重要，但对于电视节目来说，更重要的是节目内容。《60分钟》节目总编导唐·休伊特认为，主持人的个性魅力好比"调料"，节目内容好比"主菜"。《60分钟》能够成功，一方面在于主持人富有个性，一方面在于节目内容具有深度。休伊特用"调料"和"主菜"比喻主持人个性魅力和节目内容，其内涵不言而喻。

　　十分清楚，主持人的吸引、传达作用是相辅相成的，二者缺一不可。主持人只有发挥好这种"二合一"的效力作用，才能使节目产生社会影响。

　　电视节目的存在，是为了满足人们生活中的特定需求，并促进人类社会种种目标的实现。因而，节目主持人在节目中发挥主导作用的同时也被赋予了一定的社会作用。

　　主持人走过的路程表明，大凡成功的主持人，都是顺应了时代潮流，把握了观众的收视心理；而那些失败者正恰恰相反。——这是不以人们的意志为转移的普遍规律。

---

　　①　黄望南：《从选演员当主持人说起》，见全国电视学研究委员会编：《话说电视节目主持人》，204页，北京，文化艺术出版社，1989。

　　②　司徒兆敏：《模式与非模式化》，见全国电视学研究委员会编：《话说电视节目主持人》，75页，北京，文化艺术出版社，1989。

　　③　黄望南：《从选演员当主持人说起》，见全国电视学研究委员会编：《话说电视节目主持人》，204页，北京，文化艺术出版社，1989。

[本章重点]

1. 节目主持人的推出，对电视节目的形态变化从外部"形状"到内部"构造"，都起到了相当大的促动作用。

主持人促使电视节目实现了栏目化，形成有序传播格局。其主要作用如下：

第一，主持方式使得电视节目由零散变整齐，在长度和播出时段上达到相对稳定，为栏目化奠定了基础。

第二，节目主持人的设置及主持人方式的推出，使电视节目在形态上具有了可辨认和可记忆的特点。为栏目化构造了丰富多彩的外部"形状"。

第三，节目主持方式使电视节目在整体编排上更为灵活、自由，可以使一个频道的节目形成一个整体，为有序传播奠定了基础。

2. 电视节目多样化发展同节目主持人的设置和不同主持方式的出台是分不开的。

首先，主持方式是节目样式不可分割的组成部分，有时候，主持方式就是节目样式的代表性特征；

其次，主持人的不同类型，是节目多样化发展的促动因素；

最后，主持人个性表象是节目多样化的突出标志。

3. 电视节目的结构，是指各个组成部分的搭配和排列。

举其要端，主持人在电视节目的结构方式上起到以下几方面的主要作用：

△在有些节目中，主持方式本身成为一种结构方式；

△主持人是结构全篇报道的最灵活的可调动因素，起到结构节目各部分的连接作用；

△主持人可以弥补画面的不足，也可以以自身的活动构成一定的画面内容，突出发挥电视节目以画面来结构的特点；

△主持方式可以成为一种表现手法，灵活运用到节目的组合、过渡、搭配中，成为节目结构方式中的有效手法。

4. 主持人是电视节目传达活动中的最后一个环节，因而主持人成为节目的支撑人物。

主持人作为支撑人物，对节目成败起到关键性的作用。国外一些电视学家认为，如果把构成电视节目获得成功的因素全部考虑进去，并且给所有因素增加一些分量，构成 10 个因素的话，那么主持人会占据其中 8 个因素。其他诸种因素的总和只占 2 个因素。可见，主持人在节目传达过程中确是举足轻重的部分。

5. 主持人在节目中的支撑地位，决定了主持人在节目中起着主导作用。

主持人的主导作用是多功能的。概括讲，主要表现在这样几个方面：组织、串联、协调、引导、沟通、交流、传达、吸引。

6. 主持节目本身并不是纯客观地再现现实生活，而是或多或少寄寓着一定的社会理想。因而，主持人在节目中的主导作用从更深层的意义上讲，还应该提倡一种精神，开创一种风气，树立一种崇高的理想和目标。在一定意义上讲，主持人在发挥主导作用的同时，也赋予了一定的社会作用。

7. 主持人的组织、串联作用主要表现在两个方面：一是节目中的栏目组合；二是内容层次的衔接、段落的过渡。

此外，组织、串联还具体体现在主持人对节目的设计上。从拟题、创意、构思、采访、制作到播出诸环节，都要将主持以组织、串联的形式考虑进去。因为，节目的框架构造、材料的顺序排列，都同主持人的衔接发生关系。

8. 主持人的协调、引导作用主要是为达到节目的特定传播目的，有意识地引导观众领会节目的意图；明白节目的内容；理解节目的主题思想。在有现场观众参与的节目中，要协调现场的各个环节，使之相互配合得当。

主持人引导观众的同时，也表现出自己对生活的态度和评价。因而，优秀的主持人不仅要客观地再现现实社会，更应该对现实社会提出独到的见解与分析。当然，这种见解和分析有时是融合在节目内容之中的。

9. 主持人的沟通、交流作用主要是要达到感情上的沟通，思想上的共鸣。沟通与交流是相互促动的，只有在感情上相互沟通和理解，才能产生思想上的共鸣。

较高水准的沟通与交流，是在平等的关系上，把握观众的心理，真诚、理智地运用纯熟的技巧，使观众理解节目传达的内容，并达到双向的互动。主持人的交流是平等的"心灵对话"，因而交流也是双向的。

要使交流顺畅展开，主持人必须讲究语言艺术；体验现实生活；从生活细节入手，逐渐深入到深层次中，从而抓住事物本质。

10. 主持人作为电视与观众之间的中介，其作用还在于能把观众吸引到电视屏幕前；同时将节目所要传达的有关信息、知识、娱乐、服务等内容有效地传达给观众。

主持人吸引观众并非是最终目的，最终目的是更好地传达节目内容。但是，传达节目内容首先要能吸引观众的注意。

主持人怎样吸引观众，最根本的是让观众注意节目内容，而不是欣赏自己。因此，提高主持水平是吸引观众，较好传达节目内容的途径。

[思考题]

1. 主持人在电视节目实现栏目化进程中，起到了什么样的促动作用？

2. 为什么说节目主持方式是电视节目样式代表性的特征？

3. 主持人个性形象同节目多样化是一种什么样的关系？

4. 举例说明主持方式是节目样式不可分割的组成部分。

5. 主持人在电视节目结构方式中起到哪些具体作用？

6. 活动式主持方式在调查性节目中的结构作用是怎样体现的？

7. 美国《60分钟》节目主持人在节目中是如何起到结构全篇报道的作用的？

8. 为什么说主持人是电视节目结构方式最灵活的可调动因素？

9. 为什么说主持人是电视节目的支撑人物？其主要表现是什么？

10. 为什么说主持人的主导作用是多功能的？

11. 主持人的组织、串联作用主要表现在哪些方面？

12. 主持人怎样才能起到协调、引导作用？从更深层的意义上讲，协调、引导的社会作用在节目中是如何体现的？

13. 主持人的沟通、交流作用具体表现在哪些方面？

14. 为什么说主持人的交流是平等的、双向的、互动的？

15. 主持人吸引观众是不是最终目的？

16. 主持人有效传达节目内容，首先应该让观众注意什么？

第七章
主持人的节目构思

电视节目创作中的构思活动，是节目孕育过程中一系列多维性思维的体现。

所谓多维性思维，就是从多角度、多侧面、多层次来认识事物。在现代人的审美意识及享受中，这一特征显得尤为突出。

主持人的节目创作活动，包含着两个不可分割的相互联系的方面，即节目的构思与传达。

具体来讲，构思是为节目确定基调、内容、框架、形式；传达是为节目调动各种表现元素、技巧和手法。前者是主持人在观念中发生的、内在的认识活动，后者是主持人实际主持节目过程中的外在表现活动。

为了阐述清楚，我们将分别论及主持人节目构思与传达的规则、技巧。本章侧重探讨主持人的节目构思活动。

第一节　主持人节目构思的特点

主持人的节目创作活动是内在的认识活动和外在的表现活动的统一体。因此，对主持人节目创作活动的考察，不外乎从表现什么和怎样表现二者之间的相互联系与作用中，探寻其特有的规律性。

一、个体思维与群体思维的融合

在本质上，主持人对节目的构思是以个体思维为基础的体现全体创作人员群体思维的复杂的精神活动。

故此，主持人的构思活动至少要做到三个方面的融合：

其一，在节目的整体把握上必须同编导的构想取得一致认同；

其二，在节目的个性特色上体现自己的风格；

其三，在节目的不同环节上领会其他创作人员的意图。

就一档节目而言，主持人参与节目的程度是有所不同的。有的主持人相对独立承担节目的构思、创意；有的则侧重领会编导的意图，部分参与构思。

不论主持人对节目构思参与的程度是多是少，有一点是肯定的：主持人必须参与节目构思，否则难以驾驭节目。

二、节目构思中的再创造

严格说来，主持人的节目构思活动同其他主创人员的构思既有一致性，又有各自相对的独立成分。因而，主持人的构思不但是一种创造活动，还是一种再创造活动。

主持人要在头脑中产生再现客观现实的感受、认识。特定的感受、认识来自主持人对客观世界的洞察、分析、判断。

一般说来，客体只有进入主体的认识范围，才有可能被反映。例如，美国首屈一指的主持人克朗凯特，对环境保护、空间技术具有近似于狂热的兴趣，在他主持的节目中这些题目往往都在列选之内。

进一步看，主持人对客观事物的认识是在感受与理解的基础上进行的。

通常，主持人在构思活动中要注意这样几个问题：

第一，主持人对客体的认识还没有达到感受理解的统一，两者之间还存有矛盾的时候，构思活动就不能顺畅进行，甚至半途而废。

第二，如果主持人对节目内容的理解仅仅停留在一般概念上的认识，就会导致节目创作的公式化，概念化。

第三，假如主持人感受还仅仅停留在纷乱的现象上，对感受的事物还没有深刻理解，这时主持人的构思则会流于肤浅的表面现象的记录。

第四，主持人对节目的构思不单单是再现客观事物，同时还是从不同角度、不同侧面解释客观事物，揭示其社会意义。

三、节目构思中的经验积累

从更深一层考虑，主持人对每一次节目的构思创意，同其全部的生活工作经验、思想修养、学识总量的积累有着内在的联系。

国内外节目主持人的成功经验告诉我们这样一个基本事实：主持人在构思某个节目之前，已经经历了种种摸索、创造，积累了一定的直接和间接的经验。"在你和政治家、体育明星、娱乐明星打了20年的交道之后，渐渐地注满经验的容器。这就是成为一个好主持人必须付出的代价。"作为开疆元老的《60分钟》节目主持人麦克·华莱士的这番话表明：主持人的成功之道得助于长期的生活、工作经验的积累。

大凡能够在主持节目过程中发挥出创造力的主持人，往往对生活、工作取得了相当的经验。例如，对细节的感受，对瞬间高潮的感悟，都反映出主持人经验积累的程度。

图 7-1　主持人现场发挥，同事先构思和经验积累有密切关系。这是澳大利亚人物专访节目主持人(右)，同采访对象(左)以及其他人员在节目播出前做准备

图 7-2　沈力主持节目驾轻就熟、发挥自如，原因在于积极主动参与节目构思

主持人既要对节目整体有所把握，也要仔细感受个别细节。细节中往往体现着节目的精华、高潮、冲突乃至震撼人心的力量。中央电视台体育节目主持人宋世雄在体育现场赛事转播中，特别注重报道人物自己的言谈来表达人物的思想感情。一次转播女子排球比赛，他特意在现场穿插介绍了郎平同他的谈话："我真不想干了，可我舍不得啊！"这句话显示出人物高尚的精神境界，比之口号式的空洞言辞更能说明人物的执着追求。可见，宋世雄在转播前就进行了构思，着意于生动的感受和微妙的细节。这体现出他在体育转播过程中的有血有肉、富有饱满情感的个性特征。

主持人在节目构思过程中，能否感受并调动微妙、生动的细节，也关系到能否自然、巧妙地注入自己的个性。

从根本上说，创作观众喜闻乐见的节目，是节目构思的总体目标。

主持人的节目构思便是为达到这个目标，通过感受与理解的统一的内在认识活动，明确自己在节目中的作用，从而将个性风格融入节目系统之中。正如我国电视第一位固定节目主持人沈力所说："主持人的最高任务是要驾驭节目，要做到能把节目掌握在自己手里，胸有成竹、运用自如，真正能起到'主宰'和'灵魂'作用。要做到这一点，就必须参与节目，只有参与节目才能获得掌握节目的主动权，才能驾驭节目，也才有可能表现出主持人的个性。"①

四、节目构思的整体把握

为了对主持人节目构思活动的特点有更为透彻的理解，我们分析一下中央电视台 24 集大型电视专题系列片《解放》的第一集《说解放》的构想以及主持人赵忠祥在节目传达时，对节目构思的把握。

表 7-1　《说解放》节目设计

画　　面	现场实况展现
天安门广场　升国旗 主持人 主持人出现在演播室背景大屏幕上展示五星红旗	这面鲜艳的五星红旗在共和国的上空飘扬了 45 个年头。45 年正当壮年，为了纪念这一金色的诞辰，我们摄制了 24 集专题系列片——《解放》。

---

①　沈力：《谈主持人的个性形成》，见全国电视学研究委员会编：《话说节目主持人》，4 页，北京，文化艺术出版社，1989。

画　面	现场实况展现
演播室内较大形状的"解放"字体模型从两旁慢慢合拢	我们中华民族有着五千年的文明史，如何概括这45年的历程呢？我们选择了"解放"这个名字。因为1949年10月1日，中国人民摆脱了半殖民地半封建的状态，站立起来，获得了解放。当前，以解放生产力、解放思想为旗帜的改革开放和社会主义建设，又使得中国人民在精神上获得了解放。所以，我们的片名就叫《解放》。
画　面 1949年开国大典 采访　同期声	现场实况展现，毛泽东宣告：中华人民共和国成立了。
现　场 画面切入	书法家钟灵回忆当时作为天安门会场布置科科长经历的两件事：一件是叶子龙把挂在毛主席胸前的写有"主席"字样的缎带丢了，他为应急用胶水写好，撒上金粉，赶到毛主席上主席台前送到。另一件是天安门前毛主席的标准像，原来是生活照，领子上的领扣没有系上，周总理让他想办法画成系上的样子，显得庄重。
解　说	……这一刻中国人民将永志不忘，全世界也为之震动。中国人民向全世界庄严宣告：中国人民从此站起来了。
主持人	新生的共和国百废待兴，但是她充满了朝气和力量。就在这面旗帜下，我们开始了新的长征。
背　景 大屏幕上展 示五星红旗	我们的路途充满了困难，但是我们到处可以看到奉献的精神。我们有过胜利的辉煌，也有过失误的阴影，我们有丰收的喜悦，也有灾难和痛苦。
解　说	共和国建设（略）
共和国建设各 条战线的奋战 画面插入特技	实例展示：农田水利、第一条建设的成渝铁路、第一辆"解放"牌卡车、第一个五年计划圆满实现。 画面压缩："文化大革命"期间的历史镜头。
主持人	对于我们大多数人来说，这16年的记忆更加深刻。因为16年前，我们开始了改革开放。在共产党的领导下，经过实事求是的思考，经过痛定思痛的总结，终于找出一条有中国特色的社会主义道路。

画　面	现场实况展现
画　面 国庆 35 周年现场	实况展现：国庆 35 周年邓小平同志阅兵仪式。
同期声	全国人大常委会副委员长回忆当时担任阅兵总指挥，部队 20 个人的排面超过了世界 8 个人的标准，气势非常宏伟壮观。
主持人 同期声 画面插入 背景画面大屏幕 定格"小平您好" 的标语展示	天安门前的滚滚波涛，是由我们 960 万平方公里国土上的潺潺小溪汇聚而成的。我们这部 24 集的系列片只是采集了几朵浪花。但是，我们的创作人员有独特的视角、生动的印象和深刻的记忆。
画　面 音　乐 字　幕	系列片片名集锦：《从深圳到浦东》《地火油龙》《大路通天》《农民大手笔》《高科技的曙光》《到国外赚钱去》《兄弟》《历史跨越》。
解　说 画　面	……45 年以来发生了巨大变化，我们知道，我们前面的任务十分艰巨，但是我们将继往开来。
中国共产党第十四次 全国代表大会现场	国家领导人在大会上做总结报告，号召全党、全军、全国人民为建设有特色的社会主义中国奋勇前进。
主持人 背景画面大屏幕定格 展示"十四大"的现场 现场实况展现	在全世界科学文明蓬勃发展的时代，45 年是可以看出一个民族荣辱兴衰的，我们有责任焦虑，但是我们应当庆幸，庆幸中国毕竟站起来了，已经找到了一条正确的道路，看到了 21 世纪的曙光。

△节目开头部分分析

在节目开头部分，主持人的开场白将《解放》这个节目片名的构思传达给观众。

事实上，《解放》这个片名构思蕴含着深层的意义。主持人赵忠祥要在开场白中较好地把握节目的基调，从中看出他对编导的意图领会较深。同时他进入节目的状态，同他个人的生活经历、工作经验是有着必然的联系的。

　　△节目主体层次部分分析

　　节目的主体部分可以分为两个大层次：一是 1949 年中华人民共和国成立到 1978 年确定改革开放的方针；二是从 1978 年到 1994 年改革开放后的 16 年变化。

　　主持人在开场白中已经将这两个阶段标志的国家独立和精神解放的含义进行了解释。因而，主持人在解说和串联中都十分清楚整部片子的主体结构，过渡自然，显得胸有成竹。

　　△节目的选材及段落安排分析

　　根据节目的主体框架结构，选材要十分精当。

　　节目第一个层次的材料组合是分四个段落排列的。

　　第一段落，从天安门广场升国旗的现场切入，十分吸引人。

　　第二段落，展示 1949 年开国大典的实况，令人感到激动，感染力特别强。

　　第三段落，接着采访钟灵，穿插两个令人难忘的小故事。接下来是新中国建设的概括性叙述，用特技画面压缩了"文化大革命"那段历史。这样并没有割断历史的感觉，同时突出了重点。

　　节目的第二个层次的材料组合也是分四个段落排列的。

　　第一段落，第一大层次到第二大层次转折，选择了国庆 35 周年天安门广场的庆典现场，突出选取邓小平阅兵的画面。

　　第二段落，采访全国人大常委会副委员长，穿插当时排练的难度。

　　第三段落，介绍《解放》系列节目中的有关内容，实际上这部分构成了改革开放 16 年的变化。用这种方式概括，不外乎是一种编导的巧妙表现手法。

　　第四个段落，节目的最后部分，用中国共产党的"十四大"闭幕式来展现中国新一代领导人将带领中国人民奋勇向前，迎接新时代的曙光。

　　△主持人参与节目构思的分析

　　《说解放》作为《解放》系列节目的第一集，在主持人的串联词中交代了编导的构思。实际上也勾勒出建国 45 年的历史变迁。主持人赵忠祥不是节目的编导，也不是撰稿人，但他却较好地传达了节目内容，这说明他积极地参与了节目构思。

　　赵忠祥作为经《解放》节目主创人员反复挑选的最佳人选来主持节目，具备了较为合适的条件。他的年龄正当壮年，共和国经历的命运他都经历过；他主持节目的经验已经有了丰富积累；国庆 35 周年阅兵式，他在天安门广场进行现场直播。可谓在经验及阅历上独占优势。

从赵忠祥主持节目的精神状态上看，他是十分投入的，情绪非常饱满。说明他对这部片子的内容理解得很透彻，有强烈的传达"欲望"。

在节目的主体部分和结尾部分，他都较好地把握了节目的总体构思。虽然主持人的串联词和结束语都是在演播室录制的，但是我们看合成的成品，没有那种"隔着一层"的感觉。

赵忠祥在节目中能够较好地领会创作人员的意图，把握节目整体编排，同时也展现了自己的个性风格。

△《解放》系列节目构思上的突破分析

《解放》是一部反映建国45年历史的"成就片"。传统上，这类节目大都是歌颂祖国各条战线的成就，以画面加解说的形式为主，比较死板。

《解放》的突破有这样几点：

△从贴近现实、贴近生活的角度切入；

△不回避历史上的阴影，但不展开，突出积极、向上的内容；

△节目中融进一定的故事性内容，增强趣味性；

△不面面俱到，侧重改革开放后的新变化；

△不回避改革开放后出现的新问题；

△注重人物采访，使节目更生动活泼，同时增强实证性；

△采用主持人形式，可以进行大跨度的编排；

△讲求情节结构，吸引观众的注意。

以上我们分析的这些内容，作为主持人在主持节目时应该有所了解。每当主持一个节目，无论是什么形式，都应该对编导的构思以及这类节目的基本规则有所把握。

一般来说，节目构思有一定的规律可循。因而，作为主持人，还要对节目构思的基本过程及特定节目的构思进行身体力行的实践。

第二节　节目构思的基本过程

主持人的节目构思，整体看，经过三个基本阶段；具体分解，要完成六个具体步骤。

一、三个基本阶段

节目构想初步形成是构思的第一阶段。说得通俗一些，就是为创作节目想出一个点子。

点子的产生不是凭空而降的，而是经过一定时间的孕育、思考、观察才产生的。我国美学家王朝闻说得好："卓越的、例如富于典型意义的形象的形成，是艺术家在对生活进行反复的观察、体验、分析、研究的过程中，被生活的某些人物、事件或自然景象所强烈吸引，从中领悟到生活的某种意义、价值和美，产生了要把它在艺术上表现出来的念头或冲动而进入创作过程。"①

通常，主持人对节目的构思同艺术家对艺术作品的构思脉络是大体相通的。倘若认真追溯主持节目的全部实践，不难发现每个节目构思都有一个或长或短的创作准备"受胎"阶段。无论这初始的念头怎样不成熟，都有可能成为主持人构思的原动力和创作节目的一种依据。

为创作节目想出一个主意，从表面上看，好像是一时心血来潮，仿佛是不期而然的。其实，主意越多，越能反映出主持人对客观事物的观察、体验、分析以及研究的广度与深度。

当然，主持人最初的构想，不一定都能得到实现。有些创意在进一步明确化和具体化的过程中，发现不切实际或没有多大价值和意义，最后被放弃了。但一般情形下，深思熟虑，切实可行的意图往往能够最终兑现。这就要求主持人注意培养自己的观察力，能够发现，才能有所创造。

构思的第二阶段，是对具体构想再孕育的过程。通过再酝酿和再认识，最初浮现在主持人意识中的设想将得以进一步明确化和具体化。

在这一阶段，主持人不论是对节目内容的理解，还是对节目形式的把握，都依赖于对节目本体特征的认识和深化。经过不断深化、不断反复的再认识，最初的构思就会越来越清晰。

在某种程度上，构思的第一阶段同第二阶段之间没有明确的绝对界线。不论是对客体所蕴藏的思想内涵的把握，还是对节目个性的展示，都取决于主持人在构思过程中内在认识的深刻程度。

构思的第三阶段，是主持人对获得的材料进一步加工改造的过程。主持人要再一次精心筛选节目内容，提炼思想，使节目内容具有上乘的质量，使节目主题富有社会意义。至此，节目构思的基本任务才算完成。

---

① 王朝闻：《美学概论》，168 页，北京，人民出版社，1981。

二、六个具体步骤

在电视节目创作的孕育阶段，主持人必须同编导一样考虑节目不可忽略的制约因素。从许多电视节目主持人的节目创作经验来看，节目构思大体可以归纳为下述六个具体步骤。

1. 理解受众对象。

理解受众对象，这是节目构思首先要考虑的重要因素。

要知道，不同地区、不同层次的特定观众具有不同的趣味和需求。例如，北京人看相声入迷，上海人看独角戏着迷。若将这两种表演组合到一起供北京观众欣赏，观众可能会对独角戏毫无兴趣。

理解受众对象就是将观众放在第一位。"主持人不能认为他们自己比他们报道的新闻更重要。如果你脱离群众，你就不再能起到作为一个主持人的作用了。"美国全国广播公司新闻节目主持人汤姆·布罗考的这番话确实道出了主持人对观众负责的重要意义。

2. 明确节目的出发点、节目的目的。

明确节目的出发点、节目的目的，是节目构思的基本根据。也就是为了什么去创作节目的问题。

对任何一个电视节目来说，节目的根本目的可以用4个字概括：传播、交流。但是，每一次节目内容有所不同，每一项内容自然具有一定的传播意图。明确节目的基本出发点，就是要考虑传播的意向。

3. 确定节目的中心主题，找到节目的支撑点，对于节目构思来讲，是关键的环节，也是节目的主脑部分。

电视节目类型千差万别，风格各异，但每一个节目必须有主导的方向和基调，这是共同的规律。

4. 构造一个整体的框架结构，将各个部分组成统一体。

许多节目创作人员，都深感结构方式的重要。整体框架结构该怎样构造呢？

第一步，根据节目的主题、侧重点，将节目几个层次划分清楚；

第二步，对节目的开头、主体、结尾部分进行具体的设计；

第三步，考虑画面因素，学会用画面来结构全篇；

第四步，电视节目框架结构布局必须考虑观众的收视习惯，根据"有序"排列、组合的规则进行总体策划。

5. 精心选择节目内容，合理安排材料。

内容是节目所包含的实质，内容是节目的精髓，离开内容，形式就是空洞的。

不论什么节目，内容的选择关键在于质量。对内容的鉴别、筛选是主持人构思具体步骤中的关键环节。

内容由材料构成。因而，材料的合理安排对说明内容实质和意义具有内在联系。

材料是形成主题、观点的基础。因此，选材取决于主题的需要。

确定了主要内容，筛选了材料之后，要对材料进行合理安排。

安排材料还有一个电视特点和角度问题需要考虑进去。

6. 设计节目的具体表现形式，调动多种手法。

在节目的出发点、节目的目的基本明确，大框架及节目内容基本确定之后，接下来则是对节目具体表现形式和表现手法的构思。

电视节目的具体表现形式和表现手法灵活多样，主持人既要注意避免雷同化，又要防止脱离内容单纯追求形式的标新立异。

电视节目的产生要经过构思、制作、播出三个环节。构思是节目形成过程中的开端，又贯穿于节目传播过程的始终。构思是节目创作的"软件"，又处于主导地位，确是一种创造性的精神活动。

三、独立构思与创新

明确了节目构思的三个基本阶段和六个具体步骤，主持人应该亲自实践，不能仅仅停留在参与阶段，最好能够经常独立构思节目。

台湾节目主持人赵晓君主持的《苏芮北京行》节目，在构思上非常有新意。赵晓君独立完成撰稿工作，具体地实施节目构思。

为了清楚地说明赵晓君对节目构思的具体实施，我们不妨来分析一下《苏芮北京行》的节目特色。

整个节目是用苏芮在北京的活动来结构，共分 7 个部分，每个部分用一首歌曲来过渡，一共用了 8 首歌曲。

主持人赵晓君以第一人称来主持，苏芮在北京的活动中，她都始终跟随，可以看出是一种刻意的构思。

整个节目不但记录了苏芮在北京的活动，而且展现了她的演唱风格，同时也披露了她的个人生活。

下面我们再根据节目内容来逐段分析。

表 7-2 《苏芮北京行》节目设计(1)

主持人旁白 (第一人称) 画面插入台北机场 主持人同苏芮启程	5月9日,我们出发。苏芮第一次前往中国大陆,受邀中央电视台作一连串的电视访问。除了苏芮和我,同行的人还有唱片公司负责人、摄影、宣传,一行人热热闹闹,非常兴奋。
北京机场 欢迎苏芮的场面	抵达北京,受到中央电视台有关领导、台湾同胞联谊会、歌坛同人以及观众的欢迎。 从一双双闪亮的眼睛里,看得出人们对苏芮的发自内心的喜爱。 一踏上这块土地,苏芮就被一种热情、真挚包围着。虽然大家是第一次见面,但没有一点陌生的感觉。
主持人旁白	这些年来,苏芮的歌声传遍了世界各地。中国香港地区、新加坡、马来西亚、印尼、日本、加拿大、美国各大城市和欧洲,有中国人的地方,都有苏芮的歌声。
画面插入主持人同苏芮坐在汽车里,沿途风光吸引着她们的目光	在中国大陆,无论是繁华的大城市上海、北京,还是遥远的塞外漠北,到处可以听到苏芮的歌声。 在中国台湾是永远的苏芮;在中国香港是年年得奖的苏芮;在日本是摇滚女神的苏芮;在中国大陆,她的歌声传遍了大江南北。《一样的月光》《请跟我来》《奉献》《酒干倘卖无》……在你的心目中,她是什么样的苏芮呢?
歌 曲 画面插入首体演唱现场	《酒干倘卖无》

△第一部分分析:

这是节目的开头部分,以非常简洁的画面翻转方式表现从台北抵达北京。在汽车里,主持人向观众介绍了苏芮的职业生涯以及成就。从节目开始,主持人就作为画面的主要人物之一,跟随报道对象活动,并以活动主持方式结构整个节目。一首《酒干倘卖无》,先请观众领略苏芮在现场演唱的风格。

图 7-3 主持人赵晓君(左)同苏芮(右)从台北机场启程，前往北京

表 7-3 《苏芮北京行》节目设计(2)

主持人旁白 画面插入主持人同苏芮骑自行车游览北京的自然景观同期声边骑边说	北京的春天，春暖花开。蓝蓝的天，绿绿的树，宽阔整洁的街道，颇为壮观的现代高楼，令人遐想的古代建筑。苏芮说，北京的春天真好。我呢，已经是第 9 次来北京了，有足够资格做她的向导。 我们骑着脚踏车，沿路任意行走。北海、故宫、红墙，尽收眼底。不停地说，不停地笑，心旷神怡。像湛蓝的天，也像碧绿的水。
主持人	喂，你看，这边这道墙好像是《末代皇帝》的电影里的红墙。你喜欢看电影吗？
苏 芮	喜欢。
主持人	那你看过《末代皇帝》吗？
苏 芮	看过，都看过两遍了。
主持人	我觉得以前的皇帝也没什么好玩的，最快乐的事不过在宫里骑骑脚踏车。还不如我们这样好。
苏 芮	是啊。
主持人旁白画面插入两人从车上下来，推车行走	黄昏的时候，我们到了圆明园。经过那一片片石雕和石柱，多少有些感慨。我问苏芮，这一天玩得好不好？
苏 芮	真的好。下坡，冲过去。
歌 曲 MTV	《风就是我的朋友》

图7-4 主持人同苏芮骑自行车，游览北京自然景观

△第二部分分析：

这部分，记录了苏芮在北京观光的活动。主持人和苏芮骑着自行车一路行走，也是一种特定的构思。这样同大自然的景色融为一体。事实上节目也要在台湾播出的，因而，这部分也是考虑到台湾观众的因素，展示北京的自然风光和历史古迹。

可以想象，第一次到北京，一定要看看北京最有特点的地方，所以第二部分安排这样的内容，足见构思的独具匠心。

此外，歌曲《风就是我的朋友》也同大自然有关系，显得自然和谐。

主持人的旁白非常悦耳动听，自然、口语、清新、贴切，充满语言的艺术感染力。

表7-4 《苏芮北京行》节目设计(3)

主持人旁白 画面插入 苏芮访问	来北京访问，是苏芮多年的愿望。在北京的日日夜夜里，忙忙碌碌地工作，非常辛苦，但苏芮一直处在欣喜兴奋的心情中。
记者现场拍摄 《光荣与梦想》 晚会现场	在这里记者们也热热闹闹忙了一阵。苏芮谈笑风生，非常有大家风度。 对大陆歌坛，苏芮在台湾就多少有些了解，但耳闻不如目睹。合作、录音，一同参加了中央电视台《光荣与梦想》大型文艺活动的演出。 苏芮觉得，大陆有不少好歌星，感觉都非常不错。
歌 曲 苏芮领唱	《我的亚细亚》

△第三部分分析：

第三部分是展示苏芮在北京同电视台合作的活动。主持人在旁白中说，苏芮非常有大家风范。然后用《光荣与梦想》节目中苏芮的歌声来加以证实。

在展示苏芮的风度同时，主持人注意到对大陆歌星的评价，通过苏芮的话来传达感觉非常不错。一方面让观众感受到苏芮的谦虚待人；另一方面，也显得比较周到。

表 7-5　《苏芮北京行》节目设计(4)

主持人旁白 画面插入苏芮 同大陆歌星们 在一起交流	在我们下榻的昆仑饭店，终于有了这么一个机会，苏芮和大陆知名歌星倾心交谈。大家面对面，苏芮说了她努力奋斗、立足歌坛、耕耘十几年的甘苦。
同期声	大陆歌星也介绍了他们的情况，这真是心与心的交流。两岸歌坛同行欢歌笑语，畅所欲言。
苏　芮	你们最熟的是哪首歌？
众人七嘴八舌	《奉献》，电视观众也熟悉，能不能现场给我们唱一唱？
苏　芮	好，我们大家一起唱。
众　人	你先起头唱。
歌　曲	《奉献》
同期声	从交谈现场转换到首体演播现场，然后又回到交谈现场。
在苏芮房间 主持人	你觉得今天开不开心？
苏　芮	开心，难得有机会能够跟他们畅谈。
主持人	他们这几位都是大陆知名歌星，你看，他们多喜欢你。
苏　芮	我也喜欢他们，我觉得他们好可爱、好真。
主持人	其实，他们都有很好的音乐素养，许多人都是正规的音乐学院毕业的。美声学啦，舞蹈，形体啦，有的还会作曲、弹琴。
苏　芮	我觉得最重要的，他们有最自然、真诚的演唱热情，我很衷心地祝福他们都顺利，好运。
主持人	苏芮呀，时间不早了，该休息了，这花给你，再见！
苏　芮	再见！
歌　曲 MTV	《你是唯一的错》

△第四部分分析：

第四部分是记录苏芮同大陆歌坛同人的交流活动。主持人通过与苏芮的交谈，巧妙地将大陆歌星的评价带了出来。

苏芮在和大家交谈时，非常朴实自然，并亲自演唱一首《奉献》，表现出双方相互间的交流非常愉快和热烈。

主持人在苏芮房间里同苏芮话别，特意送苏芮一朵鲜花，使夜晚充满了别样的梦境，然后带出歌曲《你是唯一的错》。

表7-6 《苏芮北京行》节目设计(5)

主持人旁白 画面插入两人 在前门大街漫步	来北京之前，苏芮专门买了书，她是从书中了解北京的。她知道北京有个大栅栏，许多老字号更使大栅栏远近闻名。她看到商店林立的大街上人来人往，十分热闹。 有400多年的酱菜老字号"六必居"，走进去，菜香扑鼻。"瑞蚨祥"的门楼格外有味道。
画面插入两人 在"同仁堂" 买药，然后走 出来，边走边说	在名闻中外的"同仁堂"里，一向注意身体保健的苏芮，向店里的师傅请教了许多有关中药材的问题。
画面插入"老 舍茶楼"的表演	到了晚上，在灯火辉煌的夜色里，我们尝到了在台湾就听说过的"大碗茶"。 来到"老舍茶楼"，欣赏了许多表演。这些都是中国传统技艺的精粹。这几位年长艺术家的表演，看了以后，真令人惊叹不已。
画面插入苏 芮观看表演 的专注神情	苏芮由衷地敬佩他们的敬业精神和炉火纯青的艺术功夫。这一夜，在"老舍茶楼"，我看她的情绪很激动，被中国古老的传统艺术深深感动了。
歌　曲MTV	《给我现在》

△第五部分分析：

第五部分展现苏芮在北京前门和"老舍茶楼"的活动。这部分既是苏芮的活动，又是向台湾观众介绍北京的特点。

主持人巧妙地将苏芮在"同仁堂"买药的画面同旁白结合起来，告诉大家苏芮注意保健。这个细节给人物增添了生活中的信息。

主持人认真地介绍"老舍茶楼"的表演，同时告诉观众苏芮的内心，完全被中国古老的传统艺术感染了。这一点从画面上苏芮的神情里可以看得出。

表 7-7　《苏芮北京行》节目设计(6)

主持人旁白	四合院是中国的传统建筑，在台湾已经很难找到完整的四合院了。
画面插入两人在四合院树荫下散步	当午时分，在院子的花影清风里，让我们更深入地了解一下苏芮的内心历程。
主持人同期声主持人先面对观众，然后两人交谈	苏芮在舞台上是颗闪闪的明星，在私底下，她却是那么平易近人，非常善良。她对一切事，都从宽厚体谅的角度去看。作为她的朋友，我知道她的家庭对她有很大的影响。 苏芮，给我们说说你的成长好不好？
苏　芮	好。我是在一个小康家庭长大的。从小父母对我管教蛮严的。在家里我是老幺，兄弟姐妹多，平常他们教我很多。小时候，父母教我要多替别人想。有一句话我牢记在心，就是要永远感恩别人。
主持人	这真是很好的家庭教育。苏芮，我们认识十几年了，以前你唱英语歌，我们都叫你朱莉，直到你唱普通话歌曲才受到肯定，真可以说是大器晚成。
苏　芮	过去十几年，真是非常苦闷，找不到知音。
主持人	苏芮，我对很多朋友说，你们如果听音乐带，那只是苏芮的一半。看她的现场演唱，才是全部的苏芮。你在现场那样投入，让人觉得是非常特殊的个人风格。歌手表达感情同人的生活经历是不是有关系？很多朋友知道，你在感情上曾有过一次大挫折，这同唱歌有关系吗？
苏　芮	有关系。
主持人	那事情过去了那么久，现在还会想他吗？
苏　芮	偶尔也是会的。
歌曲 MTV	《你爱的是我，还是你自己》

△第六部分分析：

这一部分是揭示苏芮的个人生活的。主持人选择在北京四合院同苏芮进行交谈，很有生活味道，同时也展示了北京传统民居的代表性特征。这个环境选择在构思上也是独具匠心。

主持人在交谈中很注意婉转地发问。问到苏芮的感情挫折时，用演唱同生活经历的关系将这个话题带出。

歌曲《你爱的是我，还是你自己》，一方面展示了苏芮演唱时的感情投入；另一方面也同前边的谈话内容相搭配。

图 7-5　主持人(右)和苏芮在四合院的树荫下散步

图 7-6　主持人(右)与苏芮在四合院内交谈

表 7-8　《苏芮北京行》节目设计 (7)

主持人旁白 画面插入 万里长城	第一个登上月球的阿姆斯特朗说，从月球上看地球，最清楚的是中国的万里长城。这些景观，对中国来说并不重要。每一位外国的观光客，来到中国，都要登上长城，赞叹说，伟大的长城。他们的赞叹，对中国人也不重要。重要的是，长城穿越时空，看尽中华民族兴盛和沧桑。
两人登上长城，边走边说	在千年风雨中，长城屹立不倒。长城，在我们自己的心目中，她是什么呢？
主持人	苏芮，你终于来到长城了，在你心里，有什么感觉呢？
苏　芮	非常壮观。
主持人	那长城在你心里是什么？
苏　芮	她就是中国。
主持人旁白	长城，是中国的骄傲；长城，千年屹立不倒。但时代在变化，历史的巨轮必定要向前奔跑。
歌曲 MTV	《东方快车》
主持人旁白画面插入两人坐在汽车里，又启程了	北京的工作和访问毕竟是短暂的，但北京的风景和人情却可以在时间中长存。是该说再见的时候了。 北京的春天，永远留在了苏芮的心里。

△第七部分分析：

这是节目的结尾部分。主持人选择长城使节目得以升华，寄寓了一定的社会理想。

主持人在旁白中，特别强调：长城就是中国。在同苏芮的对话中，也进一步强调：长城就是中国。

歌曲《东方快车》使节目达到了高潮。

节目最后，主持人同苏芮又坐在汽车里，将启程返回台湾。"北京的春天，永远留在了苏芮心里。"

《苏芮北京行》的构思给了我们这样一个启示：节目主持人只有身体力行，大胆认真地实践，独立进行构思，才能够在节目传达中驾轻就熟。

图 7-7　苏芮（右）与主持人登上了万里长城

第三节　节目构思中的心理活动

主持人构思节目时，一系列心理活动作用其中。在主持人的一系列心理活动中，中心环节是想象力的发挥。

当然，参与整个构思活动的心理能力，并不仅限于想象，其他一些心理能力，例如知觉、记忆、体验等也会发生作用。但是，所有这些心理能力，都是围绕着想象活动展开的。

一、想象力的发挥

从心理学的角度探讨，想象在主持人构思活动中可以说是一种最明显的心理现象。

想象是一种在观念形态上再造或创造现实的表象和形象的心理能力。

在主持人的节目构思活动中，既定的创作意图得到传达之前，未来的节目形象就以观念的形式存在于主持人的头脑之中了。

想象在主持人节目构思活动中的作用，可以从几个方面来分析。

首先，想象在节目构思阶段起到一种引导、推动作用。

没有想象力的主持人，不可能使创作活动所需要再现的客观事物中感性特征的一切最微小的细节，都清晰地浮现在知觉表象中，进而从直接观照中把握事物的内在本质。

例如，主持人在构思节目时，就必须围绕节目的支撑点，节目的高潮和如何形成等重点环节展开想象，待到主持传达时，凡是节目涉及的所有步骤、关节点，乃至细微之处统统都物化、具体化了。这种以观念的形式存在于主持人头脑中的形象，完全是凭借丰富的想象力获得的。

其次，想象的重要作用还在于，能够促使主持人从广阔的范围去反映客观物质世界，创造具体、生动的节目。

不论主持人的生活经历多么丰富，职业生涯多么经久，如果他的构思活动只限于某些直接感知过的领域，那么他主持的节目在时间或空间上都不能不说是狭小的。主持人要打破直接经验的局限，较好的手段是发展想象力。

主持人在构思中通过想象，所能把握的客观事物的领域远比直接感知过的领域要广泛得多、深刻得多。

中央电视台节目主持人陈铎在一次主持民主促进会庆祝教师节的晚会上，即兴加进了一段串联词："在座的老师们，我知道你们平日在工作上，在生活里，有许多苦恼、委屈，甚至是痛苦。但我也知道，当你们一进学校，一踏进课堂，一登上讲台，面对孩子们，你们都意识到是面对未来，面对世界，你们的一切痛苦、苦恼、委屈都抛到九霄云外去了……所以人们都是十分敬佩你们的，我们都是教师培养教育出来的……"[1]陈铎自己并没有当过教师，现场即兴的一席话是超越自己的直接感知，通过想象来深刻把握事物的内在本质的。晚会结束后，一些教师握住主持人的手说："你说得太好了。真的，我们就是这种心情。"

最后，没有想象，主持人就不可能综合和改造从节目内容中所获得的种种感觉印象，使之在表象上得到提炼取舍，从而在一定的节目时间内集中地显示出事物的本质特征。

比如在板块节目中，各个小栏目展示的内容往往是自成一体的，这就要求主持人能够根据特定的主题需要，将不同内容的栏目组合起来，使这些貌似独立的事物之间产生明显而容易让观众察觉的联系。

正是依托丰富的想象力，才能使节目超出一般的平淡无奇的水准。北京电视台曾经播出的《正大纵横》节目，主持人和串联词创作可谓超出一般平淡无奇的水准，妙语生花，随处可见。节目虽然三易固定主持人，又多次推出嘉宾主持，但每一对搭档都能以独特的方式，将不时变换的栏目巧

---

① 宋家玲：《笑声与人生——陈铎印象记》，见朱光烈编：《魅力！中外节目主持人》，37页，天津，天津人民出版社，1989。

妙地组合起来，而每一处的组合都充分体现出主持人的想象力。

从心理活动的机制上看，想象活动似乎是自由的、不受限制的。实际上，想象归根到底要受到客观现实的制约。

从电视节目的各种类型来看，恐怕独有儿童节目可以超越现实不受任何限制地在想象的天地自由驰骋。

相对来讲，主持人积累的实践经验越丰富，想象活动也就越自由，越富有创造性。

二、情感、知觉、记忆能力的作用

除了想象活动，情感也是主持人节目构思过程中的重要心理能力。

通常，主持人在节目构思中的想象是始终与情感的体验交互作用的。主持人构思活动得以充分展开，依赖于情感与想象的相互激发。

我们在前面提及的宋世雄在体育转播中注入思想情感的例证，以及陈铎在庆贺教师节晚会上临场即席创作的富有真情实感的一段串联词，均在思想与情感二者之间取得了协调一致。

电视节目创作的特点要求主持人在感觉方面具有特别精细敏锐的感受力；

在知觉方面能够根据节目的需要迅速判断客观对象的特征，并优先进行选择；

在记忆方面能够用确切、鲜明、通俗的语言表述富于特征的事实、景象、细节，把各种记忆表象组成一个新的结合体。

美国一代娱乐节目主持人之王埃德·沙利文以独具慧眼著称，其成就突出表现于能够感受、鉴别、判断、推出新的娱乐艺术和新人。他在节目构思过程中，常常闭目静思，在脑海中筛选后确定节目的内容构成。他的感觉、知觉和记忆能力令人叹服；凡经他在电视上推出的新人，日后大都成为走红的明星。

我国上海电视台节目主持人叶惠贤也是一位颇受观众欢迎的娱乐节目主持人，以"海派"著称。他主持节目常常妙语连珠，即兴发挥，恰到好处。表面看来，似乎是临场的小聪明，实际上他对客观事物有着较强的感受、感知能力，并能用确切的语言概括表述其感受和感知的事物。

节目构思还涉及一种难以捉摸的心理现象——灵感。

三、灵感的产生与激发

灵感是一种客观存在的心理现象。主持人在构思过程中的豁然贯通、茅塞顿开，即灵感的作用。

灵感的来临常常是直接伴随着想象的，也是通过想象中的活跃得以实现的；

灵感与构思有着内在的心理联系；

灵感是在高度紧张和艰苦的构思过程中产生的。

许多电视节目片名的产生就往往是以灵感为动力的，从而激发出主持人节目创作的冲动。1986年中央电视台播出的《看世界》节目是由美籍华人主持人靳羽西制作的。这个节目的英文名叫 *One World*，意思为一个世界。这个片名是靳羽西从中国儒家"天下大同"的思想境界获取灵感而引申出来的，她对这个片子的名称颇为得意。从这个片名的立意可以看到灵感对构思的作用。《看世界》共播出52集，为中国观众了解欧洲、非洲、大洋洲、亚洲以及北美和南美政治、经济、文化及风土人情打开了一扇"世界之窗"。

1992年中央电视台播出的《48小时》节目，是美国哥伦比亚广播公司著名节目主持人丹·拉瑟主持的。这个节目的构思立意、选题、角度以及表现手法都给我们耳目一新的感觉。主持人以48小时为切入点，报道了美国社会各种与人民大众利益切实相关的重大题材。例如，48小时内发生多少火灾；出生多少个因母亲吸毒而智力低下的儿童；有多少人得了老年痴呆症；有多少人死于意外创伤事故……这些选题并不是什么新鲜的题目，但用48小时这个角度来透视，就能够引起观众的特别注意，迫使人们无法忘记并采取行动解决问题。这样的节目构思自然是灵感的产物。

灵感虽然在形态上表现为一种难以捉摸的心理现象，但它产生的基础却仍然在于主持人的生活经验和工作实践。一个生活、工作经验贫乏的主持人，在节目构思中很难产生灵感。但具有丰富生活工作经验也并不意味着必然能产生灵感；灵感的产生需要在一定的生活、工作经验基础上为创作节目而进行艰苦的构思。

第四节　节目构思中的阶段性递进

在电视节目构思活动中，有许多节目构思是通过阶段性递进来完成的；现场感强的节目构思，甚至是在现场完成的。这或许是电视节目构思的特殊点。

　　阶段性递进式的节目构思，在新闻报道中显得尤为突出。主持人要具有相当强的感受能力，根据不断变化发展的情况来构思、设计下一步的报道方案和对策。

　　美国著名主持人克朗凯特、钱塞勒、沃尔特斯三人曾因对中东问题的采访报道，促进了中东和谈的进程。我们来分析一下他们报道中东和谈的阶段性递进构思。

一、时机的等待与构思的实现

　　1974年11月开始到1979年4月结束的中东和平会谈曾引起美国电视新闻界的高度重视。三大电视网纷纷派出各自的一流新闻节目主持人前往中东地区进行采访报道。哥伦比亚广播公司派出了美国头号新闻节目主持人沃尔特·克朗凯特，全国广播公司出场的是深刻、具有学者风范的主持人约翰·钱塞勒，巴巴拉·沃尔特斯则代表美国广播公司加入这一高强度竞争的行列。

图 7-8　克朗凯特作为新闻部主任和主持人，
精心地设计报道方案，进行阶段性构思

　　20世纪70年代中期，正值埃及和以色列进行接触，准备举行最高级会谈阶段。克朗凯特、钱塞勒和沃尔特斯三人都想利用这一机会获取独家新闻。这是一次"电视外交"行动，这一行动在电视上展开了激烈的竞争。从中可以领略到阶段性的巧妙构思。

　　老谋深算的克朗凯特捷足先登，探出了中东和谈的内幕，但他耐心等待有机会再在电视上披露这一内幕。

当时埃及总统萨达特曾向埃及国会宣布，只要有机会促进中东和平的进程，他愿意到任何地方去举行会谈，即使到以色列的耶路撒冷他也不会拒绝。以色列总理贝京则说，萨达特会受到欢迎的。

萨达特私下对 ABC（美国广播公司）驻中东记者彼得·詹宁斯透露，他在等待以色列方面的正式邀请。詹宁斯立即把这一信息传给 ABC 驻以色列记者比尔·西曼斯。西曼斯在一次偶然的机会见到贝京时向他询问这一情况："以色列方面是否会向萨达特发出正式邀请？"贝京回答说他将通过美国大使馆的渠道向萨达特转达他的意思。ABC 以为已经获取了萨达特和贝京的信息，可以就此大做文章了。

然而 ABC 却不知道，CBS（哥伦比亚广播公司）也已经在不露声色地做着准备工作。就在贝京宣布他的看法的同一天，克朗凯特在 CBS《晚间新闻》节目中披露了这一信息。詹宁斯虽然是第一个从萨达特口中得知这一信息的记者，但却不是在摄像机前第一个报道的记者。

克朗凯特对报道时机的选择是经过精心构思和策划的。因为新闻报道必须讲求消息来源，同时要不失时机。克朗凯特先前探到的情况在未加公开证实之前是不能报道的，他利用 ABC 证实自己的消息。

二、临阵编排的精心设计

克朗凯特在晚些时候又通过纽约和开罗之间的卫星进行一次电视采访。在电视上萨达特对克朗凯特说："我正在等待合适的邀请。"当克朗凯特问萨达特这种邀请会怎样做出安排时，萨达特回答说："为什么不能通过我们双方的朋友——美国人——做出安排呢？"萨达特的这句话是在 1977 年 11 月 14 日上午 9 点钟说出的。在此后的几个小时中，CBS 驻以色列的记者们试图安排一次采访贝京的新闻。他们最终在贝京吃晚饭时找到了他。

贝京同意到附近的一家饭店的房间——在这个房间里 CBS 已经设立了一个微型的演播室——去接受克朗凯特通过卫星进行的采访。贝京说他会给萨达特发出一份萨达特要求的正式邀请信。这封邀请信将由美国驻以色列大使于次日转交给萨达特。克朗凯特的制片人把对萨达特的采访及对贝京的采访编在一起播出了。这两人的回答不时被克朗凯特的提问打断，由于提问及编排穿插得巧妙，两次采访就好像是同时进行的。不过 CBS 事先已说明这两次采访不是同时进行的，但这种编排技巧仍可被接受。

这种编排构思的效果是令人震撼的。《纽约时报》就此发表讨论说，这是"克朗凯特外交"。由于这一举动，克朗凯特被认为是为实现中东和平进程做出了卓越外交成效且有重大突破的主持人。

克朗凯特的采访及编排上的设计、构思引起传播学者对电视媒介的社会作用的研究，引起较大范围的评论。"电视记者在影响中东和平谈判方面发挥了重大作用。正像《华盛顿邮报》传播媒介评论员查尔斯·塞布所说：'有时很难断定电视网是在报道历史还是在塑造历史。电视已是推行对外政策的一种工具。'埃及总统安瓦尔·萨达特和以色列总理梅纳赫姆·贝京之间的会晤本身已经过偏颇的'安排'，因为通过卫星的电视访问是先访问萨达特，然后才访问贝京的。"①

然而，克朗凯特及另外两个主持人的努力仍然在继续。他们还在不断进行着阶段性构思，争取在报道中有成功举动。

三、特殊状态的巧妙调节

尽管克朗凯特捷足先登，初战告捷，但沃尔特斯却并未就此罢休。她一直受到以色列官员的高度重视，而且她在贝京出任以色列总理之前就见过并认识贝京。在贝京患心脏病住院期间，沃尔特斯给他寄去鲜花以示慰问、关切。她的这种小小的举动确实奏效，特别是在关键时刻的作用尤为明显。贝京曾对他的助手们说过，他认为巴巴拉是他见过的最聪明的女人。

萨达特也是巴巴拉的朋友。在 1976 年巴巴拉开始主持 ABC《晚间新闻》节目时，萨达特就同意在她的节目中露面。但萨达特始终没有露面，其原因之一是他对巴巴拉的 100 万美元的巨额年薪持一种批评观点。

1977 年 11 月底萨达特抵达耶路撒冷之际，巴巴拉分别安排了采访萨达特和贝京。她曾要求一同采访他们两人，但萨达特坚决拒绝了这种采访。虽然这次采访如同克朗凯特的采访一样编辑在一起，但萨达特显然不愿意与一个以色列人一起出现在一个节目中。

巴巴拉回忆说，当萨达特和贝京在耶路撒冷会见时，贝京"动情地要求萨达特为了我们的好朋友巴巴拉咱们一起接受她的采访吧"。萨达特终于表示同意。这次采访在友好的气氛下进行下去；两国领导人谈笑风生，回答了巴巴拉的一些问题，同时也回避了一些问题。

担任这次采访的制片人贾斯廷·弗里德兰把摄像机调整到适宜的位置，让麦克风始终开着，最后把这次采访编成一定长度通过卫星传到 ABC 纽约

---

① ［美］汤姆·贝塞尔：《传播新闻》，见《传播媒介之职能》，12 页，美国驻华大使馆新闻文化处印行，1984。

总部。当他到以色列广播电视中心准备往纽约传送节目时，以色列的电视从业人员看到贝京和萨达特坐在一起，而且就在耶路撒冷接受一个美国主持人通过卫星进行的采访时，简直不敢相信这是真的。

当时在以色列看到这个采访录像的一个技术员是 CBS 的雇员。他立即给 CBS 驻耶路撒冷的新闻办事处打电话通知他们 ABC 的这一惊人的举动。CBS 立即开始行动，要超过 ABC。克朗凯特也开始着手安排一次类似的联合采访。CBS 用了一段时间才安排妥当。但这时时间已很晚，两位领导人不再像接受巴巴拉采访时那样兴高采烈、谈笑风生了。他们的回答很短，而且回答得极为死板。贝京和萨达特两人在电视上的表现都不佳。克朗凯特对此显然不大满意。他以为 CBS 的摄像师们已经停机了，就顺口喊出："巴巴拉是否采到了我没有采到的信息？"

图 7-9　巴巴拉·沃尔特斯(右)采访贝京(中)和萨达特(左)

巴巴拉·沃尔特斯对萨达特与贝京的采访比起克朗凯特又略胜一筹。通过巧妙调节，将两个互为"仇人"的采访对象安排在一起采访，并能够让他们面带笑容、谈笑风生，这是需要一定的技巧的。巴巴拉的过人之处是她在报道之前就不断地绞尽脑汁进行构思，对面临的特殊状态进行巧妙的调节，这不能不说是较高水准的构思与设计。她让老谋深算的克朗凯特感到焦急。克朗凯特的采访同巴巴拉的采访效果截然不同，两位领导人完全变成另一副面孔，另一种态度。这是为什么呢？其中的原因是很值得探究的。有一点是肯定的，克朗凯特缺少巴巴拉那样颇费心机的巧妙调节。

四、变化之中的延续构思

1979 年 4 月卡特总统出访开罗和耶路撒冷时，巴巴拉又一次获得了成功的采访。

1977 年由于萨达特的以色列之行而推行的中东和平进程正值不稳定状态，卡特分别飞到开罗和耶路撒冷与两国领导人举行会谈。

在卡特离开耶路撒冷返回华盛顿的途中，正要访问埃及之际，克朗凯特和钱塞勒已经设法采访了贝京，了解到和平进程遇到了什么样的障碍。

贝京拒绝了他们两人在电视上的单独采访，但却同意下午 4 点与巴巴拉见面。ABC 的新闻从业人员设法在贝京的公寓架好设备，等待他的到来。4 点到了，贝京却没露面。时钟指到 5 点，仍不见贝京的影子，采访看来要告吹了。与此同时，卡特总统正在开罗与萨达特总统会晤。

5 点一过，贝京来到屋里坐下来准备接受采访。他刚要开始说话，电话铃声响起来。贝京接过电话，几分钟后他满面笑容地回到房间。电话是卡特从开罗打来的，卡特告诉贝京，萨达特总统已经接受美国的建议要重新促进中东和平的谈判。

"发生了什么事？"巴巴拉问道。

"我可以告诉你卡特总统告诉我有好消息。"贝京回答道。接着他解释电话的内容。在克朗凯特和钱塞勒最后终于找到贝京的时候（贝京只同意接受他们的联合采访），沃尔特斯的采访已经通过国际卫星出现在美国的电视屏幕上。

在主持人行列中，几乎没有一个是像巴巴拉这样下大功夫采访名人的主持人。她会工作到很晚反复推敲一条消息或设计一次采访方案。

在古巴哈瓦那举行的不结盟国家会议上，巴巴拉要设法与约旦国王侯赛因、巴勒斯坦解放组织领导人阿拉法特和古巴领导人卡斯特罗进行接触。她想采访这三个人，但在警戒严密的会议大厅内根本无法与这三个人接触。她以独特并具女性的方式解决了这个难题：她带着文具走进记者厅写下了下面的条子。侯赛因第一个接到这个条子。

亲爱的陛下：

　　我们是否可以确定我们的采访？我穿着粉红色的外套坐在记者席上。如果您看到我，请挥手。

巴巴拉·沃尔特斯

不久侯赛因就开始寻找巴巴拉。巴巴拉看到侯赛因立即挥手招呼他。

巴巴拉就是这样靠现场的应变能力和巧妙构思得到了难得的采访机会。值得一提的是，在电视新闻报道中，有很多时候会遇上情况发生变化，原来的构想已经无法实现。主持人要临阵不乱，抓住新的信息，将变化中的新情况重新构思，变成有用的材料。

可以说在变化中不要中断构思，而要延续构思，这是阶段性递进构思的突出特点。

[本章重点]

1. 电视节目创作中的构思活动，是节目孕育过程中一系列多维性思维的体现。

多维性思维，就是从多角度、多侧面、多层次来认识事物。

具体来讲，构思是为节目确定基调、内容、框架、形式，是主持人在观念中发生的、内在的认识活动。

2. 主持人对节目构思是以个体思维为基础的、体现全体创作人员群体思维的复杂的精神活动。

主持人的构思至少要做到三个方面的融合：其一，在节目的整体把握上必须同编导取得一致认同；其二，在节目个性特色上体现自己的风格；其三，在节目的不同环节上领会其他创作人员的意图。

3. 主持人的节目构思是一种再创造活动。在具体构思节目时要注意这样几个问题：

第一，对客体的认识还没有达到感受与理解的统一，两者之间还存在矛盾的时候，构思活动就不能顺畅进行；

第二，如果对节目内容的理解仅仅停留在一般概念上的认识，就会导致节目创作的公式化、概念化；

第三，主持人的感受如果仅仅停留在纷乱的现象上，对感受的事物还没有深刻理解，构思则会流于浮浅；

第四，主持人的构思不单单是再现客观事物，同时还是从不同角度、不同侧面解释客观事物，揭示其社会意义。

4. 主持人的节目构思，整体看，经过三个基本阶段，具体分解，要完成六个具体步骤。

三个基本阶段是：节目构想初步形成，即为创作节目想出一个点子；对具体构想再孕育、再认识，使最初的设想进一步明确化、具体化；对获得的材料进一步加工改造，精选内容，提炼思想，使节目具有上乘质量。

六个具体步骤是：理解受众对象；明确节目的出发点、节目的目的；确定节目内容；合理安排材料；设计节目的具体表现形式，调动多种手法。

5. 主持人进行构思时，一系列心理活动作用其中。在主持人的一系列心理活动中，中心环节是想象力的发挥。其他一些心理能力，如感觉、知觉、记忆、体验等都是围绕着想象活动展开的。

想象在节目构思阶段，起到一种引导、推动的作用。想象能够促使主持人从更广阔的范围去反映客观物质世界，创作出具体、生动的节目。

没有想象，主持人就不可能综合和改造从节目内容中所获得的种种感觉印象，使之得到提炼取舍，从而在一定的节目时间内集中显示出事物的本质特征。

6. 主持人的节目构思还涉及一种难以捉摸的心理现象——灵感。

主持人在构思过程中豁然贯通、茅塞顿开就是灵感的作用。

灵感的来临常常是直接伴随着想象，也是通过想象中的活跃得以实现的。

灵感和构思有着内在的联系，灵感是在高度紧张和艰苦的构思过程中产生的。

灵感虽然在形态上表现为一种难以捉摸的心理现象，但它产生的基础仍然在于主持人的生活经验和工作实践。但这并不意味着有经验必然能产生灵感。灵感的产生要在一定的生活和工作经验基础上，为创作节目进行艰苦的构思。

[思考题]

1. 主持人节目构思是一种什么样的思维活动？

2. 主持人进行节目构思为什么要做到三个方面的融合？

3. 为什么说主持人的节目构思是一种再创造活动？

4. 主持人的生活、工作经验积累在节目构思活动中起什么作用？

5. 节目构思要经过哪三个基本阶段？

6. 怎样才能较好地把握节目构思的六个具体步骤？

7. 为什么说想象力是节目构思中心理能力的中心环节？

8. 情感、知觉、记忆等心理能力在节目构思中发挥什么样的作用？

9. 灵感产生的基础是什么？同节目构思有什么样的关系？

10. 怎样理解某些节目构思中阶段性递进的特点？

11. 电视大型系列节目《解放》的构思有哪些特点？主持人赵忠祥对节目构思的把握是否到位？

12.《苏芮北京行》节目主持人赵晓君是如何参与节目构思的？从她的主持过程中能否看出事先的构想？

13. 美国《48小时》节目在角度切入上有什么特色？主持人丹·拉瑟对节目的整体把握是否到位？有哪些值得借鉴的地方？

14. 美国著名主持人克朗凯特和巴巴拉，在中东和平谈判期间是怎样进行阶段性递进构思的？取得了什么成效？有哪些值得借鉴的地方？

第八章
主持人的采访活动

主持人的节目传达是为实现节目的创作意图调动各种表现元素，运用灵活的技巧和手法。主持人传达水准的高低直接关系到节目传播效果的优劣。

电视节目创作目的是为观众展现活生生的客观物质世界。作为实现电视节目传播目的的传达手段，通过屏幕可以显现其中的一部分技巧，另一部分则隐藏在屏幕后边。观众通过屏幕，对主持人的节目传达技巧、水平有所认识，有所评价。

从这个角度看，电视节目主持人的节目传达具有转换成画面形象的直观可视的特点。这一特点，对主持人来讲有什么特殊要求呢？主持人在节目传达活动中又有什么规律可循呢？

通常，我们所说的采、写、编、播集于一身，基本概括了主持人节目传达活动的特点。

电视节目的创作是集体劳动的成果，除主持人外，还有记者、编辑、撰稿、编导、制片人等各种创作人员在为节目付出劳动。主持人纵然有三头六臂，也不可能包揽全部工作。那么，节目主持人的采、写、编、播工作都具有哪些特点呢？主持人的主攻方向又是什么呢？

主持人的节目传达活动大体上具有这样一些特点：在掌握采访基本技巧的基础上，侧重现场采访和权威性专访；在把握写作的基本技巧基础上，朝个性化写作方向发展；在了解节目编排的基础上，具有全方位编辑意识；在具有一定驾驭语言能力基础上进行艺术化的口语表达；在掌握节目的传达意向基础上，适度借助非语言符号。

以上五个方面是主持人节目传达活动中需要掌握的基本技巧。

第一节　主持人采访的侧重点

电视新闻节目主持人采访活动同记者的采访活动实质上没有什么区别，都属于新闻报道采访的范畴。所不同的是，主持人的采访具有一定的"名人效应"，这是节目主持特定工作方式所决定的。

一、人物专访

在美国，节目主持人的采访被看作是一种"电视名人"的采访，或者是"电视权威"的采访。比如，《20/20》节目中的《巴巴拉专访时间》节目，主持人是采访名人的著名专家巴巴拉·沃尔特斯，故此这个节目以她的名字命名，以突出主持人的名人效应。许多观众看这个节目，不但对内容感兴趣，而且对主持人的采访提问感兴趣。个性风格的专访节目，又被看作是富有"魅力"的采访。又由于主持人具有较高采访水平，采访对象大都能够引起观众兴趣，同现实社会紧密相关，这种专访又被看作是权威性采访。

中央电视台《东方时空》节目中的"东方之子"栏目，主要是以专访形式报道人物，其中许多专访都引起了观众极大的兴趣。主持人白岩松等也都成为观众所熟知的名人。他们的采访技巧和水平展示了中国电视新闻节目主持人的采访能力，也使这个节目为全社会所关注。

可以说，权威性采访是主持人采访活动的主要特点，也是主持人采访的发展方向。

二、现场快速采访

主持人采访活动的侧重点还体现在现场快速采访上。主持人主要从事日常的节目主持工作，大量的采访主要是记者担负，必要时主持人到现场做报道或快速采访。

主持人到现场采访大多是要出画面进入屏幕。因此，现场采访技巧是主持人应该掌握的基本手段。

另外，许多在演播室进行的节目，也要主持人在演播现场做快速采访。

现场采访的最大特点是快速，主持人要在短短的几分钟时间内挖掘出货真价实的新闻来。现场采访也是展示主持人采访能力和水平的"窗口"。

澳大利亚的国家电视台的主持人，录用时的条件之一是能够承担电视现场报道和采访任务。他们要求主持人必须能够在镜头前做报道，在现场进行采访。而且还要求，在

图 8-1　澳大利亚节目主持人在演播室现场进行快速采访

紧急情况下能够进行空中报道，并对主持人的现场观察能力提出较高要求。

图 8-2　中央电视台主持人手持话筒做户外现场快速采访

三、活动式采访

主持人采访活动的另一特色，是活动的主持方式所带来的多地点、多种方式的采访。一些大型报道、调查性报道、新闻纪录片中的采访方式基本上是活动式采访。这种采访具有很大灵活性，也成为电视采访独具魅力的特点。

一般来说，电视新闻节目主持人在节目传达活动中，对采访技巧的掌握程度，往往关系到节目的整体效果。如果在采访环节上出现漏洞，对整个节目传播效果将会起到副作用。

图 8-3　丹·拉瑟在 1966 年到越南进行战地采访

主持人的采访活动之所以是创造性的，是因为采访同主持方式紧密相连，形成多种特定节目样式。

主持人提升对采访技巧的掌握程度，主要体现在两方面：一是新闻采

191

访基本功训练；二是在采访主攻方向上下功夫。

根据节目主持人传达活动特点，我们不难发现主持人采访活动的主攻方向是使自己的采访具有权威性。下面，我们对主持人权威性采访的具体要求和技巧进一步加以分析，并用成功的例证材料加以说明。

第二节　主持人采访的权威性

主持人的采访具有一定程度的权威性。可以说，节目主持人的采访活动是展示主持人个性风格的"窗口"，是衡量主持人主持节目水准的重要尺度。同时，也是主持人采访的主攻方向。

纵观中外电视节目的传播，可以随时看到采访这一链条在主持人—采访对象—电视观众三者之间发挥着连接作用。

主持人作为一档节目的标志，其采访活动既同其他电视记者的采访有共性，又有个性。共性在于主持人的采访也要遵循采访活动的规律，个性在于主持人的采访是为了突出权威性。

一、权威性采访的必要性

主持人采访为什么要体现权威性，其目的在于增强节目的可信度。

主持人是电视节目向受众进行传播的第一人，由于这种特殊的位置，主持人的采访活动具有了一定的名人效应。又由于主持人对自己的主攻方向具有一定的发言权，主持人的采访活动也就带有了一定的权威性。

图 8-4　美国著名节目主持人马德(右)采访里根

主持人的采访要体现权威性，这就要求在采访环节上下功夫。这方面，美国的新闻节目主持人表现得尤为突出。《60 分钟》节目开疆元老华莱士是硬性采访的代表人物。他的采访是美国大学新闻教科书的范例。1986 年他独家采访了中国领导人邓小平，成为第一个采访邓小平的西方电视记者。在他的主持人生涯中，给观众留下最深刻的印象是咄咄逼人的采访。被称为节目主持人"皇后"的巴巴拉·沃尔特斯是名人专访的行家，在她的人物访问节目中，世界上许多风云人物都成为过她的采访对象。三大广播公司著名的三位晚间新闻节目主持人拉瑟、布罗考、詹宁斯是全美顶尖记者，在他们主持的节目中都专门安排时间供其出面采访报道。

　　电视界认为，当世界上发生重大历史性新闻事件时，不派主持人前去采访，就不能突出体现节目的权威性。主持人认为，"如果不能够采访，就没有资格做报道，那么就会离开主持人的位置"。1987 年，中国共产党第十三次全国代表大会即将召开之际，NBC（全国广播公司）派出众多人马，制作了《变化中的中国》大型特别报道节目。节目中几乎每一段介绍性报道之后都穿插主持人的专访。仅举名人采访为例，《今天》节目主持人冈贝尔在北京通过卫星采访了美国前总统尼克松；《晚间新闻》主持人布罗考采访了当时中国共产党的领导人。还有许多专家、学者、权威人士及有代表性的人，如荣毅仁、吴学谦、美国驻华大使洛德及夫人等都成为主持人采访的对象。《变化中的中国》特别报道节目在美国播出共计 14 个小时，NBC先后派出 140 多人投入采访、拍摄，约占新闻部总数的 1/3。节目主持人是在一切准备就绪后才抵达现场，通过卫星进行直接转播的。为什么上述许多重要的人物非要主持人来华之后安排采访，而不让先期来华的记者采访呢？为什么主持人不待在电视网演播室组织串联，而非要不远千里飞到现场呢？道理十分清楚，这样做将会突出主持人的权威性和增强节目的可信性。

图 8-5　中央电视台《焦点访谈》节目主持人水均益在巴格达街头采访报道

**图 8-6　英国著名节目主持人戴维·弗莱斯特
采访当时的美国总统里根(右)**

　　美国节目主持人权威性采访是他们自己独有的特色，还是具有普遍意义呢？过去很长一段时间，英、法、德、意、日等国家一直用播音员来播报新闻，自效仿美国采取节目主持人形式后，这些国家的电视机构很快发现，观众喜欢从他们认可的、信赖的主持人那里获取信息。如果重大事件或重要人物由主持人出面采访，其可信度就增强几分。英国电视台节目主持人戴维·弗莱斯特在社会文化界、知识界享有极高的声誉，他曾经专门采访美国前总统卡特、福特、里根，进行了非常个性化的权威专访，节目收视率超过了同类节目。在中国，电视节目主持人的历史虽然只有十几年，但是我们仍然能够看到比较成熟的节目主持人的独到权威性采访。中央电视台海外新闻节目主持人高丽萍，原在山西电视台主持新闻节目，由于她努力参与采访活动，报道水平提高较快，其主持的节目在山西观众心目中享有较高声誉。她进入中央电视台先主持《天涯共此时》节目，后又去《中国中央电视台新闻》节目中独当一面，很快地适应了工作。现在，又在香港做驻站记者，在全国电视界也有一定知名度。她的特长主要体现于不流于表面的采访上，经过长期的实践，形成了真诚、朴实、自然的采访风格。1985年以来，她所做的新闻报道在全国电视新闻评比中连连获奖，其成功原因除选题抓得好外，主要是在采访上下了功夫。

　　采访对于节目主持人是一项基本功，是节目传达活动中不可缺少的重要组成部分。电视节目主持人如果不能够亲自做采访报道，他们就无法感受千变万化的现实世界。这种以记者视角感受生活的方式是非常独特的，许多主持人水平提高往往得益于此。主持固定节目也好，临时节目也好，只要是反映人的活动，主持人必然要同人打交道。与人打交道就要交谈、提问。交谈、提问往往是在一定思想支配下的有意识的活动，职业术语称为采访。

二、权威性采访的基本要求

从节目主持人的工作实践看，主持人不可能也没有必要满天飞去采访，大量的采访是由记者承担的。主持人的权威性采访主要是人物专访和重大事件采访。多数情况下这两种采访又是在演播室和特定现场环境中进行的。主持人若要在节目传达活动中表现出色，就应该掌握人物专访和重大采访的技巧。下面我们仅就主持人权威性采访的特别要求做一简要概述。

△权威性采访要求主持人对采访的人物、事件、问题有较透彻的研究，使自己的采访真正体现权威性。

△权威性采访要求主持人能够在有限的时间内为观众提供有价值的观点、信息。

△权威性采访要求主持人能够尽快通过采访提问展示人物的个性特点。

△权威性采访要求主持人把握好采访的形式、时间长度、环境氛围以及自己的态度。

△权威性采访要求主持人增强采访观念，不失时机地争取采访的机会。

图 8-7 美国著名主持人马德(右)，面对多个麦克风做即席采访

以上要求，仅仅是就其大者略举几端，还没有涵盖权威性采访全部"道

195

术"。可见主持人的采访并非易事，不是靠临场的小聪明所能成就的。"你从采访中得到多少东西取决于你投入多少东西。表面的研究只能产生毫无价值的信息。"①

主持人的专访对象大多是各界名流、权威人士，主持人要成为合格的对话者，只有全身心地投入，才能练就一手高超的采访本领。

主持人的现场采访大多是快速采访，主持人要能够随机应变，临阵不乱，在节目正在进行的过程中看准采访的时机，把握好火候，将自己的采访有机地组合到节目之中。恰到好处地提问可以使节目增色，反之则会使节目减色。有些主持人往往对节目的串联词表达比较重视，而忽略采访环节。

我们在电视节目中有时会看到主持人漫不经心地提一些诸如"你有什么感想""你有什么感受""请你谈一谈体会""请你讲几句话，好吗"等笼而统之的问题，这些问题绝非是三言两语就能回答清楚的。采访对象的回答也就是笼而统之的空话、套话。诸如，"我真的是非常感动"，等等。主持人在采访环节上必须确实下一番功夫，才能体现出权威性。

第三节　主持人创造性采访的具体实施

例证分析对深入探讨主持人创造性采访十分必要。

美国著名节目主持人巴巴拉·沃尔特斯的权威性人物专访具有两个特点。一是她的采访技巧非常高超；二是她的采访充分显示出个性风采。美国新闻院校教科书《广播电视新闻写作》②节选了沃尔特斯采访电视娱乐明星主持人卡罗尔·伯内特的研究报告和问题单。

一、周密的研究

为了采访卡罗尔·伯内特，沃尔特斯进行了大量资料研究工作并归纳提炼出 38 页的研究报告，最后根据研究报告列出 100 个探索性问题。下面我们节录这份研究报告的部分内容和问题，并加以归纳分析，提供一些可借鉴的经验和方法。

---

① ［美］肯·梅茨勒：《创造性采访》，94 页，普林蒂斯学院出版公司，1977。

② ［美］罗伯特·希利亚德：《广播电视新闻写作》，美国沃茨沃思出版公司，1984。

对采访对象人生历程及转折点的研究：

个人历程节录——

1934 年 4 月 26 日：卡罗尔·伯内特出生于得克萨斯州圣安东尼奥。

1938 年或 1939 年：父母迁居洛杉矶。

1940 年：卡罗尔随祖母迁到洛杉矶。

1944 年 12 月：妹妹克里斯汀出生。

1946 年：父母离婚。

1952 年 6 月：卡罗尔毕业于好莱坞高中。

1952—1954 年：卡罗尔就读于加州大学。

1954 年 8 月：卡罗尔的父亲朱迪去世。

1954 年 8 月：卡罗尔来到纽约。

1955 年：卡罗尔在保罗·温切尔的电视节目中露面 13 周。该年同唐·萨罗扬结婚。

1956 年 6 月 9 日：开始定期出现在《斯坦利》电视节目中。

1956 年 11 月 9 日：首次在加里·穆尔早晨节目中露面。

1957 年 3 月：《斯坦利》节目停办。

1957 年 7 月：首次在布卢·安吉尔夜总会露面，唱了一首歌：《我在约翰·福斯特·杜勒斯对面愚弄了自己》。

1957 年 12 月：访问洛杉矶，将妹妹带到纽约。

1958 年 1 月 10 日：母亲去世。

1958—1959 年：定期出现在美国广播公司的《哑剧猜谜》节目中。

1959 年：与唐·萨罗扬分居。

1959 年 5 月：迁到百老汇大街。

分析评价：

沃尔特斯认为，人物专访成功的关键在于事先的周密研究。

她归纳的卡罗尔的个人历程表着重列举了标志卡罗尔生活变化的每一个阶段，细致到具体的年、月、日。除了卡罗尔个人成长的年代，沃尔特斯还特别注意到其家庭成员的活动，凡是同卡罗尔一生有关联并产生影响的家庭成员也都成为研究的对象给予重视，因为个人特质往往都受到家庭环境的影响。

特别值得提出的是，这个历程表并不是一个"流水账"，而是有选择地着眼于采访对象生活中有特定意义的事件。前半部分着眼于家庭生活的变迁，涉及采访对象的父母、祖母、妹妹，这些人物都与卡罗尔的生活有紧密相关的联系。此外，家庭住址的迁移和卡罗尔本人的迁居也都标志着旧生活的结束与新生活的开始。后半部分重点列举了卡罗尔职业生涯的开端、背景及变化，从而勾勒出卡罗尔职业活动的主体线。

沃尔特斯仅用 19 个有代表意义的事件构造卡罗尔的人生历程框架，我们只要稍加过目便可对卡罗尔其人的历史面貌一目了然。由此，我们也不难看出沃尔特斯对采访对象研究的透彻程度。表面看起来，这份个人历程表十分简单，实际上却需要花大量时间分析、提炼，才能如此精当、清晰。可以说，沃尔特斯这份研究报告的第一部分——个人历程——是她对采访对象的洞察力体现。从这部分实例分析中可以看出，增强洞察力是进行人物专访的基本功。主持人对人物的了解、分析从准备采访阶段就已经开始了。

二、揭示采访对象个性特征

沃尔特斯对卡罗尔的研究非常周密，这第二部分是对成文的背景材料进行选择、分析、综合，以揭示人物的个性特征。

【童年、家庭】

1934 年 4 月 26 日，卡罗尔·伯内特出生于得克萨斯圣安东尼奥。

"我一多半是爱尔兰人，一部分是印第安人……我们是爱尔兰和英格兰人，有着切罗基人的血液。"

（《绅士》，1972 年 6 月）

卡罗尔的父亲朱迪·伯内特是圣安东尼奥一家电影院的经理。卡罗尔说他是一个美男子，但意志薄弱，对饮酒比对工作更感兴趣。

"他身材修长，6 英尺 2 英寸半（约合 1.90 米）高……"

"妈妈身材不高，脾气暴躁，机灵、性急，但本性善良。"

（《健全的家庭管理》，1970 年 12 月）

"我从我母亲那儿学会幽默感。我向她叙述我的悲剧，她却逗我发笑。她说，喜剧是悲剧加时间。"

20 世纪 30 年代末期一段时间，卡罗尔的父亲将她留在得克萨斯，由她祖母照看，父母迁到洛杉矶。1940年卡罗尔和祖母一起前往洛杉矶与父母团聚。

朱迪和路易斯两人经常吵架、分居。卡罗尔的妹妹克里斯汀是在他们暂时和好后于1944年12月出生的。

（《电视指南》，1972年7月1日）

【职业生涯】

卡罗尔过去说她离开加利福尼亚是因为：

"为了在影视界获得成功，你必须长得像玛里琳·门罗或托尼·柯蒂斯。遗憾的是，我更像托尼·哥蒂斯。"

（《现代传记》，1962年）

1954年8月，卡罗尔到达纽约。一个月后，唐·萨罗扬也来到纽约。卡罗尔搬到排练俱乐部——一个为有抱负的女演员开办的饭店。她的第一个工作是在洛克菲勒中心地区的一家饭店为顾客寄存帽子。

"我能告诉你的一件事是（有抱负的演员们）要找一个临时工作。这样当你拜访制片人时，就不必孤注一掷，渴望成功。我打算使我的外表令人着迷。"

她拜访了许多制片人和代理人，这些人都重复着一句老生常谈，我未看到你的能力之前，是不能给你提供一份工作的。最后，有人建议她自己演出。

卡罗尔经过努力担任了排练俱乐部的主席，并说服25个姑娘一起租了一个大厅。她们缠住一些各自认识的作家，并为作家们提供资料。她们邀请了在纽约的所有代理人和制片人，但只有几个人出场。

（《现代传记》，1962年）

【婚姻】

唐·萨罗扬是卡罗尔大学时代的唱歌、跳舞的伙伴。他也从他们秘密、慷慨的教父那儿收到1000美元支票。卡罗尔离开加州到纽约后一个月，萨罗扬于1954年9月也跟随她来到纽约。

萨罗扬住在排练俱乐部对面的街上。由于卡罗尔的房租包括膳食，她每晚把自己的晚餐的一部分送给他。

1955年他们结婚时，卡罗尔正在保罗·温切尔的电视节目中演出，而唐在执导一部工业片。

1959 年，卡罗尔的职业声望开始胜过萨罗扬。她把他们的分离归因于"自我问题"。

"我们现在比过去在一起时相处得更好，当一个女人比男人挣得更多时，很难维持婚姻。"

（《健全的家庭管理》，1961 年 11 月）

1962 年夏，两人终于离婚。据报道，唐于 1963 年在洛杉矶当了一名演员兼制片人。

加里·穆尔谈到卡罗尔时说："她需要别人的爱。我想她渴望结婚，但她并没有意识到自己有着多么杰出的才干，公众绝不会让她离开舞台。像卡罗尔这种类型的天才人物，是一种混合型的人物，她的生活前景艰难。"

有人看见卡罗尔与鲍布·纽哈特和理查德·张伯伦共进午餐，但约会进展得并不顺利。

（《女士家庭日报》，1963 年 5 月）

【个人习惯】

20 世纪 70 年代初期一段时间，卡罗尔的体重大幅度减轻，大约同时她也戒了烟，不喝咖啡，成为一个素食者。她不吃牛羊肉，甚至不吃许多食物。

"我不吃任何罐头食品和冷冻食品。"

（《电视指南》，1979 年 4 月 14 日）

卡罗尔曾一度患有严重的头痛病，一天约吃 8 片阿司匹林。1974 年，一个朋友劝她接受瑜伽治疗。

"你不必非得反省或担忧你的心灵——除非你想这么做。没有必要这么做……我的头再也不痛了，我也不用再吃阿司匹林了……我一生中从未像现在感觉这样好。"

（《健全的家庭管理》，1975 年 2 月）

此后，除了锻炼身体外，卡罗尔确实对瑜伽冥想发生了兴趣。

20 世纪 70 年代，她的变化极大。也是在这个时候，她开始参与制作会议，向作家和剧务人员透露了她的设想、愿望。

在其一生中，卡罗尔对她的不够漂亮的外表感到不满。

"我一生中第一次忘记我长得不漂亮，是我第一次听到一个观众发出笑声的时候。"

（《生活》，1963 年 2 月 22 日）

分析评价：

为什么沃尔特斯要归纳整理详尽的已经公开报道的文字材料？回答十分明确：人物专访往往首先从研究资料入手。研究资料不单单是为了在正式采访报道时使用一些背景材料，更重要的是开掘报道深度，武装头脑，提高认识，增强洞察力，探究人物的个性特征。

研究报告第二部分最值得我们借鉴的是沃尔特斯研究资料的方法。

首先，她广泛浏览了大量文字材料，包括有关书籍、杂志、报纸、报告中提到的材料来源有六种。广泛浏览是研究资料的第一个环节，这一步是信息输入主持人头脑的过程，也是对采访对象从不了解到比较了解的过程。

第二步是分门别类。沃尔特斯将研究的材料分成四大类：童年、家庭；职业生涯；婚姻；个人习惯。其中每一类材料归纳都注意使用卡罗尔本人的直接引语，力求更为真实、客观地把握采访对象的个性。沃尔特斯从众多繁杂的材料中选择提取了 2 000 多字的原文引语，是她根据分类对材料进行规范化研究的结果，而不是不假思索地照抄照搬。可见，分门别类的过程是对材料进行定性研究的重要环节。

第三步是综合分析。综合分析有助于主持人获得判断事实的依据，洞察事物的性质、意义，把握人物的特点。从沃尔特斯对材料的提取中可以看出她的着眼点是落在卡罗尔的不幸福的童年，艰难的职业前景，浪漫而不美满的婚姻，与众不同的生活习惯几个方面。为什么呢？因为沃尔特斯对卡罗尔的专访是个性专访，因此要注重人情味，才能令观众感兴趣。沃尔特斯摘引的每一段引语都力图揭示采访对象的个性特征，说明她对材料进行了一番认真的综合分析。

第四步是消化使用。顾名思义，消化使用就是使研究的材料为主持人报道所运用。一般来说，消化使用研究的材料一是在正式采访时介绍人物背景；二是在透彻研究基础上设计出恰当的问题单。下面，我们分析沃尔特斯设计的问题单，这可以使我们对她如何消化使用研究材料的老练经验有所了解。同时，也可以对她设计问题的思路有所借鉴。

三、探索性问题设计

沃尔特斯研究大量的背景资料后，设计出 100 个探索性问题。这些问题并不完全是为正式提问所设计的，有些问题是主持人要对事实进一步的验证，有些是主持人为不断开拓思路，深入探究采访对象内心世界而设计的。这些问题在正式采访时可能并不使用，只起到一种理清思路的作用。下面，我们节录问题单中的部分问题进行分析。

问题单节录——

【儿童时代的印迹】

1. 你儿童时代印象最深的是什么东西？

2. 你母亲是个什么样的人？

5A. 你曾说过你母亲"打得你满地滚"，虽然那时你还没有意识到——这是不是虐待儿童？

5B. 你母亲漂亮吗？

6. 你觉得自己漂亮吗？你母亲怎样认为？

7. 你母亲是一个什么样的人？

【青年时代的经历】

22. 从所有我读到的关于你的资料中看，你一生中很长一段时间没有信心，然而你却获得巨大成功。是什么促使你成功的？

23. 你决定把 12 岁的妹妹带到纽约和你一起生活，你才 23 岁。这在当时对你的负担一定很重，是不是？你的职业生涯刚刚开始，后来你母亲又去世了。

24. 我读到，你之所以能到加州大学洛杉矶分校读书，是因为一个不透露姓名的人把学费钱放在一个信封里留给你。这是真的吗？

【职业生涯】

30. 你主持《卡罗尔·伯内特的节目》达 11 年之久，你是否还主持过其他电视系列节目？

31. 你过去曾请观众向你提问，你的观众最想知道什么？

33. 他们问你的最为难的问题是什么？

36. 1970 年，罗纳特·里根出现在你主持的一次节目中。他这个人怎样？你是他的崇拜者吗？

38. 作为母亲，你对孩子的抚养和成长有什么影响？

39. 你是个什么样的母亲？

40. 你以前是否很严厉？

41. 你在工作和孩子之间是否受到折磨？

42. 你对家庭的照顾够不够？

【个人变化】

48.20 世纪 70 年代某个时期，你的变化很大。你说你开始参加节目制作会议，你表示不同意见，甚至你的外表也变了。你当时怎么了？为什么起变化？

49. 你现在有信心吗？

50.20 世纪 70 年代初期，你的体重明显减轻，是什么改变了你的体重？

【社会观念】

60. 到目前为止，你已经为众多的美国观众表演了许多年。你现在看到了哪些社会变化？眼前是艰难的时期吗？你是否持乐观态度？你对我们的未来担忧吗？

【婚姻】

66. 请你告诉我们有关你丈夫的近况。他有什么特殊的地方吗？

67. 结婚对你意味着什么？

68. 你第一次与你丈夫乔·汉密尔顿约会时，有许多传言。他结过婚，已经有了 8 个孩子。你是怎样对待这件事的？

【沉思再生】

76. 我了解你喜欢沉思冥想，你定期这样做吗？这对你有什么用处？

77. 你信宗教吗？

78. 我读到，你相信再生，你是否有什么感觉？你将怎样对待超脱社会的生活？

△【正式提问卡罗尔本人】

1. 现在，也就是你此刻的生活如何？

2. 如果你的生活就是一部电影，你可以为我们提供一下大概的情节吗？

3. 你怎样描绘、评价你自己？

分析评价：

电视采访是一门艺术。提问是检验主持人逻辑思维、判断事物、应变及口头表达能力的最好尺度。沃尔特斯设计的问题，不仅仅反映了她在采访前所进行的周密的准备工作，而且反映出她高超的提问技巧。

最后准备的向卡罗尔本人提出的问题，可谓是独具匠心。这是沃尔特斯对卡罗尔本人特点及以往已经报道的内容做了通盘研究后，精心设计、巧妙构思出来的。

第一个问题是请卡罗尔向观众透露现在的生活情况，这个角度是从两个方面考虑的，一是向观众提供新信息；二是避免重复过去的已经报道过的内容。因此，这个问题不仅具有一定新闻价值，而且能够引起观众的关注。一般来讲，新的情况往往能够引起人们的好奇心。

第二个问题是个范围较宽又能够伸缩的问题，可以使访问对象较灵活地把握。这个问题的巧妙之处是范围虽宽，但不难回答。因为采访对象可以根据自己一生的经历，有选择地加以描述。同时，问这个问题也可以从采访对象口中得到某些意想不到的东西。

最后一个问题请卡罗尔评价自己，这个问题比较高明独特。一般来说，像卡罗尔这样的电视娱乐节目主持人已经被观众和社会所熟知，外界的评价已经非常多了。这样，让采访对象评价自己，问题角度新鲜、有趣、访问对象也比较愿意回答，观众也乐于倾听。当然，这个问题对于一个久经风雨，走过人生漫长道路的人来说比较合适，对缺少人生经验，没有什么成就的人就不很合适。

除这三个正式准备提出的问题外，其他节录的几十个问题也反映出沃尔特斯积极主动为实现采访目的进行的艰苦准备。她的问题不仅具体、简洁、细致，而且讲求逻辑。不难看出设计这些问题，主持人要花很多功夫，下很大力气。

为什么要耗费这么多精力呢？其目的就是为了左右提问进程，驾驭采访对象。在某种程度上讲，提问技巧饱含着主持人创造性的劳动。通常，在问题形成的过程中，创造力在尚未被意识到的情形下早已发挥着作用了。成功的提问，高超的技巧发挥不是被动的、消极的、模仿的，而是主动的、积极的、创造的。主持人不是处于被动地位，不是接受，而是努力创造，实现自己内心的特定意图。

沃尔特斯的问题正是利用特定方法和能力表现传达主持人特定构思的体现。电视人物专访不同于文字记者的专访，它有着严格的时间限度和特定现场氛围。灯光、摄像机对采访对象有一定的情绪影响，观众的眼睛通过屏幕"审视"着主持人的言行举止，"审视"着访问的进程。主持人和采访对象在心理上都有一定的压力。主持人若要创造出和谐的气氛，保持镇静、轻松、自然的神态，必须事先下功夫精心研究和设计。

四、能力、技巧与个人色彩

巴巴拉·沃尔特斯虽然是当时美国名气最大的新闻节目女主持人，但她却是个有争议的人物。批评界、同行、观众对她的评价是有好有坏，毁誉参半。

自 20 世纪 50 年代起，她作为撰稿人从事电视新闻工作，至今已有多年历史。1964 年成为 NBC《今天》节目主持人；之后，又同时主持《不仅仅是为了妇女》节目；1976 年开始主持 ABC 晚间新闻节目；1977 年后主持 ABC《20/20》节目，开始同《60 分钟》竞争。

图 8-8　巴巴拉采访当时美国
总统艾森豪威尔的夫人

多年来，她采访了国内外众多首脑人物和各界名流，成为首屈一指的名人专访主持人。人们对她的批评最多的是过分展示自己的个性特征。沃尔特斯的专访具有较强的个性色彩，她不是那种温文尔雅的女主持人，也不像咄咄逼人的男主持人，更不像那种沉稳庄重严肃的资深主持人。她在屏幕上表现出既严肃又热情，既轻松又尖锐，既随和又"居高临下"，一派信心十足的神态。她提问时，眼睛也在"说话"。曾担任卡特总统新闻顾问的拉夫逊评价沃尔特斯时说："她的举止、眼神在说'请不要急，我是你的朋友'。他们（政治家）往往都会上这个当。"①批评界有人指责她在采访中以女性魅力感染采访对象。一次她采访卡特总统，采访结束时她对这位庄重型的美国总统说："请对我们好一些，总统先生，和善些。"②沃尔特斯自己对女主持人自身的魅力持坦然态度，她甚至公开承认，她喜欢这样的交谈。一次她采访演员奥斯卡·沃纳，采访一开始她对沃纳说，自己从书中了解到他是一个极难相处的人。沃纳带着懒洋洋的眼神盯着她，温和地反问道："可是你怎么能知道呢？我们从来

---

① ［美］巴巴拉·马图索：《晚间明星》，106 页，波士顿，霍顿·米夫林出版公司，1983。

② 同上书，107 页。

没有接触过呀。"沃尔特斯称这次采访是她最喜欢的一次采访。

图 8-9　巴巴拉采访当时的美国国务卿腊斯克

一些同行认为，沃尔特斯的采访好像不是在挖掘新闻，而是在展示高超的采访技巧。1976 年，她出任 ABC 晚间新闻联合主持人时，批评界对她的批评异常激烈。沃尔特斯自 20 世纪 60 年代起，在《今天》节目中专访过很多名人，其中对当时的国务卿腊斯克的采访非常成功，先后持续了五年时间。为什么主持晚间新闻却受到各方面的批评呢？这其中有许多复杂原因。当时 ABC 给了她 100 万年薪，超过当时任何一个新闻节目男主持人。沃尔特斯先前进行过许多轻松的名流采访，观众批评她在严肃的晚间新闻中带有"名人气息"。晚间新闻过去一直是男主持人在"一统天下"，同行不能够容纳她，认为她拿的是娱乐明星的年薪，也就是作为娱乐明星的招牌在起作用。沃尔特斯有一年多时间不敢看报纸，"因为我无法忍受对我的评价，我觉得我快被批评、挖苦的海洋吞没了"①。

从客观角度讲，沃尔特斯作为一名记者型的新闻节目主持人是够资格的，因为她能够判断、挖掘出有价值的内容。但是她在晚间新闻中没有足够时间进行专访，这样的节目或许不适合于她，或许这类节目没有必要设置两个主持人。1977 年，联合主持方式终于解体，沃尔特斯去主持《20/

---

① 〔美〕巴巴拉·马图索：《晚间明星》，201 页，波士顿，霍顿·米夫林出版公司，1983。

图 8-10　1976 年巴巴拉同哈里·里森纳
共同主持《ABC 晚间新闻》节目

20》节目，ABC 为她专门设置了名人专访栏目。在这个节目中，她得心应手，年过六旬之后仍然非常活跃。

经过几十年的磨练考验，沃尔特斯的名人专访最终以其"个性风格采访"而定型。尽管目前还有不同看法，但批评界认为对一个主持人和节目持不同看法是正常的。沃尔特斯的实践是否对于主持人权威性采访具有共性的意义呢？

抛开沃尔特斯身上的某些"名人气味"，对她的专访做客观分析评价，确实能发现许多独到的东西。丹·拉瑟认为，她是一个才华出众的采访记者，没有人能超过她。

其一，沃尔特斯善于同名人维持友好的关系，力求保证以后的采访能够得到采访对象欢迎。白宫的一些新闻秘书认为她惯用老练的政治家的计策，给总统家人打电话，问候他们的生日或者孩子。1980 年，卡特在竞选总统连任时，被里根击败，巴巴拉立即打电话给卡特的新闻秘书，表示关切和慰问。在沃尔特斯看来，名流们接受主持人的采访在很大程度上是看主持人是否值得信赖。当卡特被指责为"平庸无能"时，总统新闻顾问请她对卡特进行专访。其理由有三点考虑：一是沃尔特斯本人是个名主持人，能够从制片人那里争取到足够时间；二是她有办法使卡特说出心里话；三是卡特愿意同她在一起讨论，他自己感觉十分放松和舒服。

其二，沃尔特斯能够协调同采访对象之间的关系，创造出和谐的气氛。有时候，她的提问比较尖锐，或者涉及采访对象生活中的某些伤感的内容。她总是想办法在问题提出后用较温和的态度和语气恢复谈话的轻松气氛，比如在采访结束时，她会将手一甩，说："好了，采访结束了，我们可以松一口气了。"或者说："让我们忘掉那些事情吧。"其实，她这时已经达到了目的，也挖掘到了想要采访的内容。

其三，她能够提出大胆的、新奇的、出人意料的问题，使观众对她的专访产生某种期待。她曾向艾森豪威尔夫人提问，是否听说过别人讲她（总统夫人）喝醉过酒这件事；她还曾提问约翰逊总统夫人对她已故丈夫追求美女的做法有什么看法。她向布什总统夫人提问，作为第一夫人对总统与女秘书之间的传闻有什么想法；布什竞选失败，她内心的真实感受是什么。她自 1964 年做主持人起，采访过自约翰逊以来的众多美国总统和总统夫人，也采访过世界上许多国家首脑。有人评价说，20 世纪 70 年代以来，文字记者名人专访的行家是意大利的法拉奇，电视专访则要算是沃尔特斯最著名。

其四，沃尔特斯的专访具有很强的权威性，对美国及世界事务会产生一定影响。她同克朗凯特、钱塞勒共同被看作促进中东和平谈判进程的积极推动者。由于他们对中东领导人的专访，和谈的进程得以加快。她在《20/20》节目中的专访题目，同美国社会现实密切相关，所以很能引起人们的兴趣。

其五，沃尔特斯的专访使主持人的名人专访节目在电视新闻整体传播格局中占据了一席之地。无论如何，她的个性风格非常突出，采访技巧非常高超，应付各种人物和复杂问题的能力非常之强，处事也非常老练。许多颇有微词的同行对她的专访节目取得的成就也不得不给予肯定。观众、同行、评论界公认：沃尔特斯的确是一位名人专访的行家。沃尔特斯对她的成功所持的态度是：一切成功来自艰苦的努力，名人专访是令人兴奋的创造性采访。

通过对著名节目主持人专访例证的分析及经验总结，我们可以从中得到一些有益的启示：探寻主持人采访的特点；确定主攻方向；提高采访技巧；进行创造性的劳动。

[本章重点]

1. 采访是展示节目主持人能力的一个"窗口"。节目主持人采访活动的侧重点主要是：人物专访、现场快速采访、活动式采访。

2. 著名节目主持人对名人的专访被看作是电视明星主持富有个性魅力的采访，具有一定的名人效应。由于采访对象是名人，又由于主持人自身也有名气，观众不但对人物感兴趣，而且对提问的技巧、问题的实质、回答的态度、回答的方式和内容，以及采访的过程等都能够产生兴趣。

3. 现场快速采访具有即时性，要求主持人以较快的速度、精练的问题进行采访。因而，要清楚快速采访体现出的整体节目的作用、意图，同时，要注意这种快速采访在电视屏幕上出现的方式及画面的特点。

4. 活动式采访在一些大型报道、调查性报道、纪录片等节目中运用较多。要求主持人把握好提问或交谈的方式，出画面的形式以及同现场环境的联系。

5. 电视采访是一门艺术，是检验主持人逻辑思维、判断事物能力、应变能力及口头表达能力的最好尺度。采访是在一定思想支配下的活动，因而，采访的水平在一定程度上也反映出主持人的思想水平。

[思考题]

1. 主持人采访活动有什么特点？

2.《东方时空》节目中《东方之子》栏目属于什么类型的人物专访？其特点是什么？

3. 现场快速采访都有哪些基本要求？

4. 活动式采访同主持方式有什么联系？

5. 权威性采访对主持人有什么要求？

6. 美国电视节目主持人巴巴拉的名人专访为什么会拥有众多观众？有哪些技巧值得我们借鉴？

第九章
主持人的写作技能

电视新闻节目主持人不仅要具备基本的文字表达功力，而且要朝着个性化写作方向发展。写作对于主持人来说是一项基本功。概括地讲，写作可以锻炼主持人独立思考能力、对客观事物的反应能力和速度；锻炼主持人思想的严密和逻辑思维能力。写作对于提高主持水平是非常重要的环节，是实现节目传达意图的不可缺少的组成部分。

第一节　写作与主持节目的关系

不同节目对主持人的写作有着不同的要求。新闻节目同综艺节目的写作不能相提并论，儿童节目同体育节目的写作亦不能等量齐观。有些内容单一相对独立的节目，主持人或许要创作一个完整的脚本。例如主持《小木屋》的主持人黄宗英就是独立撰写这部纪录片的脚本的。有些容量大、成龙配套的节目，主持人往往负责撰写串联词，比如北京电视台的《点点工作室》节目主持人元元，基本上是自己动笔写出节目串联词，因而她的口头表达很少有背稿的痕迹。有些形式变化不大、基本定型的节目，主持人通常使用固定的开头语、结束语，但是要撰写节目中的过渡、转折串联词和其中的某些内容。例如新闻联播型的节目、每周节目预告节目等。

一、写作能力与主持水平

电视节目传达效果的实现，在一定程度上取决于主持人的主持水平，而主持水平的提高，在一定程度上同主持人能否亲自写作有着一定联系。

目前，有些电视节目主持人在写作方面尚未形成自己动手的风气。客观地讲，电视节目主持人短短的十多年历程，不可能达到全方位的发展水平。但是，在我们的主持人队伍中，对于写作的认识却存在着观念上的误解，对此不能不予以排除。有的主持人认为没有必要从事写作，否则要编辑、撰稿人干什么。初听起来，这种看法有理有据。但是，对主持人工作的特殊性做一番考察，就会发觉这种看法是一种误解。我们切不可仅仅从目前主持人初始阶段的现存状况着眼，将某些不合理但却存在的现象视为必然。主持人到底要不要从事写作，这只能依据主持人工作的需要而论断。

事实上，主持节目时胸有成竹、基本脱稿的主持人，往往都是因为自己在动手写作。

写作对于提高主持水平是非常重要的环节。哈里·里森纳认为，写作可以锻炼主持人的反应速度，并能尽快地进行报道。主持人有能力写作，不单单是指其具备一定的文字表达能力，更主要的是反映出主持人对客观事物的认识水平、反应能力以及逻辑思维能力。

写作也是掌握不同节目特点的重要方面。因为电视写作自有一套独特的方式，而不同节目的写作亦具有其个性特点。主持人只有亲自动笔，才能不断地了解、把握电视节目创作对写作的要求，才能在传达节目过程中发挥出电视的优势，提高主持的水准。

二、写作水准与节目风格

写作的过程，实际上也是独立思考的过程。能够进行独立思维的主持人，往往很少依赖别人撰稿。

主持人自己撰稿，主持节目时就会胸有成竹，心中有数。

图 9-1　哈里·里森纳在用打字机写作。作为明星主持人，他很少依赖别人为他撰稿

在西方电视机构，主持人身边都有一班人马协同工作，其中就有专职的撰稿人。这些撰稿人负责提供节目中涉及的背景材料，为画面配上解说，同时还能根据主持人的个性遣词造句。即便是这样，主持人仍然要亲自动手写作。

1988 年，美国印第安纳大学、南加州大学和马里兰大学的新闻学教授和学生，对三大广播公司晚间新闻节目各自的主持人的写作进行了一次评估。评估人员通过对 11 天的新闻稿件的抽样分析，得出的结论是：

三位主持人的写作水平基本上是上乘的，但其中也有次品。

从数量上看，拉瑟撰写 1/3 到 1/2 的稿件，布罗考撰写 1/2 的稿件，詹宁斯撰写 3/4 的稿件。

从质量上衡量，拉瑟的稿件在写作风格上比较优雅、机智，但使用的隐语令人费解。例如："今天的战斗是三年中最为激烈的，但也只不过是又一个流血的日子。""我们真是个多河流的国家。比如说，圣·克莱尔河从赫龙湖向南面流出 40 英里（约合 64 米）。"[1]

---

① ［美］汤姆·麦克尼克尔：《节目主持人写作评估》，载《华盛顿新闻周报》，1988(7)。

　　布罗考的写作思路清楚，文笔流畅，过渡自然，具有直截了当的风格。但是，稿件中长句使用较多，听起来显得吃力。例如："我们很难知道舒尔茨国务卿和苏联外长在莫斯科举行的会谈是否顺利；但至少他们今晚的会谈进行得很顺利。今晚，这两位外长举行了没有列入议程的第三次会谈。来自华盛顿的报道说，在莫斯科的官员们说有各种迹象表明将要达成一项消除或消减中程核武器的协议。"①

　　詹宁斯的写作清楚、简洁，具有非正式的口语化风格。比如他的内容提要："今晚我们有好几个重要新闻事件要向你们做报道，这些事件以一种清楚的方式告诉我们：伊朗门事件有了什么样的结果，那个使总部处于孤立地位的人现在处于新的辞职压力之下。美国和以色列之间的关系紧张，中央情报局仍然试图为自己的所作所为进行辩护。总统在中美洲的计划至少已经遭到破坏。明天在国会，总统准备赢得4千万美元的提案，现在请看来自我们记者的报道。"②詹宁斯的写作得分最高，但评估人员认为他的稿件中过于注入自己的倾向性观点，力图做过多解释评论。

图9-2　埃里克·塞瓦赖德（右一）对写作非常认真。评论家认为：他的评论可媲美德尔菲的古代神谕

　　对美国三大新闻节目主持人的写作评估进一步说明，主持人的写作是节目传达不可缺的表现元素，也是主持人不容忽视的基本功。

　　CBS著名的评论节目主持人塞瓦赖德认为，写作是对节目负责。他主持评论节目30年，很少依赖别人提供稿子。

---

　　①　[美]汤姆·麦克尼克尔：《节目主持人写作评估》，载《华盛顿新闻周报》，1988(7)。
　　②　同上。

第二节　开场白、串联词、结束语的写作要领

多数情形下，主持人写作的侧重点是开场白、串联词、结束语。从电视节目的特性看，主持人一方面要学会为画面写作，另一方面要学会为口头表达写作。"文字的目的是补充、扩大图像内容，解释图像或把图像放在某种内容中。"①一般来说，电视图像难以表现的抽象内容，基本上由主持人用嘴来叙述、概括、提示。因此，主持人的写作既要有具体内容，又要具有一定思想内涵。

一、开场白写作

开场白的写作关键的一点是要将观众的注意力引到节目中来。有些主持人喜欢在节目开头多说几句，以为这样可以抓住观众。其实主持人的开场白应该力争让观众对节目实质内容引起兴趣，而不是让观众注意自己怎样能说会道。美国电视批评界认为拉瑟在晚间新闻中的内容提要写得过多，好像在说，"请注意我"，而不是"请注意这些画面"。美国同行是不是太挑剔了呢？《节目主持人写作评估》一文作者麦克尼克尔认为，主持人应该有效地利用电视节目的分分秒秒来传达具体内容。节目的时间极为宝贵，倘若主持人占用有限的时间做冗长的独白，而不是尽快地让观众进入具体内容，这无疑不利于节目的传达。中央电视台《焦点访谈》节目中的开场白大多只有几句话，表达方式也极为简洁，主持人出场只讲几句话便引出具体内容。从节目的有限时间考虑，美国电视批评界对拉瑟的节目提要提出意见并不是过分挑剔。

二、串联词写作

节目的过渡、转折要自然顺畅，主持人撰稿时要尽可能避免生硬。

我们不妨来分析一下秦沛和李玲玲在《正大纵横》节目中的一段过渡。

秦：20世纪60年代在美苏两国进行太空竞赛的同时，英国出现了一支乐队。

李：他们是一个私人的组合，就是著名的披头士。披头士不

---

①　［美］汤姆·麦克尼克尔：《节目主持人写作评估》，载《华盛顿新闻周报》，1988(7)。

单风靡英国，并且也风靡全世界。

　　秦：而乐队的灵魂就是约翰·列侬。他不但是个歌手，也是个作曲家，他还是个思想家，对当时的年轻人来说有深远影响。

　　李：他虽然已经离开了人世，可是他的作品到现在还是受很多人喜爱。我也是他们的其中之一。

　　秦：在接下来的环节——《信不信由你》，我们会介绍一位画家。他会表演令人观止的画画技术，而他画的就是约翰·列侬的人像。

　　这段串联词的写作，不但承上启下，而且提供了有价值的信息。主持人巧妙地将前一个栏目《空中之最后界限》和下一个栏目《信不信由你》衔接起来，丝毫没有牵强附会之感。可见，过渡、转折要写得好，写得巧，才能达到理想的传达目的。

三、结束语写作

　　结束语的写作往往以概述为主，切忌拖泥带水。在观众通过节目内容的展示已经获得清晰印象，自己能够得出结论的情况下，主持人最好省去不必要的提示、总结。通常，流行的最后一句话是"谢谢您收看我们的节目""下次节目再见""明天再见"。如果主持人在节目结束时不需要进一步概述、升华，可以选择其中的一句干净利落地收尾。

图 9-3　拉瑟平时撰写 1/3 到 1/2 的稿件，这是他在主持《苏联的改革》特别节目。由于平时动手写作，他分析、判断事物，显得非常自信

总括起来，主持人的写作要遵循电视新闻报道原则。根据不同节目样式和报道形式的要求，在具有一定写作功底的基础上朝高水准的方向努力，形成个性化的写作风格。

主持人掌握写作技巧，还要注意端正一个态度，就是不要为写作而写作，把写作技巧置于报道的思想内容之上，如果沉浸于辞藻之中，难免会给观众留下装腔作势的印象。美国哥伦比亚大学新闻学教授麦尔文·曼切尔认为，玩弄辞藻会给人以轻率的感觉，写作的第一信条就是要忠于内容。

图 9-4　布罗考平时撰写 1/2 的稿件，这是他在主持《变化中的中国》节目。由于平时自己写作，他认识、理解报道内容，显得胸有成竹

图 9-5　詹宁斯平时撰写 3/4 的稿件，这是他在通过卫星主持《美苏首脑对话》特别节目，由于自己写作，进行独立思考，他表现出对节目的驾驭能力，显得非常自如和投入

　　提高写作技巧，不单纯是为了具有这种能力，而是为了更好地主持节目。从这个目的出发，主持人对写作的重视程度及对写作技巧的发挥才能够落实到实处。

第三节　解说词写作的技巧

　　节目主持人提高写作技巧，是为了更好地传达节目内容。从这个目的出发，才不会脱离报道的特定意图而成为一种文字游戏。

　　电视写作被称作看不见的艺术。电视写作技巧往往不像文字新闻那样一目了然；电视报道中画面占据主导的支撑地位，文字在总体上处于从属地位。然而，在实际工作中，主持人往往在写作上要花费脑筋，这是主持人工作特点所决定的。丹·拉瑟得以胜任最重要的新闻节目主持工作，其重要条件之一，是他能够迅速提笔成章，这同他掌握纯熟的写作技巧是分不开的。相对而言，主持人写作技巧的运用对主持节目来说，亦是不可缺少的重要组成部分。

　　下面，我们从实际工作出发，对主持人写作技巧的衡量尺度做一下具体分析。所谓衡量尺度，也就是应该达到什么标准和要求。

图9-6　拉瑟(右二)在办公室同节目的有关人员商讨
报道方案，他边听边动笔写作

一、"4 个 C"的衡量标准

　　什么样的写作才算是高水平的写作？优秀的写作应该掌握哪些技巧，达到什么标准？

在西方电视界，为记忆方便，提出"4 个 C 标准"①来衡量主持人的写作水平。这"4 个 C 标准"是：

Clear——清楚

Concise——简洁

Correct——准确

Conversational——口语

这"4 个 C 标准"看起来明白清楚，但真正做到绝非易事。美国《节目主持人写作评估》一文作者麦克尼克尔认为："新闻节目主持人的写作在总体上应该形成简洁、明快、流畅、直截了当的写作风格。"这个观点在世界范围内都是得到公认的。然而要形成这种风格，就要在具体的写作之中得以体现。

电视写作较之文字写作的自由度要小。为什么呢？

表面看起来，几十个字的短短几句话，几百个字的文字稿没有什么深奥内容，也没有什么特别的修饰。但是，写作起来要考虑的因素比较复杂。画面、同期声、字幕等表现元素如何同文字解说融为一体？写作怎样起到应有的作用？文字的长度应该掌握在何种范围之内？

事实上"4 个 C 标准"中实现每一个标准对另一个标准来说都有一定难度。有时候，用 100 个字说清楚的事情要压缩到 50 个字才更为简洁，这不能不说是一种"冲突"；有时候，口语使用起来难免啰嗦，但是要简洁就得避免啰唆，这也不能不说是一种"矛盾"；有时候，为了准确地进行必要的解释，文字就得拉长，而节目长度又有限，既要讲清事实，语言上又要准确无误，也不能不说是一种"挑战"。

在准确的基础上力求简洁、清楚、口语，这样的写作才算是优秀的写作。

二、声画对位的有效方法

声画对位是电视写作的最起码要求。怎样做到声画对位？有三种行之有效的方法可供选择。

一是先把稿件撰写好，然后再编辑画面。这种方法特别适用于新闻报道中的预知性动态新闻，或者已知新闻事件的大体概况报道。

比如，消息写作比较短小，事先已拿到文字材料，新闻的主要画面也能够事先预想到，这时可以先写好稿，以便争取时间。有些预知性活动和

---

① ［美］汤姆·麦克尼克尔：《节目主持人写作评估》，载《华盛顿新闻周报》，1988(7)。

会议，事先已经预知了程序、主要内容，主持人可以先将稿件准备好，到时根据报道需要进行主持或配音。事先准备好稿件，再根据画面编辑、配音，并不是凭空编撰。这里要强调的是事先对新闻内容已有大概了解，到时再根据画面进行调整。

图 9-7 主持人根据画面来调整文字

二是先把图像编辑好，再根据画面撰稿配音。多数情况下，都采取这种办法。主持人如果是独立完成采编工作，也可用这种方法。如果只负责写作、配音，事先要对编成的画面有所知晓，再对照画面进行写作。

一般来说，突发性新闻或临时性报道任务，往往先拍回画面，再进行编辑，编好后写作配音。这时要求写作速度要快。主持人若是到现场采访，最好在现场就开始构思，回来后就可进入写作状态。美国老一代固定节目主持人亨特利与布林克利，特别注重画面与文字的搭配，电视评论家认为，他们是在真正报道新闻。

图 9-8 法国电视一台儿童新闻节目主持人重新
撰写调整稿件，以便于儿童理解内容

　　三是事先准备好一个提纲，一边编辑一边写稿。这时，两个人要配合好，对报道结构、画面构成、写作要点进行事先的商量，然后再动手工作。

　　有时候，大型电视纪录片的编辑、写作也采取这样的办法。提纲为画面编辑作提示，编辑一部分后，写作一部分，这时节目的画面与写作还须不断调整，以达到最完美的效果。

　　有时候，主持人在拍摄前和拍摄过程中，就对后期编辑进行了构思，对写作进行了考虑，做到心中有数，下起笔来也比较快。比如，高丽萍做的现场报道，基本上是自己构思、自己撰稿，久而久之写作速度和水平就得到了较大提高。

　　节目主持人要主持好节目，对写作技巧和方法掌握应该是驾轻就熟，达到一定的水准。

图 9-9　布林克利(右)与亨特利(左)
注重画面与文字稿件的搭配

三、"写画面"的艺术创作

　　电视解说也是一种创作——"写画面"的艺术创作。

　　表面看起来，电视口语化写作似乎不太严谨，字面上往往看不出什么新奇的构思，更不像文字新闻那样能淋漓尽致地用文字将报道内容和盘托出。电视解说写作只是表述了一部分报道内容，而且是以一种"写画面"的不很规则的文体来创作。

　　如此看来，电视写作似乎是没有什么技巧可以讲究了。不然。电视"写画面"的技巧是很有讲究的，也是有一定规则可循的。

1. 用文字弥补画面的缺陷

　　"写画面"，简单地讲就是当屏幕上出现形象画面时，文字就要尽快地说明、解释画面展示的特定内容。

画面本身具有视觉形象，能够"自己说话"，但它仍然受到自身特性的局限。当我们清楚画面语言是电视的最重要表现元素时，也要看到它自身的局限，同时明确文字怎样来弥补画面的不足。

主持人动笔为具有画面形象的内容写解说词，首先要清楚文字在画面中起什么作用，为什么要使用文字，它转换成听觉语言时同画面结合，构成一种什么样的节目形态。

任何事物都有利有弊，有长有短。我们来具体分析一下电视画面的局限以便寻找用文字弥补的原因所在。

△画面难以表现人物的内心活动。

电视观众虽然可以通过画面感受到人物表情、神态，从中看出人物内心情绪的状态，但是人物的内心活动却不能从画面上直观地展现，必须通过文字或人物自己说话来表现。这时，主持人的介绍或者解说就起到弥补作用。

△画面对拍摄不到的已经发生的事情不能够以形象方式再现。

有些突发事件，或者已经发展到一定阶段的事件，画面无法拍到事件的发生和发展进程，需要文字来补充。如果为了表现事件发生的地点环境，主持人可以到特定地点进行叙述。如果是比较单一的新闻，也可以完全采取口播方式，写一条口播新闻来弥补。

△画面因展示未来、回忆过去而受到限制。

目前，电视节目中有利用特技描绘未来的表现方法。不过，特技描绘的"未来图画"毕竟不是真实的，它或许让人们产生幻觉，甚至是错觉，这时文字则以严密的说理和逻辑，能够向观众解释清楚。电视画面对回忆过去只能是局部地表现，虽然可以利用以往的活动图像，但受到一定限制。这时，文字的追溯则比较完整具体。事实上，"未来的特技图画"和"过去的图画"由于时间跨度，也给观众造成了一种距离感，只能借助文字来进一步阐述。主持人如果在追溯以往时到原来的地点环境做报道，可以进入画面做介绍，这种方法比用现在的画面加上回忆文字的解说效果要好。

△画面对缺少行动、没有形象特征的事物难以生动地表现。

诸如科技成果、重大决策、政府文件、公告、简单的生产过程，等等，这些内容只有借助文字解说才能传达清楚。有时虽然可以利用图表、字幕、图片、讲话来表现，但是没有文字解说就不能够成形，也就是说要依靠文字解说来组织结构，承上启下来表述节目内容。

△画面对人物、时间、地点的具体交代受到局限，要借助文字进行说明、交代。

对人物介绍可以用字幕，但这种方法只用于特定人物出场讲话或接受采访。如果特定场合的一群人在活动，字幕就很难一一介绍，只能用文字来告诉观众。地点、环境，原因、结果等要素的交代，更是需要文字来加以说明。

△有些笼统的画面使观众不能了解到具体特指的内容，需要文字将画面放到某种内容之中。这时，文字解说显得比较重要，因为主要信息是通过文字传达的。

上述六个方面是对画面局限及文字写作作用的具体分析。在实际写作中，怎样"写画面"，这里边也有一定的技巧。

2. 遵循视觉逻辑

遵循视觉逻辑是电视写作的特殊要求。怎样遵循这个逻辑？其中有什么技巧？

主持人写作要遵循视觉逻辑。遵循视觉逻辑主要从两方面考虑：

一方面是考虑文字受到画面支配。写作时先要想一想画面构成的内容都有哪些，然后再根据画面进行写作。

文字作为不可缺少的表现元素，主要是转换成听觉语言来进行传达。

字幕主要起到一定的提示和必要的交代作用，特殊情况下起到传达信息、加深理解的作用。

这里，侧重阐述文字转换听觉语言的视觉逻辑的规定性。主持人写作时，不要单从字面上来判断文字是否顺畅、连贯。有时候，写在纸上的文字读起来顺耳，看起来没有任何毛病，但配上画面就可能会出现问题。好的电视写作应该是声画结合的一种创作。故此，主持人写作千万不可以脱离画面任意在文字上发挥。

另一方面要考虑观众收看电视的视觉逻辑因素。文字的必要交代可以帮助观众来理解新闻内容，但是观众收看电视的特定状态又制约着文字的发挥。

以新闻写作为例，在一条消息中，时间和地点的转换应该按照时间顺序来交代。而在文字新闻中，对时间和地点的交代可以不按时间顺序，以倒转处理。电视这样做则会把时间和地点搞乱了，观众的视觉逻辑也就混乱起来。电视新闻在一条消息中不能先报道晚上举行了一次会议，中间穿插早晨的一次采访或活动，然后又回到会议。通常，短新闻中时间和地点不可以随意转换。有效的方法是将不同时间、不同地点发生的事情进行"分割"处理，即先讲早间发生的事，再讲晚间发生的事。在深度报道和大型纪录片创作中，写作时也要注意交代清楚。虽然大型报道时间和地点转换可以按报道内容层层深入而变更，但在一个段落中也不能将时间、地点转换搞乱了。有些节目结构不是单线型的，人物、事件是穿插跳跃式结构起来的。这种时候，在节目开头的必要交代就要十分清楚。否则观众就会感到没有头绪，造成视觉逻辑上的混乱。

在电视节目中必要的交代大多是通过文字解说或主持人在现场或演播室的口头叙述来传达的，因而都要先进行写作。主持人写作时只有遵循视觉逻辑，才能收到较好的传播效果。

3. 画面配解说的写作要领

在电视新闻报道中，解说几乎永远存在。画面配解说并不简单是指画面出现什么，解说就说什么。主持人写解说词是日常报道的需要，也是作为一个节目主持人必须掌握的本领。前面我们已经阐述了文字的作用，这里着重阐述写解说的要领。

△不要同画面重复。

一般情况下，写解说主要是利用文字来补充画面没有提供的内容，或说明画面展示不够具体明确的内容。特别值得注意的是，补充、解释、说明不能同画面内容重复。举例来说，假设写一段关于某个体育明星在演唱歌曲的解说，如果写成"×××体育明星在唱歌"，这样就会同画面内容重复。好的写作是提供背景，写成"×××体育明星的业余爱好是唱歌"，或者写成"×××体育明星在少年时期就参加过歌唱比赛"……这样写作可使观众获得补充的信息。我们不要简单地理解声画对位，要真正发挥文字解说的作用。

△不要与画面"竞争"。

试图让文字解说与画面"竞争"是徒劳无益的。观众看电视是将注意力集中在屏幕上，边看画面，边附带听解说。在有限时间内，观众对画面展示的内容往往留下深刻印象，而不可能对文字解说进行欣赏。大多数观众只是记住了什么事情，记住了画面中的特别使人感动或触目惊心的形象。有时，不必对画面进行过多解释，观众即可明白。因此，要将文字解说限制到最低点。如果文字同画面发生"冲突"，文字就要给画面让位。总之，文字在电视报道中作用是不小的，但是却不能够像报纸写作那样较自由地发挥写作的技巧，更不能够像文学创作那样进入写作艺术境界尽情发挥。

这样讲，并不是说电视解说不讲究写作艺术，而是强调电视解说在电视这个特定传媒中的特定作用以及由此带来的写作个性特点。

△不要让观众"猜画面"。

有时，电视报道中出现比较笼统的画面，或者画面形象不够具体明确，解说就有必要做具体的提示或明确解释。有时，画面出现的内容让观众难以分辨，解说就有必要告诉观众画面出现的人物是谁，事情是怎么回事。有时，画面出现具体的地点环境，但观众并不熟悉，解说就有必要告诉观众这是什么地方。如果画面出现后观众要进行猜测，最后也搞不清楚，这就说明解说没有做到位。解说进行必要交代时，还要注意不要搞错位，既不能提前也不能滞后。例如，不能当一个人物没出现时提前告诉观众，也不能当另一个人物出现时告诉观众前一个人的姓名身份。这样也会让观众感到迷惑，边看电视边猜测，自己去对号入座。

△要让观众"进入画面"。

解说的作用有一点是非常值得引起重视的，这就是集中观众注意力，让观众注意画面的内容。换句话说，就是让观众"进入"画面。

图 9-10　美国主持人马德(中)报道 1964 年
民主党大会，将解说融入画面中

通常，从以下几个方面加以注意：

一是解说不宜过满。过满的解说会使观众感到一种干扰，心绪得不到松弛，甚至产生厌烦情绪，影响了对画面的注意。

二是解说不宜旁牵他涉。同报道主题关系不大的解说同样会分散观众对新闻主要内容的关注。解说扯得太远，观众注意力就会不自觉地从画面上离开，甚至去琢磨解说的内容到底传达了什么信息，是不是画面没有拍到，是不是含糊其词不便明说，等等。旁牵他涉的结果是使观众忽略了报道的主要内容。

三是解说不宜绕弯子。设置过多的文字障碍，就会打断观众的注意力，不但使观众产生理解上的困难，而且还会离开画面去猜测解说的含义。观众注意力一旦从画面上溜走，对后边的内容就很难引起关注。电视解说一听即过，稍纵即逝，卖弄文字是毫无意义的。观众不可能去"咀嚼"解说，更不可能去"重读"解说。绕弯子的结果是减弱了观众对内容的注意力，而不是加强印象。

四是解说不宜平铺直叙。平铺直叙的解说往往听起来比较平淡，不能调动观众的收视兴趣。

图 9-11　默罗（右）对写作精益求精，反复推敲，保证节目具有上乘质量

通常，观众看电视的状态是边看边听，当听到解说提供重要信息或有趣的内容时，往往紧盯着画面，全神贯注地倾听。主持人若要避免平铺直叙，有效的办法是将重要信息、有趣的轶事、精彩的引语和富有情感的内容用生动的文字表现出来。特别是在节目开头和报道的开端部分，一定注意让解说引起观众兴趣，提起精神。

以上我们对节目主持人写作的标准、方法及技巧进行了具体阐述。在实际工作中，主持人的写作是有所侧重的，不可能包揽全部报道内容的撰写任务。不过，主持人对于电视写作的参与应该是有一定深度的。在许多情形下，写作同表达是密不可分的。如果主持人自己动笔写作，口头传达时就会心中有数，不至于去背稿照读。

写作的过程就是思考的过程。主持人写作时往往能更加投入地进入一种节目创作状态。对于节目构思、报道内容进行整体的思考，具体到口头传达时就会得心应手。

写作的过程也是对报道意图深入理解的过程。主持人写的内容都是自己想表达的信息，对于自己想要告诉观众的内容理解上是较为透彻的，传达时就会进入积极主动的状态。

第四节　电视写作的规则

电视写作不同于文学写作。文学写作只注意文字符号的运用就可以了，因为是给人阅读的；电视写作，既要考虑看，又要考虑听。视觉语言和听觉语言同时输入的特点，要求主持人必须遵循电视写作的基本规则。

一、为眼睛而写

为眼睛而写是电视写作的个性特点之一。

电视是视听兼备的传播媒介，人们接受电视传媒的方式是通过电视屏幕进行收看。很难想象，长时间无声音的画面或无画面的声音，在电视屏幕上的传达效果如何。这种声画结合的特点决定主持人写作时要把握电视写作的个性特点。

电视写作有两种倾向应该引以为戒：一种是解说过多过满，写作的内容与画面重复；另一种是声画两张皮，听觉语言和视觉语言各行其道，失去了两者的复合作用。

那么，为看而写有哪些具体要求呢？

1. 少而精当

通常，电视写作要注意给观众留出看画面的时间。因此，写作必须要少而精。

如果解说灌满画面，观众就会感到过于啰嗦。长篇大论对于电视显然不很合适，有些内容压缩文字后反而显得清楚易懂。

有时，画面表现的内容比较笼统，这时解说就应该具体一些；有时，画面表现的内容比较具体，解说就应该尽量减少。

用文字描述画面已经生动展现的内容是费力不讨好的，往往适得其反。文字报道提倡写"视觉新闻"，使文章读起来如闻其声，如见其人。电视却不能够这样，因为电视已经体现了视觉新闻的最大优势。

少而精的原则，要求主持人写作时尽量挤出时间对照画面重读文字稿，将可有可无的文字去掉。

少而精的原则，要求主持人挤出时间改写文字稿，尽量压缩，不要使文字在新闻中显得过于沉重。

2. 实而具体

实而具体应该根据画面需要，将文字表达的内容写得实实在在，同时要明白具体。

无论写什么样的文字稿，都要求具体。对电视来说，直观可见的画面要有相应的具体解说，才能把事件、思想、观点、人物传达得清清楚楚。例如，当画面出现一个人物在讲话或者一个场景时，文字就要说明这个人是谁，这段场景是哪个地方，不要让观众去猜测。

实在而具体是写作的特点，但是在电视写作中，写实往往是将画面不能表达的东西转换成实实在在的内容。

一般来讲，文字新闻细致的白描手法不适合电视写作。电视写作不需要描写人物的形象、动作，因为画面已经生动地再现了活生生的形象和动作。

3. 主次分明

为看而写，一定要分清主次。

电视不可能将客观世界的方方面面都告诉给观众，因此主持人在写作时必须分清哪些是重要内容，应该多讲几句；哪些是次要内容，应该少讲几句。如果在次要问题上拖长解释说明，那么重要问题的有关信息就容易被忽略。对于特别重要的信息，即使很难表达也不应该丢掉。

如果主次不分，平分秋色，那么节奏就会变慢，重要的内容也得不到突出。

二、为耳朵而写

主持人在写稿时除了考虑画面因素，还要考虑听觉因素。

观众收视电视节目，大多是经过选择、比较后，固定在某几个自己喜爱的节目中。当观众收看自己喜欢的节目时，往往不转换频道。

人们永远需要了解世界上发生的新情况、新信息、新事物。电视节目传播的内容，除了画面传递外，还依赖声音传送。因此，为耳朵而写是电视写作的又一个特点，也是其短处。怎样扬长避短，发挥出为听而写的功用呢？

1. 口语化

为耳朵而写首先面临的挑战之一是要用口语化的语言来写作。

在西方电视界，用谈话体写作是电视写作的最起码要求。口语化不等于不加选择地使用日常用语，口语化写作仍然要讲求语言艺术和技巧。播报时朗朗上口，收听时悦悦于耳。

2. 通俗易懂

为耳朵而写应该通俗易懂，避免使用深奥难懂的词汇和字眼。

有人说，电视写作是看不见的艺术，一流的写作技巧往往隐埋藏在画面之后，不易引起注意。事实上，好的写作在电视中仍然是一种创造性的劳动。通俗易懂并不十分容易做到，用大众易于理解的语言表述深刻的思想、观点、复杂的事件、重要的问题、层出不穷的事物，没有一定的语言功底是达不到高水准的。

3. 朴实自然

电视写作要让观众听起来顺耳，就要具有朴实自然的风格。

观众用耳朵接受信息，往往不那么全神贯注。如果拐弯抹角，卖弄文字游戏，观众就会感到费解。

朴实无华、自然顺畅听起来才能使观众易于理解。

4. 简短明晰

电视写作较高的水准应该是能在一个句子中只表达一种意思或观点，由简短的词语组成的陈述句能够起到这种作用。

电视媒介以较快的速度传播信息，要尽可能减少混乱。写作时，千万记住应清晰地叙述一件事，才能让观众一听即懂。

5. 形象生动

生硬呆板的语言常常不知不觉地出现在电视节目中，观众听起来感到乏味平淡，毫无兴致可言。

怎样做到形象生动呢？

△选择响亮上口的词语。汉语中同义词非常丰富，有较大选择余地。比如，将"立即"改成"马上"，"气候"改成"天气"等。

△多用双音词。单音词只有一个音节，一闪而过。双音词有两个音节，音波存在时间长，给人印象深一些。例如："曾"换成"曾经"，"虽"换成"虽然"，"乃"换成"就是"等。

△将抽象的内容具体化，变成形象说法。比如，将难以记忆的数字转换成容易记忆的说法。例如："到 2000 年，每 3 个美国人中就有一个超过 50 岁"，这样说比用多少多少万容易记忆。

△不用倒装句、祈使句。这种在文学写作中生动的写法并不适合于电

视。例如，"还是党的政策好！某某感叹地说"。这样的写法，观众听起来感到反感，因为观众会从画面中人物神态上自己判断。语言生动活泼，才能令观众听起来津津有味。

6. 节奏感强

为听而写，应该尽量使语言富有节奏感。节奏感强的语句给人一种和谐的听觉感受，容易记忆，也容易接受。

电视传播的优势是信息量大，感染力强，节奏明快。这一优势要求写作加强节奏感，观众听起来往往能够有精神、来情绪。如果慢条斯理，拖泥带水，观众往往会产生疲倦感觉，提不起精神，失去收看的耐心。

7. 格调

观众收看电视节目，不能跳过某段内容选择下一部分内容。有时，人们还没来得及决定继续收看或停看，令人倒胃口的语言就出现了。这类写作格调较低，内容俗气，语言中出现令人不快的用语。如为生动选择不恰当的大白话或者刺激性语词，为幽默选择不恰当的比喻，使节目降低了格调。这些问题在西方电视写作中被看作是低水准的写作，我们应引以为戒，努力使写作具有好的文风和高的格调。

[本章重点]

1. 节目主持人写作一要具备基本的文字表达能力；二要掌握电视写作特点；三要朝着个性化写作方向发展。

2. 写作可以锻炼主持人的独立思考能力，锻炼思想的严密和逻辑思维能力；写作是实现节目传达意图不可缺少的环节。

3. 开场白写作的关键点是将观众注意力吸引到节目中来。一般来讲，可以寻找一个趣味点，也可以提供一个新信息，或者寻找一个由头；还可以用特别引人关注的事件、故事、人物的成就等开头。

4. 串联词写作要尽可能自然顺畅，避免生硬。同时，也要注意提供相关性的有价值的内容。不要故弄玄虚，或使用空泛的语言。要使串联词发挥好组织串联、承上启下的作用。

5. 结束语的写作以简洁为好，切忌拖泥带水。啰唆和重复往往会让观众感到厌烦，失去耐心。结束语可以点明升华主题；也可以提供下次节目信息；还可以进一步概述节目的内容。

[思考题]

1. 写作能力同主持水平是否有联系？

2. 写作风格同节目主持风格有什么关系？

3. 写作的衡量尺度有哪些标准？

4. 开场白写作要点是什么？

5. 串联词写作要掌握哪些要领？

6. 结束语写作为什么要简洁、利落？

7. 主持人怎样才能在整体上提高写作水平？

第十章
主持人的全方位编辑意识

全方位编辑意识是：把握整体编排；处理局部组合；润色文字稿；感受画面的规定情景；为看不见的观众进行"现场编辑"。

第一节　把握整体编排

主持人是电视节目内容传达的直接体现者，因此对节目的整体编排必须有所把握。

一般来说，相对独立负责节目构思的主持人对节目整体编排往往起主导作用；部分参与节目构思的主持人对节目整体编排大都起渗透作用。

一、宏观上的领会

主持人对节目的整体编排起主导作用还是渗透作用，首先取决于节目的性质和内容。举例来说，新闻联播型节目，每条新闻顺序的排列要视新闻的重要程度而定。法国电视一台每晚的新闻联播节目内容选择、排列是在早晨编前的会议上决定的。美国三大广播公司晚间新闻节目的整体编排亦是如此。在这类节目中，主持人不可能"独断专行"，主持人的个人判断决策在节目整体编排中具有渗透作用。

图 10-1　中央电视台曾经开办的《周末热门话题》节目示意图，主持人乔冠英始终参与节目构思

电视屏幕上展现的绝大多数节目是由节目编导总体负责的；但是主持人是节目传达过程中的轴心人物。因此，围绕主持人这一节目支撑人物创作节目，在编排上不可能排斥主持人的渗透。例如主持人在主持《经济半小时》节目期间，在节目的整体编排上不但有发言权，而且常有独具匠心的决断体现在节目之中。再如克朗凯特，由于他本人是节目编辑部主任，因此对节目的编排拥有一定权力。美籍华人张雯女士主持的《环球瞭望》节目曾先后在北京、上海电视台播出。节目用形象化手段向中国观众介绍西方的科技革命引起的变革。作为一名学者和企业家的张雯为了主持好节目，努力了解电视节目制作的每一个环节，身体力行，因而能够对节目编排拥有发言权。

二、微观上的透视

主持人对节目整体编排要真正起到主导或渗透作用，一方面要积极参与，另一方面要掌握电视节目传达过程中的编排思想、规则、要求。电视节目不仅综合了视觉和听觉的表现手段，也综合了时间和空间的表现手段。主持人在参与节目整体编排的过程中，应该从宏观上把握节目传达，力图达到的特定情境与意图。而且要在微观上对节目各个部分有所领会，知晓每个部分的内容，具体作用，这样才能做到心中有数。

图 10-2 美国《48 小时》节目主持人拉瑟（左二），
在参加对节目整体编排的讨论

第二节 处理局部组合

主持人是电视节目传达中承上启下的中介，因而对节目局部组合要了如指掌。

许多电视节目的诞生是经过先分解制作，然后再合成的。主持人的串联词与画面的解说往往分开录制。主持人要把握好上下段落和各个小栏目的内容，才能在录制时做到语气连贯。

一、关键点的把握

节目的局部组合非常重要，篇幅比较宏大的纪录片的局部组合也很关键。主持人除了对具体内容反复消化、理解外，还要对具体的表现元素加以考虑，包括画面、剪辑、特技、音乐、音响、解说、独白、对话、采访，等等。节目中每一个部分怎样有机地组合到一起，只能从怎样有利于观众收看的角度考虑。《北京特快》节目各个小栏目组合大都采取男女主持人出场的串联，有时也采取栏目片头特技转场的形式。《实话实说》节目采取现场直播方式，各部分内容的推出只能由主持人现场介绍。《48小时》节目一次报道一个选题，形式是纪录片。为了吸引观众，不分散观众的注意力，节目中每一个报道侧面都用节目片头转场，同时打出字幕，主持人并不出场。这样的组合既让观众稍作休息，又让观众注意报道题目涉及的各个不同侧面。首席主持人虽然出场很少，但是观众仍然可以从开头的提示、中间的采访和结尾的概述中感到主持人对节目整体和局部的把握是胸有成竹的。

图 10-3　主持人面对现场观众时，应该做到心中有数

二、考虑综合性

综合性是电视媒介的优势，然而要充分显示其综合优势还须开动脑筋。1987年中央电视台曾将《为您服务》节目合并到《九州方圆》大板块综合节目

之中，最后以失败而结束。这个节目失败的主要原因是内容杂乱，小栏目组合违反了有序排列的规则。有一期节目，开头是主持人沈力和赵忠祥坐在沙发上讲述怎样发面蒸馒头，怎样泡腊八蒜，接着是《红楼梦》演员谈感受，然后又是歌曲欣赏，采访著名教育家和科学家，介绍江南小城，等等。这个节目长达两个小时，每星期日上午播出。节目中先后出现的几位主持人都在其他节目中取得一定成功，可在这个节目中却显得难以施展。观众在当时较强的宣传攻势下坐下来收看一阵后，不是提意见，就是失去耐心忙家务事去了。《九州方圆》的失败说明，电视节目的综合特色并不是可以随便拼凑的。《九州方圆》没有主导传播意向，没有节目的基本格调，再加上忽略了中国老百姓星期日的生活节奏，违反了观众的收视习惯，所以失败了。这从另一个角度提醒主持人，在节目的局部组合环节上的把握要注意宏观和微观的结合。

图 10-4　主持人可以调动各种表现手法，处理局部组合

第三节　润色文字稿

修改、润色文字稿是主持人节目传达中的经常性工作。主持人对文字稿的润色加工主要是对自己撰写的部分进行推敲，对别人撰写的部分进行修改，使之更能传情达意，并符合自己的身份、个性。

一、必要的文字加工

主持人对稿件的润色加工是主持工作的特定需要。

沈力在主持《为您服务》节目时期，积累了很多经验。她虽然不是节目的撰稿人，但她的经验值得借鉴。沈力每一次主持节目都非常注重文字编辑。用她的话来说，"主持人应该根据栏目（或节目）内容的需要，拿出自己的见解，根据自己的感受和习惯，讲自己的话，这样，才有可能形成自己的风格。重复他人的稿件是很难体现出鲜明的个性色彩的。"①沈力对稿件的润色十分细心，对细微之处也注意推敲。比如节目中介绍怎样做酸奶，原来准备这样讲："**酸奶是发酵而成的，吃下去会不会有什么不好的作用？这一点我可以让你打消顾虑。**"推敲一下，感到"**我可以让你……**"多少带点居高临下的口吻，于是改成"**这一点您可以不必顾虑。**"这样一改，口气缓和，体现了平等交流。还有一次，讲膳食营养，原稿中有这样一句话："**您懂了膳食平衡的道理，就应该举一反三。**"临播出前，沈力细一品味，发觉这话有点命令味道，于是改成："**您了解膳食平衡的道理，还可以举一反三。**"在字面上看来是仅仅几个字的改动，在节目中却关系到主持人个性及节目风格。沈力润色编辑撰写的稿件，花费了很多心血。"**请您以后记住**"改成"**请您以后别忘了**"。"**希望通过这个节目，帮助青年朋友更好地学习、工作**"改成"**希望这个节目对青年朋友们自学有所帮助**"。沈力也经常推翻自己的文字稿。有一次她遇到一位电影明星，此人正为社会上的误传感到苦恼，希望沈力在节目中介绍一下她目前的情况以正视听。沈力在节目的开头语中写道："**有一次我在街上被几位观众朋友认出来了，他们向我诉说某某去深圳开公司当经理了。是不是真的？当时我只好说无可奉告，因为我也不知道。最近一次偶然的机会我见到了她，并告诉她很多观众朋友很关心她，希望她能和观众朋友见面，她答应了，今天就请××同志和大家谈谈近况。**"在预练时，沈力发现有两处不妥。一处是"**我在街上被几位观众朋友认出来了**"这样说无形中把自己抬高了，于是改成"**观众朋友碰到了我**"。另一处是"**她答应了**"，这样说又降低了主持人身份，采访对象虽是明星，但主持人也不必是有求于她，于是改成"**我们相约今天在摄影棚里，请××谈谈她近来的情况**"。沈力主张，主持人应该对文字编辑舍得花时间、费心血。

二、文字风格与个性

　　主持人对文字进行润色，实际上也是在融入自己的风格。一个人的文

---

　　①　沈力：《谈主持人个性形成》，见全国电视学研究委员会编：《话说电视节目主持人》，4 页，北京，文化艺术出版社，1989。

风其实也是自身个性风格的展示。主持人在稿件上多花一些心思，不但有利于内容的传达，也有利于树立个性形象。

可以说，由于沈力注重文字润色加工，对于她自己平易、亲切、端庄、严谨的个性形象的形成起到了很大作用。在这方面，沈力的实践为主持人树立了榜样。

第四节　感受画面的"规定情景"

在画面编辑上，主持人不可能凡事都亲自动手，但是却需要体会感受画面的内容。比如中央电视台《社会经纬》节目中的《举案说法》栏目，其有关法律知识的故事展现，便是事先录好的。现场播放基本上是通过大屏幕展示的画面来吸引观众的，主持人虽然在现场同观众一起观看，但在播出前却要事先了解，感受画面内容，以便使自己的情绪进入画面所能规定的情景。这个栏目选的主持人是一位女律师。观众通过比较，对这位律师的全身心投入给予了肯定。她主持节目时，情绪始终同画面规定的情景相吻合，这是同事先感受画面有直接关系的。

一、情绪上的吻合

主持人感受画面的"规定情景"，首先要使自己的情绪同画面表现的内容相吻合。

上海电视台《国际瞭望》节目主持人晨光，被观众认为是一位"知识型"的主持人。他在"如意杯"主持人竞赛获奖后总结经验时说："在《国际瞭望》中，我们为观众安排了一则趣闻'小象竖蜻蜓'。这只小象的动作十分逗人喜爱。看着这段节目，观众的情绪是十分活跃和轻松愉快的。当这段内容结束后，再切换到我的画面，向观众介绍下段内容的时候，我的表情也应显出与观众的情绪相吻合的情绪感觉，这样才能真正达到与观众的交流，并使节目

图 10-5　主持人情绪要与
画面内容相吻合

的整体感加强。遗憾的是，在这之前，我未能看过这段录像，从而没有把握住这个'规定情景'。"①

二、进入画面的感受

图 10-6 主持人要对画面的特定情景进行感受

主持人对画面的感受除了对特定的画面内容加以体会外，还包括对自己出画面的情景规定进行编辑构思。如果主持人缺少画面编辑意识，那么在镜头前怎么动、怎么讲、怎样攀谈、怎样采访、怎样把握时间长度等环节上则会出现失控状态。因此，主持人在录制节目前必须对后期编辑要求有所了解，在录制节目时仍然要想到顺畅自然。要知道声音的剪辑缺少连贯性往往给观众一种断章取义的印象；如果主持人缺少编辑意识，说话顺序混乱，下上段没有过渡或者没有间隔，那么编辑手段再高明，也是无法妙手回春的。即使是现场直播，主持人仍然要有画面编辑意识。主持人的言谈举止虽然从现场直接推到观众面前，但剪辑台还在做着切换、剪接工作，主持人稍有松懈就可能造成切换的困难。哪怕是眼神、视线的不经意，反映到屏幕上时，观众立刻就会看出毛病。

三、画面构图的要求

主持人感受画面"规定情景"，一是画面内容的规定；二是画面形式上的要求。

画面编辑的各个环节，如开头、过渡、结尾、转场、硬切、特写、中

---

① 晨光：《我与〈国际瞭望〉》，见全国电视学研究委员会编：《话说电视节目主持人》，42页，北京，文化艺术出版社，1989。

景、近景等，都是为了体现节目主题思想、达到特定的传播效果而采取的手法。主持人若对此无所考虑，是很难进入电视画面规定情景的。主持人应该在可能的范围内，多熟悉画面编辑环节，最好能够亲自动手操练一番。基本功扎实，主持节目会更加得心应手。在某种程度上讲，主持人在编辑环节上的意识是全方位的。

图 10-7   主持人在画面构图上不能出现比较明显的差错

第五节   为屏幕前的观众进行"现场编辑"

节目主持人在编辑环节上还有另一个特殊的要求，就是为看不见的观众进行"现场编辑"。这是由主持人的工作特性所决定的。

主持人在演播室录像，眼前并没有观众，这时必须设想观众就在眼前，设想观众会通过屏幕怎样接受信息。主持人日常工作是常常要坐镇演播室的。因此，比较容易熟悉录像播出的要求。难度较大的是增强现场主持和现场报道中的编辑意识。

主持人在现场主持或现场报道中如何增强编辑意识？如何为看不见的观众进行"现场编辑"？归纳起来，可以从下述几个方面入手。

一、面对摄像机

当主持人面对摄像机进行报道时，必须考虑自己怎样出画面。这些画面在电视屏幕上出现时，观众能够产生什么样的印象。一般来说，现场主持和报道必须在当时就进行"现场编辑"，否则拍回的画面很难进行调整。

通常，主持人站在一个固定位置报道，第一个画面展现时就要入画。

主持人开始入画的拍摄方法有这样几种：

一是拍摄全景，慢慢推向主持人的近景，这时镜头固定，主持人开始讲话。一般而言，主持人在远距离站立的位置上最好不开口讲话，因为会给观众造成声音上的距离感。

二是直接将镜头对准主持人，第一个画面是主持人近镜头，主持人站在固定位置上进行口头报道，然后镜头拉开或转换。

三是拍摄一个中景，主持人慢慢走向镜头，位置是由后往前走。先站在一个地方，讲上几句话，边讲边向前走。

图 10-8　主持人在现场要有画面编辑意识

以上三种方法主要是从观众收视的角度来进行画面"现场编辑"。一般情况下，主持人第一个画面不要从侧面走进屏幕，如果要走动应该是从后往前，而且不要走动过多，因为观众这时要注意听主持人在讲什么内容。

二、面对现场环境

主持人出现在现场是用特定的现场环境做衬托来进行报道。因而，对现场环境也要进行选择，同时要为观众进行"现场编辑"。主持人要选择比较典型的现场环境，要设想观众通过屏幕对现场环境能产生什么样的感受。主持人在现场报道的目的是为了体现现场感，怎样将观众带入现场？怎样使观众产生参与感？这些问题必须在做现场报道时进行考虑。主持人要考虑哪些内容通过现场画面来表现，哪些内容要做口头叙述来传达。同时，脑子里应该浮现出现场环境画面和自己的口头叙述，在电视屏幕上是一种什么样的构图形态，观众能够从中得到什么。

现场环境的选择和展现，也有个角度问题。主持人在实际工作中应该注意积累经验，在镜头前怎样将现场和自己的报道较好地展现给观众。如果是活动式的展现，那么活动的范围有多大？活动的方式是什么样子？画面拍下来到剪辑台上怎样编辑剪接？每个段落之间怎样衔接？整体的结构应该是什么样式？这些问题必须在采拍阶段就进行"现场编辑"，否则现场时过境迁，很难补拍。

三、面对采访对象

主持人在现场主持节目过程中，常常要进行现场快速采访。面对特定的采访对象，面对正在发生发展的事件进程，有时会显得非常紧张。没有经验的主持人，往往在采访时忘记了画面的特定要求，忘记了观众收看的特定状态。由于时间的限定和现场的紧张气氛，采访时就忘了应该怎样面对镜头。有时，从屏幕上看到主持人后脑勺长时间地出现，主持人只顾及同采访对象交流，忘了观众的收看，结果使观众看着很难受。有时，主持人只顾自己面对镜头提问，忘了同采访对象的交流，观众看了也很别扭，感到采访不真实。

主持人在现场的采访是三言两语的快速采访，怎样插入到报道之中，必须在采拍时加以考虑。要想到观众。主持人为观众做报道，观众通过报道了解主持人，如果主持人经常犯这样那样的毛病，观众就会对主持人的能力表示怀疑。所以，主持人采访时不仅要想到怎样提问，还要想到采访是为观众进行的，要让观众较好地接受采访中传达的信息和观点。

图 10-9　主持人面对采访对象，
不能忽略画面编辑的要求

四、面对大庭广众

主持人在现场报道还会遇到一个问题，就是面对大庭广众。有时主持人受到许多现场观众的围观，有时主持人要在一群人中进行报道和采访。

这种状况往往让主持人分散注意力，也容易忽视"现场编辑"的要求。拍摄画面也容易遇到麻烦，拍摄主持人同一群人打交道比拍一个人要困难。这时主持人要沉着冷静，现场无论怎样热闹，也不要分散主要精力，要时刻想到画面规定的方方面面，不可对个别细节有所忽视。假设主持人在情绪上显得不耐烦，或者在态度上显得很生硬，观众就会对主持人产生不好的印象。

图 10-10　主持人面对大庭广众时，仍然要
考虑镜头的特殊要求

图 10-11　著名体育节目主持人宋世雄在主持现场直播节目

另外，主持人在现场同一群人打交道还涉及如何出画面的问题。有时候主持人忘记了观众收看，只顾同现场的群体进行交流，画面拍下来比较难编辑，显得非常零乱；有时候主持人拿着话筒一个接一个采访，回来剪接时发现很难处理，声音同期带入画面往往不好剪辑。这些问题要不断总结经验，吸取教训。

通常，主持人做现场报道时，要在脑子里不断地"过画面"，对自己的报道进行"现场编辑"。通过不断实践，不断总结，报道水平也会不断提高。

[本章重点]

1. 节目主持人是电视节目内容传达的直接体现者，因此要具有全方位的编辑意识。全方位编辑意识是：把握整体编排；处理局部组合；润色文字稿；感受画面的规定情景；为看不见的观众进行"现场编辑"。

2. 主持人对节目整体编排要做到心中有数，才能从宏观上把握节目传达力图达到的效果。电视上绝大多数的节目是由节目总编导负责整体编排工作的，但是由于主持人在节目传达过程中起主导作用，因此在编排上不可能脱离主持方式；反过来，主持人也不可能脱离开整体编排来传达节目。

3. 主持人是电视节目传达中承上启下的中介，因而对节目局部组合要了如指掌。节目局部组合的关键是衔接自然、流畅，将节目内容涉及的各个部分有机地组合成一个整体。

4. 修改、润色文字稿是主持人重要的工作环节。主持人对文字的加工，实际上一方面是推敲内容，另一方面也是融入自己的个性语言。

5. 在画面编辑环节，主持人不可能凡事都亲自动手，但是却要感受画面的内容，以便使自己的情绪进入到画面所规定的情景。同时，还要对自己出画面的情景规定进行编辑上的运筹构思。

6. 主持人在现场主持节目时，还要学会为屏幕前的观众进行"现场编辑"。进行"现场编辑"，要注意四个面对：面对摄像机；面对现场环境；面对采访对象；面对大庭广众。

[思考题]

1. 怎样理解主持人的全方位编辑意识？

2. 主持人把握节目整体编排是否有利于从宏观上理解并实施节目的主导传播意图？举例说明。

3. 主持人处理节目局部组合的关键点是什么？节目板块的衔接要注意什么？

4. 中央电视台《九州方圆》节目的小栏目组合是否进行了合理搭配？主持人是否起到了承上启下的作用？

5. 主持人对文字稿的修改、加工是否必要，同主持人个性语言的融入有没有关系？

6. 主持人为什么要感受画面的"规定情景"？

7. 主持人自己进入画面时，是否也要对画面所规定的情景进行构思和感受？

8. 主持人在现场主持节目时，为什么要为电视屏幕前的观众进行"现场编辑"？

9. "现场编辑"怎样在主持人的思维中体现？

10. "现场编辑"为什么要解决好四个面对？

11. 《正大纵横》节目主持人对画面"规定情景"的感受，是否使自己的情绪真正同画面的内容相吻合？

第十一章
主持人的口语表达艺术及非语言符号运用

　　节目主持工作是非常艰苦的工作，需要全身心投入，需要纯熟的技巧。主持人除了掌握采访、写作、编辑的技巧外，还要通过口头表达和借助非语言符号来进行节目传达。在某种程度上讲，主持人个性风格形成同个性语言表达关系更为直接。主持人通过语言表达来给观众留下印象，观众通过主持人说话来熟悉主持人。

图 11-1　主持人一出画面就要用语言同观众交流

图 11-2　主持人的口语表达同个性风格有更为直接的关系

第一节　口语表达的艺术

口语表达是主持节目的重要手段，因此，技巧的掌握格外重要。法国史学家兼批评家丹纳在论及艺术品的本质时阐明这样一个观点："人在艺术上表现基本原因与基本规律的时候，不用大众无法了解而只有专家懂得的枯燥定义，而是用易于感受的方式，不但诉之于理智，而且诉之于最普通人的感官与感情。艺术就有这一个特点，艺术是'又高级又通俗'的东西，把最高级的内容传达给大众。"[①]这段精辟的论述，运用到主持人的口语表达上，是可以完全接受、全盘参照的。

主持人的口语表达艺术，就是用大众都能够接受的通俗的语言表达深刻的内容。要使用大众都能听懂的语言，并非意味着使用不加选择的大白话。事实上，用通俗的口语表达富有意义的深刻内容是有相当难度的。

一、准确、鲜明、生动、自然、亲切

我们都清楚，语言使用要做到准确、鲜明、生动。但是，真正运用起来绝对不容易。美国 CBS 新闻评论节目主持人塞瓦赖德的评论被认为可以同德尔菲的古代神谕相媲美。他为驳斥报界评论家对电视的指责，曾专门撰文写道："他们对我们说，电视使用的语言降低了英语的水平。真是滑稽！在收音机和电视出现以前，千千万万住在农产木屋里的人们，生活在平原和山区的小村庄里以及大城市贫民窟里的人们，毕生都不曾听见过标准的英语。电视这种传播媒介的长处，就在于普遍提高了语言水平。"[②]凡是设置主持人的节目，主持人就要出场说话；说什么、怎样说，不仅关系到主持人口语表达水平，而且影响到大众语言水准的提高。北京电视台《金话筒的世界》节目，为我们打开一扇了解国内城市台节目主持人的窗口。在节目中，我们可以看到许多主持人在语言表达上尽量避免播音腔，体现自然、亲切的交流感。但是，我们也看到有些个别片断在运用口语上不加选择，闲话、碎话、大白话、不规范的用语充斥其中。比如："北京人把聊天叫作'侃大山'，天津人管聊天叫作'白话白话'……观众朋友，如果您愿意

---

① ［法］丹纳：《艺术哲学》，31 页，北京，人民文学出版社，1983。
② ［美］埃里克·塞瓦赖德：《为电视新闻辩解》，见《传播媒介之职能》，55 页，美国驻华大使馆新闻文化处，1984。

听我们白话，欢迎……"主持人正襟危坐，使用这种插科打诨的流行大白话，听过之后非但不让人感到自然，反而感到可笑。可见，主持人的口语表达要注意语言的纯正和规范。

主持人口语表达之所以被称为艺术，是因为语言的驾驭本身就讲求艺术性。有几点共性的要求，是主持人进行口语表达时需要注意的。

二、对内容的深层理解

首先，语言的准确表达取决于对内容的深层理解。

一旦主持人出现在屏幕上，他或她就成了观众注目的中心。主持人怎样吸引观众呢？1988 年中央电视台推出 30 多集的《世界电影之林》节目，聘请著名电影演员刘晓庆担任主持人。这之前，刘晓庆曾和姜昆等演员联合主持过春节晚会。她能说、能唱、能演戏，在晚会热烈的气氛中发挥自如。可是在《世界电影之林》节目中，却显得力不从心。这是什么原因呢？主要是她对传达的内容缺少深层理解，因而不能以艺术的口语来表达。她讲的话听起来感觉好像飘浮在节目之外，观众之所以还有点兴趣，那是因为画面展现了世界电影中的许多精彩片断和明星。"刘晓庆可以演好某一方面的角色，但缺乏电影理论家的修养，让她对各国电影发表评论，就缺乏说服力，靠表演，是没有权威性的。她的语言干巴，没有变化，甚至对语调、速度、重音等最起码的要求都达不到，听起来枯燥无味。"[1]"刘晓庆一在屏幕上出现，就表现出一种作为演员不应有的紧张，甚至手足无措，从形体、动作、语言以至细微笑声中，都能轻易地发现这一点。从她所念的解说词中，也能听出她对内容没有真正理解，说的是没有经过消化的语言，听起来是生硬的。"[2]从刘晓庆主持《世界电影之林》的失败中，我们可以悟出一个道理：主持人只有消化了所要传达的内容，才能艺术地表达它。当然，我们不可能要求主持人对每次传达的内容精通的程度都达到专家似的水准，但熟悉、理解、消化其内容则是必需的。正如《新闻哨兵》所写"主持人必须理解他或她正在播报的新闻的重要性。纽约有一个广播节目主持人，他播读消息，一条接一条没有任何语音、语调上的变化。一次很小的交通事故

①　黄望南：《从选演员当主持人说起》，见全国电视学研究委员会编：《话说电视节目主持人》，205 页，北京，文化艺术出版社，1989。

②　徐如中：《主持人需要什么》，见全国电视学研究委员会编：《话说电视节目主持人》，178 页，北京，文化艺术出版社，1989。

和阿富汗的冲突得到同样的强调。看起来，他根本不知道新闻报道是怎么回事。他所做的所有事情就是把话灌进麦克风，他的信任感等于零。"可见，任何一位主持人若要准确地表达内容，就要充分知晓内容的特定含义，否则就谈不上技巧的运用。

三、技巧处理与节目的特定要求

主持人在口语表达中的技巧处理取决于节目性质和形式的特定要求。在这里，我们不妨对不同类型主持人的口语表达方式进行一下比较。

新闻性节目对主持人口语表达要求有一定的规则。联播型节目以动态事件性硬新闻为主，主持人的声调运用要庄重、严肃、沉稳。杂志型节目也并非都采取大体一致的声调，早间新闻多用简洁、明快、轻松的语调，深度的专题新闻节目则要深沉、凝重、明朗。

图 11-3　法国电视一台《13 点新闻》主持人（右二）被认为是有头脑的主持人

娱乐性节目主持人在口语表达上则没有限定性的章法，是严肃、深沉还是幽默、风趣，完全取决于节目性质、主持人对内容的感受程度和个人的风格。例如，美国娱乐节目主持人之王埃德·沙利文的"老石头面孔"和冷处理的语调却吸引观众达 20 余年之久。而《今晚》节目主持人约翰尼·卡森则以谈笑风生的滔滔独白吸引观众，卡森笑容可掬的面孔和幽默风趣的语调令观众为之倾倒。我国上海电视台节目主持人叶惠贤主持节目绘声绘色，语调的抑扬顿挫掌握恰到好处，他生动活泼的语言和松弛洒脱的姿态受到观众的喜爱。

体育节目主持人在口语表达上具有自己的特色——激昂、热烈、节奏快。在某种程度上，体育节目主持人不仅要用准确语言传达信息，还要用生动的语言渲染气氛。

服务性节目主持人的口语表达往往比较平缓、热忱，这是节目性质所决定的。中央电视台《为您服务》节目主持人李扬和张悦虽然各自的音色不同，但语气、语调的把握基本是一致的。

儿童节目主持人口语表达通常比较温和、亲切，这是节目面对的特定对象决定的。中央台《七巧板》节目主持人鞠萍在孩子们心中的"大姐姐"形象的树立同她主持节目的语气是分不开的。

图11-4 美国节目主持人里森纳主持《历史的见证》节目，语调深沉、庄重

通过上述的比较，我们可以看到不同类型节目在口语表达技巧处理上的不同要求。作为新闻性节目主持人，不能简单地模仿其他类型节目的表达方式，要考虑到节目性质、内容以及特定观众对象的特点。

图11-5 法国电视一台《夜景生活》节目主持人用幽默的语言主持节目

图11-6 儿童节目主持人口语表达比较亲切、温和

四、克服"通病"

主持人的口语表达方式形成了各种各样的风格,归根到底,是电视节目多样化发展的需求。主持人表达技巧的运用是离不开节目的特定要求的,脱离节目内容、性质、形式去单纯追求技巧也势必反作用于内容的传达效果。因而,主持人在语言技巧的运用上还应注意克服以下几点"通病"。

△不能为了追求生活化而不加选择地使用日常口头语言。主持人使用的语言是在大众日常口头用语中经过选择、提炼的,口语化是人格化、对象化传播的有力手段,但绝不是不讲求规范。口语虽有自成体系的艺术标准,但也不完全排斥书面语的使用。主持人驾驭语言能力高低主要看掌握词语的丰富和选择恰当词语传情达意的准确生动程度。因此,提高口语表达的根本途径是下苦功学习语言。

△避免啰唆、重复。"在一些情形之下,过多的啰唆反倒使人感到厌烦,使人失去耐心。不要重复,有些内容只奏效一次。"①

△不要拿腔作调。有些主持人为使自己的表达不露背稿的痕迹,故意讲求表面上的自我渗透,其结果是说出许多个"我听说""我看到""我认为"……这样故作文章,让观众感到非常装腔拿调。

△调门不宜过高。有些主持人在现场报道、体育转播、重大户外活动等节目中,音调拔高,甚至高声喊起来。观众耳边一直响着一种高八度的声音,搅得心情烦躁。这时面对再好的内容,观众也会调换频道。

图 11-7 体育节目主持人口语表达比较热烈、激昂、节奏明快

---

① [美]罗伯特·希利亚德:《广播电视新闻写作》,220页,美国沃兹沃思出版公司,1984。

△感情要适度控制，不要说过头的话。主持人虽然以真实的个人身份主持节目，但代表的是电视机构。因此，主持人要让观众感到他们既是富有饱满感情的人，又是善于控制感情的人。比如，宋世雄在一次中日女排比赛现场解说中曾失去过控制。这对于新闻节目现场主持人，其中的教训值得吸取。当时中国队比分领先，裁判却明显地偏向东道主日本队。宋世雄在解说台上看得清清楚楚，感情的天平也随之倾斜了。他喊了起来："不管日本队怎么喊，双方的实力差距明摆在这儿哪。""我们已经是世界冠军了。"比赛结束，中国女排第一次拿到世界冠军，女排队员激动地哭起来。宋世雄也流泪了，声音几乎提高到最大限度："诗人们，你们写首诗吧！作家们，你们写一篇文章吧！……"这两段解说感情色彩虽然浓烈，但缺少一定的控制，中国观众或许可以接受，但外国观众会感到气度不够。在进行现场的节目主持时，要特别注意感情的流露，最好不要在感情控制上出现纰漏。比如，眼含热泪，话语哽咽。观众想听主持人说话时，主持人说不出来多少话，说出的话不是过于激动就是过于感动，这样就减弱了主持人引导观众的作用。克朗凯特在进行肯尼迪总统遇刺的报道时，控制不住感情，流下眼泪。电视网果断将他换下来，认为观众此时不希望在电视上看到一个哭泣者，他们需要的是关于总统遇刺的相关信息。主持人不是冷血动物，感情的适度控制很难把握，把握不好，言语上就会出现纰漏。所以，要不断总结经验，事先对节目中可能出现的情景进行一番估计，以求恰当地予以表达。

第二节　非语言符号的运用

非语言符号在主持人节目传达活动中具有相当重要的作用。这里我们举两个文娱性节目的例子，以便更好地说明问题。主持人主持《正大综艺》节目时，曾经在"世界真奇妙"的栏目前用"不看不知道，世界真奇妙"的串联词作为引子，同时两个人边说边各伸出一条胳膊。由于他们同时伸出两条胳膊，而且是坐在台前大幅度展开，观众一方面觉得表演味十足，一方面觉得冒了点"傻气"。后来，节目中取消了这个动作，观众单听那句串联词时便没有了先前的"冒傻气"印象了。主持人的这段言谈举止曾成为人们调侃的笑料，他们自己在《正大综艺》100期特别节目中也作为笑料回首自嘲。《世界电影之林》主持人刘晓庆由于对非语言符号的运用"过火"干扰了观众的注意力。"刘晓庆一会儿从座位上站起来，一会儿坐下，一会儿把双腿跷得比肩高，一会儿扭动腰肢来回走动，边走边说，一会儿又开门进来，走下楼梯，靠在扶手上说话，一会又趴在出租汽车的窗口说开了，这些动作游离于节目内容之外，没有任何目的，是为了生活化而生活化，结果给人以矫揉造作、忸怩作态之感。"①这两个典型的例证一方面说明主持人非语言符号运用不当时，容易给观众留下表演的印象，破坏节目传达的可信程度；另一方面说明主持人非语言符号的运用在节目传达过程中起着重要作用，主持人应给予高度重视，不能无所根据地随意运用。新闻性节目主持人借助非语言符号更要格外小心，不可随意比比画画、点头示意。一些下意识的小动作往往会破坏节目的特定传达意图，给观众以随意感。

一、举止自然、大方

主持人在屏幕上一出现，往往成为观众的视线中心，这是一个非常敏感的"地带"，主持人一举一动都会给观众留下强烈的或真或假的印象。

主持人要设法让观众除了关注节目内容之外不旁牵他涉，使他们在凝神观看时毫无困惑之感，任何以自我表现吸引观众的企图都将事与愿违，不但破坏了节目传达的可信度，也有损于主持人在观众心目中的可信感。正如《新闻哨兵》所写，"主持人不能认为他们自己比他们报道的新闻更大或

图 11-8 主持人举止要得体

---

① 徐如中：《节目主持人需要什么》，见全国电视学研究委员会编：《话说电视节目主持人》，179 页，北京，文化艺术出版社，1989。

更重要"，"要知道艺术技巧是不宜外露的，要将它隐蔽得越深越好"①。《望长城》第一、二集节目主持人焦建成认为，主持节目必须要真实自然，不能表演。开始他错以为主持人应将心理情绪反映到体态上，眼前的平坦大道不走，偏偏去踩高低不平的地势或穿往于树丛之中，结果显得很假。后来他注意将自己的言谈举止同节目的特定内容、特定现场环境真实自然地结合起来，不但自己发挥自如了，而且节目传达的整体效果也随之提高了。可见，节目主持人非语言符号的运用是要有所依据的。

二、"屏幕讲坛"的规定

主持人非语言符号运用的主要依据是什么呢？

由于主持人是作为真实的人为观众主持节目的，因此，主持人的神情、体态、举止以至于服饰都应体现出现实生活中的真实可信感。不可简单化地将日常生活中的随便举止都照搬到屏幕上来，而是要符合特定的社会角色。世界上任何一种职业都具有其衡量标准。教师站在讲台上、医生坐在病人面前、售货员站在柜台前……都是要按照不同职业的需要充当不同的社会角色的；他们的行为举止自然不会像日常生活中的自我那样随便。相比之下，节目主持人生活中的自我和屏幕上真实的人也是不能简单等同起来的。

图 11-9　主持人形体语言运用要考虑节目内容是否需要

近年来，我国电视界对于主持人是否有表演成分这个问题产生过一些

---

① ［英］赫伯特·里德：《艺术的真谛》，197 页，沈阳，辽宁人民出版社，1987。

异议。大家都承认主持人不是在塑造戏剧中的角色，但是看到主持人不同于生活中的自我，又会产生是否存在表演的疑惑。其实，主持人在屏幕上的举止不同于生活中的自我是其职业要求，因此不是表演。新闻节目主持人走出演播室去采访，是做记者的工作，而不是去演一个记者。娱乐节目主持人在节目中表演一个节目，如同新闻节目主持人充当记者角色一样，也是节目的需要；观众不会因为主持人表演了一个节目就将主持人当演员看待。在国外，电视节目主持人对非语言符号的运用同样也产生过种种困惑。最终，那些以自我表演为主的主持人不是以失败告终，就是轰动一时之后很快失去了屏幕阵地。克朗凯特曾将主持人的工作比喻为"超级表演"，但是其特定的含义是指主持人主持节目的艺术如同"超级表演"一般，当技巧达到炉火纯青的程度之时，所谓表演的痕迹反而隐蔽得更深了。克朗凯特所说的"超级表演"意指主持人的传播意图、目的通过艺术的传达，巧妙地不露主观痕迹地灌输给观众。他这句话曾引起我国一些电视节目主持人的误解。可见，主持人借助于非语言符号传达节目特定内容时，切忌表演；主持人应依据体现生活真实可信的原则来考虑动作、体态在节目中的作用。一般来说，电视新闻节目主持人动作幅度不宜过大，特别是手势不能太多，视线不能无目的转换，神情要专注……总之，人们在生活中讲话时特有的

图 11-10　主持人要考虑电视传媒的大众传播特点

图 11-11　主持人的举止要符合自己的屏幕形象定位

神情、举止应作为主持人的参照，在这个基础上形成一定的准则——人们在公共场所行为举止的要求，在这个准则下依照"屏幕讲坛"的特点，形成主持人运用非语言符号的一定规范。

三、传达信息的作用

传播学家和社会心理学家经过科学研究，提出了人际交流过程非语言符号效用的理论。他们将眼神、表情、手势、身姿、体态等作为非语言符号的组成元素加以系统分析，得出了非语言符号在人与人、面对面交流中可以传达 40%～65%信息的结论。节目主持人在节目传达过程中借助非语言符号传达信息的作用也是毋庸置疑的。

电视新闻节目主持人借助非语言符号，要比较慎重，注意符合生活的实际情形，不要给观众留下故作姿态的痕迹。一般而言，新闻节目主持人不能夸张地借助非语言符号，这一点同娱乐节目主持人有较大区别。

在一些调查性报道或活动式主持方式中，主持人在形体语言运用上要动点脑筋。既要符合生活的逻辑，又要有一定的画面美学讲究。主持人的神态、姿态、走动方式、采访方式、报道的态度都给观众以一定的视觉感受和一定的信息。故此，要从画面构图和报道内容需要两个方面进行一定的设计，设计不等于摆布。新闻节目主持人在某种程度上讲，还是职业记者的形象代表，成为公众熟知的人物。因此，主持人在屏幕上借助形体语言，不可能完全生活化，无拘无束。目前，我们看到的中外新闻节目主持人，大都比较注意自己的职业形象。新闻的严肃性对主持人形体语言运用有一定制约，主持人要根据报道内容需要，进行适度把握。

图 11-12　法国电视一台儿童节目主持人在示范舞蹈表演

图 11-13　主持人形体语言运用要考虑不同节目的性质及其要求

娱乐节目不同于新闻节目，主持人形体语言运用比较自由。有时，主持人故意表现出夸张，观众也可以接受。

总之，不同节目性质、类型、样式、内容对主持人非语言符号的运用有着不同的要求。主持人要注意对非语言符号进行适度借助，才能收到理想的效果。

[本章重点]

1. 主持人的口语表达艺术，就是用大众能够接受的、通俗的语言表达富有意义的、深刻的内容；不但诉之于理智，而且诉之于最普通人的感官和感情。

2. 主持人的口语表达要努力做到准确、鲜明、生动、自然、亲切；同时，注意增强交流感，注意选择语言的纯正和规范，避免生硬和流于浮浅。

3. 主持人在主持节目过程中，语言的准确表达取决于对节目内容的深刻理解。主持人只有消化了所要传达的内容，才能艺术地表达它。

4. 主持人在口语表达中的技巧处理取决于节目性质和形式的特定要求。电视上各种不同性质、不同类型的节目对主持人口语表达有着一定的要求。

5. 主持人在口语表达的技巧处理上要注意克服一些"通病"。其一，不能为了追求生活化而不加选择地使用日常口头用语；其二，尽量避免啰唆、重复；其三，不要拿腔作调；其四，调门不宜过高；其五，感情要适度控制。

6. 非语言符号在主持人传达节目过程中具有一定作用。传播学家和社会心理学家经过研究，得出非语言符号在人与人、面对面交流中可以传达40％～65％的信息的结论。由此可见，主持人运用非语言符号不仅仅是使体态上有所变化，而且有助于信息的传达。

7. 主持人运用非语言符号，要有一定根据。首先举止要自然，其次要根据不同节目的要求以及电视屏幕面对公众的特点来具体把握。

[思考题]

1. 为什么说主持人的口语表达是"又高级又通俗"的艺术？

2. 为什么主持人的口语表达要体现交流感？

3. 主持人口语表达的基本要求有哪些？

4. 怎样才能够使语言表达得准确？

5. 为什么说口语表达中的技巧处理取决于节目性质和形式的特定要求？

6. 主持人在口语表达技巧处理上要注意克服哪些"通病"？

7. 主持人运用非语言符号的依据是什么？

8. 主持人的举止是否应该自然、大方？

9. 屏幕上的人际交流对主持人形体语言的运用有什么特别的要求？

10. 非语言符号在传达信息中有什么作用？举例说明。

第十二章
节目主持的具体形式

任何事物的内容都存在于相应的形式之中。电视节目主持人同样要依据节目内容，寻求适当的形式传达特定内容。

在电视节目中，内容对形式起决定作用，但形式又反作用于内容。没有不体现内容的纯粹的形式，也没有不借形式来表达的赤裸裸的内容。当形式是内容的表现手段时，形式和内容的联系是十分紧密的。如果把形式同内容分开，就等于取消形式本身；反之，如果把内容与形式分开，也就等于取消内容。因此，内容与形式是相互依存彼此不能割裂的。

节目主持人以什么样的形式主持节目，取决于内容的规定。主持人要随物赋形，从内容出发寻求适当形式。同时，主持人还要注意形式的相对独立性，它要反作用于内

图 12-1 法国电视一台《每周七日》节目主持方式与节目评论性内容相结合

容。如果把内容的决定作用绝对化，而忽视表现形式的能动作用，那无疑有碍于内容的传达。所以，主持人要把握好形式。第一要明确内容与形式的辩证统一关系；第二要注意发挥形式的能动作用，用形式促动内容；第三给不同的节目内容赋予不同的表现形式，避免形式游离于内容。

本章将根据电视节目主持人实践活动的特点，侧重分析节目主持的具体形式。从主持人不同位置的设立看，其具体形式大体上有这样几种：一人独立主持；二人伙伴主持；三人联合主持；四人以上群体主持；接力式传递主持。从主持人展示的不同活动空间看，其具体形式大体是：演播室固定主持；现场同步主持；多地点活动主持；演播室与现场结合主持。

第一节 不同位置的设立及其主持方式

电视节目主持人发展到今天，在主持人不同位置的设立方面已经进行了多种尝试，积累了一定的经验，形成了基本的样式。

一、个人独立主持

在电视节目中，由一个主持人独立主持节目是最常用的形式。仅以我国电视台新闻节目创办的过程为例，我们可以举出许多个独立主持方式：《观察思考》《今日世界》《焦点访谈》《实话实说》《北京您早》《世界报道》《今日话题》《点点工作室》……这些节目主持人基本上是采取独立的一人主持方式。此外，有些节目虽然拥有两个以上主持人，但每个主持人大都以独立主持形式出现。

一个人独立主持方式在西方电视界运用较为普遍，特别是新闻性节目更为多见。一般情况下，除时间长度特别长、内容又比较繁杂的节目外，他们大都采取一人主持方式。在电视新闻节目开办的早期，其播音过程也大多是由一个人主播。

纵观世界，许多国家的电视节目主持形式基本上也是以独立主持为主。法国电视一台的《八点新闻》《每周七日》《新闻杂志》《十三点新闻》《赌注》等新闻节目推出的主持人，都是一个人独立主持的形式。美国三大广播公司的《晚间新闻》节目主持人拉瑟、布罗考、詹宁斯亦是独立主持节目。还有许多名牌节目如《现在请看》《面对面》《今日美国》《巴巴拉·沃尔特斯专访》《科佩尔与 ABC 夜间

图 12-2　1958 年中国北京电视台初办
新闻节目，沈力作为第一个播音员
出现在屏幕上

新闻》等也都是设置一个主持人位置。占据美国二十大节目之首的《60 分钟》，虽然设置了 6 个主持人，但每个主持人都独当一面，负责一个专题，独立进行主持。

一人独立主持能够成为电视固定节目的常用形式，自然有其因由。其一，独立主持可以使主持人不旁牵他涉，专注组织串联节目内容；其二，

可以使观众注意力相对集中；其三，可以使主持人较为自由地自我发挥，实现节目传达意图；其四，可以使节目特色与主持人个性风格体现得更为突出。

　　独立主持形式具有很大优势，但并不意味着什么节目都采取这种形式。电视节目采取什么形式主持，要依据节目样式、主持人条件以及观众接受的程度。一档电视节目内容及样式相对成形之后，节目主持的方式往往也随之稳定。美国 ABC

图 12-3　美国最早的新闻节目播报方式，这是著名播音员斯韦兹

的晚间新闻节目曾采取两人伙伴主持形式，但由于主持人不愿平分秋色，难以合作而解体。之后又采取三个主持人三个地点坐镇联合主持方式，可是又由于观众难以接受多地点转换的方式而难以维持。NBC 的晚间新闻在20 世纪 50 年代中期采用两人伙伴主持方式，由于主持人配合默契，连续12 年击败对手。可是到了 20 世纪 70 年代，另外两个主持人合作几年之后，便由于各自坚持己见，矛盾尖锐而分手。NBC 采取过"三驾马车"式联合主持形式，但仅维持一年便解体了。20 世纪 80 年代，ABC、NBC 都效仿CBS 采取独立主持形式，从此三大广播公司晚间新闻节目形成三足鼎立的局面。从三大广播公司晚间新闻节目主持方式选择看，联播型的晚间新闻

图 12-4　个人独立主持可以使主持人不旁牵他涉

节目似乎宜采取独立一人主持。但世界上有些电视机构晚间新闻节目仍采取伙伴主持方式，如澳大利亚、中国香港等。所以也不可一概而论，都要因情因人而制宜。总之，那些内容虽有变化但涉及面相对集中，时间长度适中，主持人又有能力独立驾驭的节目适合于采取独立主持方式。

二、两人伙伴主持

一般来说，容量大、栏目多、涉及面广的综合型节目适于采取两人伙伴主持的形式。

两人伙伴主持是电视节目主持的又一常用方式。同一人独立主持相比较，它的优势在于：一是两位主持人面对面交流可以体现人际直接交流的人情味；二是主持人不同的面貌、言谈、举止、风格可以给观众树立不同形象；三是主持人之间可以取长补短；四是画面无法传递的信息、知识、背景可以通过对话传达，而不至于显得枯燥、呆板。

伙伴主持作为节目主持较早的形式一直沿用到今天，是同它具有的优势分不开的。中央电视台的《经济半小时》《天涯共此时》《人与自然》《中国报道》等节目从开播起就采取伙伴主持的形式，总体上呈现出生动活泼的特色。

伙伴主持人的恰当选择是这一形式能否发挥好作用的关键。两个主持人必须配合密切、相得益彰，才能成为好搭档。主持人之间存有意见，相互牵扯而难以合作，导致节目失败，在美国电视界有很多教训。美国电视节目主持人"皇后"巴巴拉·沃尔特斯

图12-5　陈铎和虹云主持《话说长江》节目

曾一度同哈里·里森纳一同主持 ABC 晚间新闻节目，由于里森纳从开始就持勉强合作的态度，导致双方的敌意在节目中显露出来。一次沃尔特斯评价基辛格说："你知道哈里，基辛格被看作是华盛顿男性的标志。"曾以反应迅速而自豪的里森纳却回答道："嗯，对这类事你比我知道得多。"像这样在节目中显露公开对立的情绪，在美国节目主持人队伍中还可以举出典型的一对搭档，这就是曾在 20 世纪 70 年代中期主持 NBC 晚间新闻节目的约翰·钱塞勒和戴维·布林克利。两个人常因各持己见而互相抱怨。钱塞勒认为

布林克利对新闻报道不够十分经心，布林克利则说钱塞勒选择新闻不考虑观众的兴趣。事实上，沃尔特斯、里森纳、钱塞勒、布林克利这四位主持人都是首屈一指的人才。从个人能力上看，他们每个人都在主持人的位置上做出过相当出色的成绩。沃尔特斯曾和吉姆·哈茨友好地主持过 NBC《今天》节目；里森纳曾和霍华德·史密斯愉快地主持 NBC《晚间新闻》节目；布林克利和切特·亨特利更是留下过携手并肩主持节目长达 12 年之久的光荣历史；钱塞勒则是一位具有学者气质、作风民主、待人谦和的主持人。他不容纳沃尔特斯的原因是看不上她那种粉饰自己的做派。这四位主持人相互结合的失败，从反面说明伙伴主持人选择的重要性。

图 12-6　美国 NBC《今天》节目主持人冈贝尔和简·波利
在中国长城主持《变化中的中国》节目，他们配合默契

伙伴主持形式还需特别注意两个主持人要发挥大体相当的作用，其中一个不能成为陪衬。一般来说，采访机会要均衡分配，不能一人独揽，但是可以有所侧重。例如 NBC《今天》节目，男主持人冈贝尔侧重深度采访，女主持人波利侧重轻松的题目。假如一个主持人独揽采访，观众就会视另一个主持人没有能力。此外，两个人的对话要长短搭配得当，不能一个人说一长串，另一个人仅点头示意或只有简短反应而拿不出见解。再有，主持人不能相互抢话，否则会给观众留下忙乱的印象。

最后，伙伴主持人的称呼可以根据民族习惯和节目的刻意追求而定。我们中国人对年长者一般不直呼其名，而按双方最适宜的礼貌方式称呼。通常，娱乐性节目在称呼上比较灵活，新闻节目则要注意严肃性。比如，《正大纵横》节目主持人陈韵如一次同鲍方先生共同主持节目，她称鲍方为鲍方叔，这是从年龄上考虑，鲍方先生好比她的长辈。在美国地方电视台，

图 12-7　伙伴主持在临时性节目中也经常被采用

也有类似的这样称呼，但这不是美国人的习惯，而是节目要刻意体现人情味。有些主持人以兄妹相称，表示出特有的亲近感；有些主持人以长辈与晚辈的关系相称，表示人与人之间的亲密感情。这样的称呼一度也受到过批评，认为有损新闻节目的严肃性。总之，从目前的情形来看，伙伴主持人的称呼没有一定成规，不过两个主持人形成习惯称呼之后，一般不宜随便更换。

三、三人联合主持

从节目主持人发展的历史及现状看，三人联合主持形式在固定电视节目中较少采用，一般大都在临时性节目中采用。美国 ABC 和 NBC 曾一度推出"三驾马车"式的联合主持人，但都以失败而告终了。作为固定节目主持形式，三人同时主持确实存在某些难以逾越的障碍。三个人如果同时出现，一个人讲话时，另两个是陪衬；两个人对话时，另一个是旁听；一个人同两个人说，右顾左盼，难以照应周全；三个轮流说，你一句、他一句，不是抢话就是接不上话。如果三个人在不同地点坐镇主持，像 ABC 所做的那样，一个在芝加哥，一个在华盛顿，一个在纽约，观众收看时会变得不知所向，不得要领。由此可见，在一档固定节目中设置三个主持人位置是难以协调的。不过，在临时性文艺节目中，特别是大型的综合节目中这种形式也是可取的。1992 年，中央电视台春节联欢晚会就是由赵忠祥、倪萍、杨澜三人联合主持的。少儿春节联欢晚会《新春同乐》节目也是三人联合主持，由董浩、芳芳、黄芳担任主持人。一段时间以来，在全国各城市台联合制作的体育、娱乐节目也采取过三人联合主持的形式。比如天津、北京、广东的三方主持人同台主持节目。

图 12-8　三人联合主持要各有分工，这是香港电视的新闻、
体育、天气预报的三个主持人联合传达信息

图 12-9　北京电视台《江山如此多娇》节目采用三人联合
主持方式，男主持人是香港的黄沾

三人联合主持给节目增添了一些热烈的气氛，集合了三种声音，展示了主持人不同的个性。但是，新闻性节目采用这种形式要比较慎重。节目是否一定要采取这种形式才能更好地传达？采用这种形式是否有特殊用意？从人际交往的方式看，一个人面对多人，或者一对一两个人的交流方式最能达到专注关切的效果。目前，我们对世界范围内此种节目主持形式的了解和研究还很不透彻，不掌握大量丰富的材料，是不能够轻易下定论的。相信通过不断尝试和实践，这种节目主持形式的优劣会充分显现出来，到时候，主持人和观众自会做出明智的结论。

四、四人以上群体主持

群体主持是中央和地方台的许多特别节目推出的节目形式。这种形式的运用起始于中央电视台的《春节联欢晚会》节目。新闻节目中较少采用这种方式。多数情况下，大型现场活动的报道或特别的大型专题报道才运用这种方式。

追溯起来，较早给观众留下深刻印象的是 1984 年春节联欢晚会亮相的姜昆、阿原、姜黎黎、陈思思。当他们手执红灯(灯笼上写着"欢度春节"四个金字)并排站在大演播室喷泉与彩灯交织的背景之中，喜笑颜开地和观众打上第一个照面时，顿时就营造出热烈、喜庆、欢乐、团结的氛围。1984年，中央提出对"一国两制"的构想。当年的晚会第一次邀请香港演员陈思思主持节目，奚秀兰、张明敏演唱歌曲，同时特邀从台湾回归的黄阿原主

图 12-10 四人以上群体主持适用于特别节目

持节目，黄植诚、李大维参加晚会并即席演唱歌曲。这一年的晚会，无论是主持人的组合，还是演员的表演都较艺术地体现了"爱国、统一、团结"的总基调，使观众沉浸在愉悦的审美享受之中。

自 1984 年四位主持人群体主持形式推出之后，从中央电视台到地方台的晚会或特别娱乐节目经常采取这种方式。1991 年，中央电视台《六一儿童节文艺晚会》节目由鞠萍和三个省市台的主持人同台主持。再如北京台《金话筒的世界》特别晚会节目，中央台《如意杯主持人大奖赛》评选晚会节目，1992 年长春电影节揭晓晚会节目，天津台《荧屏连万家》东西南北中五省市主持人群体主持节目等，节目中主持人的人数都在四人以上，有的达到十多个。客观地讲，在日常节目中群体主持形式是不宜经常采用的，特殊需要时应注意下列一些事项：

首先，群体主持必须根据节目的特定需要来设计。现在我们看到有些节目为了花样翻新，单纯追求形式，随便拉几个有一定知名度的主持人拼凑组合，这不但不利于节目内容传达，而且也损害了主持人形象。

图 12-11　群体主持可以产生比较热烈的效果

其次，群体主持能够在瞬间给予观众比较强烈的视觉感受，但也存在分散观众注意力的弱点。因此，如何发挥群体主持的群体效应是运用这种形式的难点之一。要处理好这个问题，关键在于主持人的组合。每个主持人应该有一定的代表性，个性突出，同时又能驾驭节目。分不清张三李四，特别是女主持人始终笑着说话，服饰华丽，浓妆艳抹，飘飘洒洒，神情中透着几分兴奋，这样一些仅体现出共性而缺少个性色彩的主持人组合到一起，观众自然会产生千人一面之感。

最后，群体主持具体方式设计要符合每个主持人的身份，注意体现每个主持人的特色。此外，主持人个体作用的发挥要恰到好处，不要喧宾夺主。

五、接力式传递主持

接力式传递主持是中外电视节目中普遍采用的比较有特色的主持方式，运用得当，可以取得较好的节目传达效果。

在西方电视界，一般设一个首席主持人，在节目开头、结尾或中间某个片断出场，然后由首席主持传递给下一个主持人，这个主持人可能又传给另一个主持人。中央电视台曾播出的《世界青年的对话》节目，就是通过卫星连接了美国、法国、苏联、中国、突尼斯等国家的电视演播室，由法国的首席主持人主持并传递的。我们大家熟知的《吉尼斯世界纪录》节目开场由首席主持人露面，说上几句后立即传递给现场的主持人，最后又由首席主持收场。美国CBS《48小时》节目首席主持是丹·拉瑟，中间大部分的采访是其他主持人以接力方式传递进行的，拉瑟在节目中很少出场，但最后结束仍由他出面。

在我国，对这种方式的采用也比较多。一些特别重大的节目曾经专门设置演播室外主持，通过节目现场主持人传递给场外主持人，然后再回到现场。一些新闻纪录片在这两年也采取这种方式，专门设置外景队，现场主持人和外景队主持人相互交叉，来回传递，增添了节目的情趣。1992年《消费者权益日晚会》节目采取两个主持人在主会场主持、两个主持人在户外现场流动主持的方式。随着晚会的进程双方相互传递信息，同时还将在外地的"中国产品质量万里行"采访小组的活动穿插到节目之中，收到了非常好的效果。

可以说，接力式传递主持是一种有效的节目主持方式，它的最大特点就是具有灵活性，可以将时空表现手段综合运用。这种方式不仅可以按时间顺序传递，也可以按事物的内在逻辑顺序传递。

第二节 不同活动空间的展示及其主持方式

以特定的背景做衬托是电视节目传播的独有形式，节目主持人在不同活动空间主持节目，向观众展示特定的背景，无疑增大了节目的信息量，同时也形成了相对独立的节目主持方式。

一、演播室固定主持

所谓演播室固定主持，是说主持人在相对固定的演播室、在展示相对固定的背景和节目标志的活动空间内，以大致相同的方式为观众主持节目。比如中央电视台的《经济半小时》《中国报道》《新闻调查》等节目，观众一看片头就知道是什么节目。

目前国内许多固定节目基本上是提前录像制作完成的。在美国、法国、日本等电视发达国家，许多节目采取直播主持。主持人在演播室同节目各个环节的制作人员密切配合，以极熟练的技巧在准确的时间限度内将节目内容串联起来，直播传送给观众。对于主持人来说，无论是在演播室提前录制节目，还是直播主持节目，其方式表现在电视屏幕上都是相同的。可以说，在演播室这个相对固定的空间内主持节目已经成为普遍适用的节目主持方式。

图 12-12　中央电视台经济节目较早采用演播室背景做衬托方式

那么，演播室固定主持都有哪些共同的特点呢？

一般情形下，在演播室这个特定的活动空间主持节目，往往根据节目内容设计相应的背景，特定的背景不但可以成为节目的标志之一，而且也是一种从属信息。《吉尼斯世界纪录》节目背景设计很有特色，主持人站在一间书房的一角，背后是老式的壁炉，壁炉旁边摆着深色的书架，书架上摆满了书籍。这样的环境空间使观众仿佛呼吸到一种特定的气息，这就是《吉尼斯世界纪录》，是世界文化的一部分，是人类创造力的结晶。

演播室具体主持方式灵活多样，但主持人在一档节目中出场的方式要注意以下一些问题：节目开始，主持人要尽快露面。如《新闻哨兵》所写，"在 CBS 晚间新闻节目中第一个传送的图像是丹·拉瑟，他坐在演播台，整理着稿件，准备报道新闻。这样安排是为了让主持人的面孔尽快在屏幕上露面"。主持人露面时张嘴说话，而不能在画面展现远景镜头时讲话。中央电视台《天涯共此时》第一期节目的两个主持人，在节目开始讲话时的镜头是远景，观众看不清主持人面孔，对主持人的声音自然也产生了距离感。中央电视台曾经推出的《银手杖》节目，两个主持人并排坐在平台后边，两个人中间间隔距离差不多有60厘米。主持人面部表情比较严肃，两个人之间几乎没有交流。从屏幕上看，无论是主持人的位置，还是主持人的口语传达，都给观众造成一种隔离感。由此可见，演播室主持的背景、道具、位置，主持人如何出画，怎样讲话都需要精心设计。这样，才能够在演播室这块"寸金之地"开辟一个活动空间。这个活动空间虽然有限，但却是主持人"常驻之地"。优秀的主持人之所以具有占据屏幕的魅力，就在于他们能够在有限的演播室活动空间即刻吸引住观众，使观众的视线始终受到节目的"牵引"。

图 12-13 演播室固定主持可以有多种形式。
上图是谈话节目，下图是新闻节目

二、现场同步主持

现场同步主持分为两种形式：一种是主持人在事件发展中同步主持并且同时播出；一种是主持人在事件发展中同步主持但不同时播出。

从主持人活动空间展示角度看，现场同步主持最能体现现场感、可信感。由于现场同步主持的是正在进行中的活动，主持人活动空间比起演播室主持有一定伸展余地，由此便带来了一系列比较难以把握的问题。总括起来，主持人要解决好五个面对：面对现场环境；面对摄像机；面对大庭广众；面对采访对象；面对电视观众。

面对现场环境：主持人在什么角度、什么场景主持节目，需要选择得当；主持人要在变化多端的现场做口头叙述，需要判断准确，表达清楚。

图 12-14 现场同步主持要选择好现场环境

面对摄像机：主持人如何树立自己的形象，如何使自己的主持体现出电视特点，需要时时考虑画面的特定规定。

面对大庭广众：主持人有时在众人围观之下主持节目，需要临阵不乱，镇静自如。

面对采访对象：主持人怎样在有限时间内进行快速采访，需要掌握定向采访和即席采访的各种技巧。

面对观众：主持人虽然身在现场，但心里还要想到电视机前的广大观众，要考虑观众想要知道什么，应该知道什么，真正起到一个出色向导的作用。

现场同步主持是检验主持人综合能力的重要尺度，因而受到世界上许多著名主持人的重视。1991 年海湾战争期间，美国三大广播公司的三个晚间新闻节目主持人都亲临现场做同步报道。在他们看来，如果不能做现场同步报道，则意味着不能胜任主持人工作，就会离开主持人的位置。我国著名体育新闻节目主持人宋世雄，积多年现场同步主持体育比赛节目之经验，领悟到的基本要领是："体育解说是一种相当高级的艺术，是解说员思想状况、文化修养和专业知识的综合反映。"[1]在第 25 届巴塞罗那奥运会上，

---

① 宋世雄：《我和体育实况转播》，见全国电视学研究委员会编：《话说电视节目主持人》，21 页，北京，文化艺术出版社，1989。

他以超人的精力和精湛的技巧坚守在现场同步主持的岗位上。他常常不分昼夜连续作战,但却不乱阵脚。

在电视传播技术呈现高度发展水平的今天,世界上凡是具备直接传送技术条件的电视机构,对于重大事件、重大活动的传播都力争同步进行,以发挥电视独有的优势。这种趋向已经向节目主持人提出了新的要求,拓展了同步主持的广阔领域。同步主持正在日益成为主持人操持的"常规武器"。

图 12-15 美国 NBC《变化中的中国》节目选择故宫作为主持地点之一

三、多地点活动主持

对主持人来说,活动主持方式拓展了自由延伸的活动空间;对电视观众来说,活动主持进一步开阔了了解外部世界的视野。

多地点活动主持作为一种固定的节目主持方式,是 CBS《60 分钟》节目开创的。《60 分钟》创办于 1968 年,起初节目收视率较低。节目的总编导唐·休伊特借鉴《时代》周刊等大型杂志的成功经验,将节目办成杂志型。《60 分钟》实现杂志化主要在三个方面有所突破,一是节目内容包罗万象,以新闻报道的眼光透视美国社会的方方面面;二是节目形式采取跟踪调查深层挖掘的纪录片形式,确保节目质量有深度;三是主持人走出演播室,以多地点活动采访的方式进行报道。及至 20 世纪 70 年代中期,《60 分钟》一跃进入全美二十大节目行列,70 年代末又占据收视率之首的宝座,此后收视率始终排在二十大节目前几位。《60 分钟》的开创性成就冲破了电视新闻不能进行深度报道的禁区;而《60 分钟》节目之所以具有深度,关键是采取了主持人跟踪采访调查的活动主持方式。这种方式不但成为行之有效的节目主持方式，而且成为电视调查性纪录片的楷模。

图 12-16　《60 分钟》节目主持人调查儿童失控症的原因

今天，活动主持方式已得到广泛采用。活动主持使主持人的活动空间得以自由延伸拓展；使节目主持人更加贴近生活，成为"站在观众身边"的记者。主持人以活动方式主持节目，所到场合都处于不断发展状态，因而能最大限度地增强可信性。同时，主持人的活动本身是正在进行时，因而又能使观众产生同步参与感。中国的《望长城》、日本的《从北京到莫斯科》、美国的《变化中的中国》等节目无一不体现出上述特点。

图 12-17A　《望长城》成功地采用了活动主持的形式。主持人焦建成在远望

图 12-17B　焦建成在采访

图 12-17C　焦建成在行走

　　活动主持不但适用于社会问题调查性纪录片、特别报道，而且特别适用于介绍民俗、文化、风光、社会风尚等题材。台湾主持人凌峰主持的《八千里路云和月》节目以多地点活动主持方式，将祖国大陆的风情、人情、历史变迁、现实面貌展现给台湾同胞。观众随着主持人的活动，如同走遍祖国大江南北，身临其境一般。中央电视台的《故乡行》节目，记录了美籍华人宇航员王赣俊一家回到祖国大陆的活动。主持人吕大羽在节目中以活动主持方式，一路跟随，将王赣俊对祖国大陆怀有的真情实感，以及家乡人民同他的亲情都非常生动地展现给观众。观众跟随主持人去追踪、感受、联想，兴趣越来越浓烈。不过，这个节目中的演播室主持部分显得过于呆板，给人以生硬的感觉。

活动主持使"主持人接受着现场空间的直接刺激，并在走动的过程中将自己的观察（而不是别人的观察）用自己的语言（而不是别人的语言）描述出来。观众欣赏这种运动画面，虽然也能看到现场空间，获得形象感知，但他们同时也期待着报道和讲解，尤其是即兴的、独到的侃侃而谈。如果我们的主持人都能习惯和自觉地运用这种报道方式，那他的空间透视能力就大大加强了"①。目前，我们的主持人对活动主持方式的运用还远远没有达到驾轻就熟的程度。许多主持人习惯站在一个固定位置上说话，习惯将采访单独进行而不是穿插于正在进行中的活动之中。有些主持人从服饰到举止同现场环境反差强烈，给人以格格不入居高临下的印象。《望长城》主持人焦建成在总结自己的经验时特别强调：主持人要入乡随俗，同老百姓打成一片；采访不能居高临下，要平视采访对象；主持人外貌、仪表、语态要同现场环境协调，不能反差太强。焦建成的体会道出了多地点活动主持的基本要求。美国地方台节目主持人为使节目更加贴近生活、贴近观众，经常采取"跑龙套"式的方式，活动于现实生活之中。有的主持人钻到汽车底下同修理工进行采访对话，有的到超级市场同顾客一起边购物品，边进行评论。一般情况下，节目中涉及的内容，只要能以活动方式主持，主持人都尽量走出演播室到现场去做进行式主持。这样，地方台主持人虽不像三大电视网主持人那样具有较高的全国范围的知名度，但他们却在地方上有较大影响，其缘由之一就是主持人同地方观众的关系更为贴近。在某种程度上，活动主持是在人与环境感受和人与人交往之中进行的，这种方式本身就已经具有了生活化的特点。

四、演播室与现场交错主持

演播室与现场交错主持是一种比较灵活自由的节目主持方式，它使主持人的活动空间拓展开来，也使电视节目的固定形象依然存在而不消失。

演播室与现场交错主持怎样选择室外活动空间没有一定的成规，但是要注意同节目内容相吻合。山西电视台《记者新观察》节目主持人高丽萍经常将自己的位置选择在大庭广众之中，努力使自己的形象贴近生活，使节

---

① 王纪言：《主持人的空间感随想》，见全国电视学研究委员会编：《话说电视节目主持人》，229 页，北京，文化艺术出版社，1989。

目内容贴近社会。这种选择是同《记者新观察》的节目内容相一致的。北京电视台的《点点工作室》节目主持人，有时在公共娱乐场所主持节目，有时走进家庭，这种选择同样是节目的特定需要。《今日美国》《48 小时》节目主持人经常将活动空间位置选择在采访对象的活动场所——家中、办公室里、工作间、汽车里……主持人在这些场所主持节目，或采访或独白，都是在报道对象正在活动的时刻进行的，而不是专门站在同节目内容毫无联系的一个僻静之处请采访对象配合。这种活动空间的选择很具吸引力，观众随着主持人的向前运动接受信息。日本 TBS 拍摄的纪录片《万里长城》，在采取演播室与户外结合的主持方式上可谓独具匠心。节目开头，在演播室地上铺开一张中国地图，上面勾勒出万里长城的走向，主持人手执教鞭向身旁几位女士讲解中国万里长城的地理位置，告诉她们长城从什么地方为起点，到什么地方为终点，下面将看到的是从哪儿到哪儿的一段。接着节目

图 12-18　（以上共 4 幅图）中央电视台《9·23 倒计时》
节目采取演播室与现场交错主持的方式

展现主持人在现场的画面，现场主持人的方式同我们的《望长城》一样是活动主持。播出一段后，节目又回到演播室，几位女士提出想知道的问题，主持人向她们做简洁讲解后，再展现现场画面……节目中每一个自然段落都用小片头间隔，既让观众稍作休息，又使观众明确上下段之间的关系。可以说，TBS 的《万里长城》在节目后期制作上表现出较精湛的技巧，特别是采取演播室与现场结合的主持方式，使得这样一部大型纪录片的内容更易于被理解和接受。

显然，现场活动空间与演播室的结合应该是有机的结合。如果脱离节目内容毫无根据地单纯去寻找现场活动空间，或者追求表面化外在空间感，其结果将适得其反。我们在一些节目中，往往看到主持人特意将同采访对象的谈话安排在户外，选择一个景致美观的背景，或漫步在田野、郊外，或站在高处远眺某个景观，这样反而产生"造假"之嫌，倒不如请到演播室专门采访。

主持人走出演播室可以拉近同观众的距离，主持人从现场回到演播室又将节目特有的形象树立起来。"总之，电视对主持人的要求不仅仅在于审视敏感的高低、情绪强弱的把握、节律齐散的处理、流程张弛的驾驭，还要看他能否在屏幕上开拓一块空间，看他在这块空间中怎样经营那属于他的天地，看他在这块天地中怎样去感应收视者的心灵，又怎样去勾勒人类活动的舞台，当他在这块屏幕上站住脚了，并以新的形象开拓作为自己鲜明的标志为观众所喜爱，我们才能够说，这位主持人，他具有了一个空间。"①

以上我们从主持人位置设立和不同活动空间展示两个方面，对主持人主持方式进行了归纳。随着电视节目样式和报道方式的发展，主持方式也会不断发展变化。我们提倡进行创造性的尝试。

节目主持方式虽然是一种形式，但对于节目形态和内容传达都起到相当的作用。有时候，主持方式对于整个节目构思还起到一定的规定作用，对拍摄也起到一定的规定作用，甚至成为画面的构成部分。因此，对主持方式的探讨，还应从更广泛的意义上来认识。

---

① 王纪言：《主持人的空间感随想》，见全国电视学研究委员会编：《话说电视节目主持人》，229 页，北京，文化艺术出版社，1989。

[本章重点]

1. 节目主持人要把握好主持节目的具体方式，首先要明确内容与形式的辩证关系；第二要发挥形式的能动作用；第三给不同节目赋予不同的表现形式，避免形式游离于内容。

2. 一个人独立主持的优势是：可以不旁牵他涉，专注组织串联节目内容；可以使观众注意力相对集中；可以使主持人较为自由地发挥；可以使主持人风格体现得更为突出。

3. 电视节目容量大、栏目多、涉及面广的杂志型节目，适于采用两人伙伴主持的形式。两人伙伴主持的优势在于：可以体现人与人之间面对面交流的人情味、亲切感；主持人不同的面貌、言谈、举止、风格可以给观众不同的形象感受；主持人之间可以取长补短；画面无法传递的信息、知识、背景可以通过对话传达。

4. 三人联合主持与四人以上群体主持适用于特别节目，不适用于固定栏目。接力式传递主持适用于多侧面、多层次的大型节目，运用得当，可以取得较好的收视效果。

5. 对于固定的栏目而言，演播室固定主持是电视节目常用的方式。演播室固定主持也可以采取灵活多样的方式，展示不同的背景，使演播室的特定场景成为节目的"特别标识"。

6. 现场同步主持最能体现现场感、可信感、参与感。同步主持选择特定现场背景做衬托，带给观众许多现场信息，对节目主持人提出了较高要求。

7. 多地点活动主持方式拓展了自由延伸的活动空间，为观众开阔了审视外部世界的视野。活动主持适用于调查性报道、特别报道以及民俗、文化、风光等题材的节目。

8. 演播室与现场交错主持是一种比较灵活自由的主持方式。主持人走出演播室可以拉近同观众的距离，同现场保持一定联系。同时，演播室又将节目特有形象树立起来。

[思考题]

1. 独立主持具有哪些优势？

2. 伙伴主持具有哪些优势？

3. 三人联合主持与四人以上群体主持为什么不适用于固定栏目？这两种方式在特别节目中有什么作用？

4. 接力式传递主持有什么特色？灵活性怎样体现？

5. 演播室固定主持是否可以采取多种方式？举例说明。

6. 现场同步主持是现代电视节目主持方式的发展方向吗？这种方式对主持人有什么样的要求？

7. 多地点活动主持适用于什么样的节目？

8. 演播室与现场交错主持方式怎样安排才比较合理？

9. 怎样理解主持人不同位置设立与主持方式的有机联系？

10. 怎样把握不同活动空间的展示与主持方式的配合？

第十三章
名牌节目与明星主持

本书前十二章，已经分别论述了电视节目主持艺术的各个重要方面。在这一章里，我们重点阐述明星主持与名牌节目的同步流动与相互催化。

从全球电视节目主持人发展走向看，有些现象是具有普遍规律的，而且呈现出明显的发展趋势。这就是创名牌节目，造就明星主持人。

依照我国电视节目及主持人发现的现状看，未来的岁月一定会对主持人提出更高的要求。整个电视业在我国的迅猛发展，不过是近几十年的事，还远未发挥出巨大的潜在功能；伴随而来的主持人则刚刚迈出第一步，他们的巨大作用以及将会起到的重大影响还未得到各界广泛而深刻的认识。然而，尽管目前我国电视节目还未形成名牌节目与明星主持同步流动与相互催化的格局，但至少已具雏形，成为努力的方向和发展目标。据此，我们论及节目主持艺术，就不能不对这个发展趋势给予特别关注。相信以下阐述的重要观点会在我国今后节目主持人实践中得到进一步验证。

第一节　名牌节目与明星主持的促动关系

名牌节目与明星主持人是并行发展、相互作用、相互促动的。二者在电视中本是一对"孪生姐妹"，一个有机整体，不可断然分割。二者的关系是辩证统一的关系。有名牌节目就应有明星主持人，反之亦然。

经过几十年的发展，电视节目主持人在我国立住了脚，活跃于全国各电视台的主持人大都拥有自己特定的观众群，有的主持人甚至格外受到观众的青睐。但事实告诉我们，就整体而言，主持人这支队伍还不成熟，实力还不强。因此，极有必要培养造就明星主持人；同时，还要群策群力，推出名牌节目，以促使电视节目保持常新的活力并以新颖的形式奉献给广大观众。

一个企业没有拳头产品，就难以发展、生存；一家电视台没有自己的名牌节目，就会失去观众。道理很简单：名牌节目越多，观众人数就越多。过去创名牌节目，靠的是全体从业人员的努力；如今创名牌，不得不把主持人的因素考虑进去。我们不是有过沉痛的教训吗：明明是很好的一个节目，结果由于主持人不力，节目不受欢迎。强调主持人的作用，并非完全抛开节目内容；但主持人若不得力，节目的档次、品位，就会被拖下来；反过来，主持人得力，就有助于提升节目的档次、品位。

名牌与明星并行存在、并行发展——这是未来电视发展的一个趋向。

一、同步流动

一般来说，名牌节目是与明星主持人同步流动的。名牌节目之所以成为名牌，是因为有明星主持人在主持。同理，设置主持人的名牌节目，倘若没有明星主持人的支撑，也就不能称为名牌节目了。从许多电视节目中都能看到这种情景。水均益等人主持的《焦点访谈》是名牌节目，这同他们的知名度是成正比的。《东方时空》是中央电视台的名牌节目，其主持人家喻户晓。早在 20 世纪 70 年代，哥伦比亚广播公司一流电视节目主持人兼评论员埃里克·塞瓦赖德就以其威望促动了美国书籍市场的行情："我同码头工人兼作家埃里克·霍弗进行了一次电视谈话后，第二天他的书就在美国几乎所有的书店脱销了。"①丹·拉瑟更是以左右美国公众舆论而誉满全国。1982 年 8 月 17 日，里根政府发表了对中国台湾地区的政策及税收政策。拉瑟当晚在 CBS《晚间新闻》节目中抨击里根政府。坐在白宫收看电视新闻的里根总统按捺不住，立即把电话直接打到 CBS 新闻编辑部，向拉瑟解释他的政策。此项举动被美国舆论界视为电视节目主持人的影响已经达到了高峰："美国总统在一次新闻节目进行到一半时，亲自打电话给一家电视网的新闻主持人，要求改正他的抨击，这件事本身就说明了电视网新闻节目主持人发挥了巨大的影响作用。"②

上述种种例证都表明，名牌节目与明星主持人是相辅相成、同步流动的。

二、相互催化

进一步看来，主持人与电视节目之间的关系是一种相互催化的关系。主持人本人是一支"催化剂"。优秀的节目主持人总是要千方百计地提高节目的档次、品位、质量，进而争取最大范围的观众。如果说，一个人的存在价值在于得到公众的认可；同理，名牌节目对其主持人亦有一种催化作用，即"迫使"主持人在各方面适应节目的品位、风格、档次、内容，提高自身的素质，以适应、驾驭节目，与之合二为一。

---

① ［美］埃里克·塞瓦赖德：《为电视新闻辩解》，见《传播媒介之职能》，55 页，美国驻华大使馆新闻文化处印行，1984。

② ［美］巴巴拉·马图索：《晚间明星》，1 页，波士顿，霍顿·米夫林出版公司，1983。

相互催化的作用具有更深一层的意义：促使整个电视事业的发展。提高电视节目质量当然不只限于主持人，还有赖于广大电视从业人员的共同努力，但主持人的因素在其中确有不可被低估的作用。因为主持人毕竟是把各类内容的节目融合到一起，并亲自传播出去的关键人物。由此推断，注重提高节目质量，必须注意主持人素质的提高。

相互催化的另一个重要意义是：最大限度地普及文化知识，提高大众的欣赏水准，由此反过来促进电视事业的发展。

三、未来支柱

虽然节目主持人的作用在我国还处于初识的状态，但未来电视节目中的支柱人物无疑将是节目主持人。这样说，并非夸大其词。现在露出的端倪，也许会给我们以有益的启示。

△节目主持人在我国的发展速度及格局已今非昔比：节目主持人已经在全国范围内大面积普及开来，而且主持人的来源也已不仅限于播音员，一些记者、编辑、社会各界人士都进入这一行列，注入了新的活力。20世纪90年代以来，中央电视台和地方电视台面向全社会选择招聘主持人，一些学有专长的、有较高素质的人纷纷进入主持人行列。他们对政治、经济、法律、国际事务的报道显露出较高的主持水准。

△这支队伍基本形成，趋于稳定，并且有了长足的进展，在广大观众心目中树立了一定的形象，有了一些影响。

△西方电视的实践已经证实：电视节目的支柱人物是主持人，而不是编导、制片、记者。一些西方电视学者甚至疾呼：造就明星主持人，是未来电视争夺观众的希望所在。这种论点虽然是出自"商业"考虑，但至少表明主持人是电视联结观众的关键人物。

△从电视传播的特性看，最佳传播效果的取得还是以交流、沟通的形式进行为上策。主持人正是担当此等职责的第一号人物。

这里论及的节目主持已不是一般水准的主持人了，而是指明星主持人。明星的作用、影响乃至感召力，都大于普通的从业人员。这是因为明星在群众中有广泛的影响，有很大的吸引力，因而起到的作用也就非同小可。诚然，明星主持人又不同于一般的明星人物，明星主持人以整体综合实力见长，他们的力量、他们的优势在于能充分利用电视这个最现代化传媒的大众化的特点，调动千百万人的情绪，为他们的精神生活充当向导，进而引导、启发、鼓舞人们去体验生活、了解社会。

第二节 现实走向与战略目标

当今世界，人类已进入知识密集、技术密集的信息时代。世界各国正面临着全球范围的整体综合竞争时期。在这种高强度的竞争中，立于不败之地的关键因素是什么？许多国家的智囊团确认，是人才，尤其是高级人才。因此各发达国家都把造就高级人才视为参加竞争的制高点，看成是各种对策中的上策，作为迎接挑战的战略目标加以通盘筹划、实施。

我国电视业同各行各业一样，正面临着大发展的时期；同时客观存在也面临着怎样更好地为亿万人民群众服务的新课题；最后它还受到来自各方面的挑战。在这个大发展时期，电视如何履行自己的历史使命，在人类文明史上树起一座丰碑，书写光辉的一页，这是电视界必须回答的重要问题。

造就新一代电视节目主持人或许是解决上述问题的答案之一。

节目主持人会成为电视发展的一个重要突破口。为什么这样说呢？至今为止，在电视屏幕上，还没有哪一个电视从业人员，有主持人那么大的影响、那么高的知名度；主持人在大众的心目中，其知名度远胜于一般的社会名流。观众在电视上认可的是主持人。正是由于这种原因，西方电视机构不惜重金聘用知名主持人支撑门面，招揽观众，以求生存发展。美国头号新闻节目主持人丹·拉瑟被视为"最热门的股票"，法国电视节目主持人贝尔纳·比沃被视为"举足轻重的社会活动家"，英国著名节目主持人阿拉斯泰尔·伯内特因其成就卓越，被破例封为爵士。——不仅仅如此，许多西方国家现在更看重的，是群体主持人的综合实力和综合效应，认为拥有一批卓有成效的主持人，就有把握在竞争中立于不败之地。我们当然不必照搬西方电视机构的做法；但也不能闭门造车，不去探索事物的发展规律和发展方向。

一、现实走向

当今国际电视节目呈现的一个新格局是：电视节目栏目化。这在我国也呈现出明显的发展趋势。节目的栏目化，必然导致对固定节目主持人的大量需求，这是因为有些栏目没有主持人就根本无法开办。从世界范围看，许多国家的电视栏目都设有专职节目主持人。主持人被视为进行人格化传播的最佳人选，主持人的传播最能体现电视的诸种特征，最有利于收到传播效果。——为什么？传播媒介发展到今天，已经有了丰富的经验积累，每种媒介都利用各自的特点发挥各自的优势。各种媒介对报道什么、表现什么的取舍标准不一；但在怎样报道、怎样表现上都有一个共同追求的目标：以什么样的形式什么样的手法来报道来表现才最有效果。电视传播经过几十年的实践、探索、研究，如今确认：以主持人的形式进行传播效果最佳。这也是电视的最大优势之一。电视节目主持人作为活生生的人，与观众面对面进行交流，他们的表情、眼神、动作都含有一种信息一种情感，从而拉近了与观众的距离；再加上他们的个性、魅力、风格、才智使传播更具人情味和"戏剧化"色彩，对观众有一种难以形容的吸引力；又由于他们长年累月地与观众见面，成为观众熟悉的人物，有的得到众多观众的认可，在观众心目中形成了固定形象，成为"非他莫属"的人物。由此，节目的成败很大程度上取决于主持人。不少调查资料都显示：观众看一个节目，往往喜欢节目的主持人；如果不喜欢某个节目主持人，就不大愿意看这个节目。20 世纪 80 年代初，一位年仅 12 岁的美国儿童给《60 分钟》节目写信说："我经常收看你们的节目的原因是：你们有安迪·鲁尼这样的节目主持人。"可见，主持人与节目是融为一体的，不可分割的。

主持人这个舶来品在我国得到观众的认可，这本身说明主持人是有生命力的。现在各个电视台都开始重视在节目中设置主持人，发挥主持人的作用，这并非偶然，而带有某种普遍的规律，它表明电视从业人员对电视传播活动的更深一层的理解和认识。如果每个电视台都拥有一批精明强干、倍受欢迎的节目主持人，那么，我们的电视节目就有希望获得较大的突破。

形式的新颖，表现手法的独特，对电视传播来说，不啻是一种催化剂——这个重任在很大程度上落在主持人肩上。

二、战略目标

每个电视台播出的节目都由各种样式不同、风格各异的节目组成，具有一定的传播格局。其中许多节目都由主持人出面支持，这些主持人犹如一个个"窗口"，各有风貌和自己的作用。一个电视台自然不会仅仅靠一两个知名主持人支撑门面，而要靠一批实力雄厚的主持人吸引观众。这就涉及怎样筑起合理的主持人人才框架构造这样一个重要问题。

孤木不成林。

开拓一项新的事业，个人的力量和智慧固然重要，但最终形成大的气候还得依靠集体的智慧和力量。节目主持人的发展亦如此：只有一大批能独当一面的主持人整体配合，协同作战，才能收到大面积的传播效果。从这个意义上说，主持人群体的崛起，不仅有利于主持人事业的发展，而且对推动整个电视事业的发展都会有积极的作用。

目前的突出问题是，主持人的群体还不够稳定，整体实力不强，仍有待精心培植、筑造。只有主持人群体的形成，才能标志这支队伍趋于成熟。群体效应才是最大的效应。因而，主持人的框架构造只能依照群体效应的原则合理筑造。

这个框架构造的筑造，我们以为有如下特点：

其一，各种类型的节目主持人的传播活动要有机地结合在一起，形成有序传播的格局。

在欧美发达国家，电视从崛起到迅速发展时期，曾经所向披靡，独占鳌头。但如今，电视却第一次面临着来自各方包括电视内部的严峻挑战。在美国，三大电视网一统天下的格局已经不复存在。在英国，独立电视台和商业电视台猛烈地冲击着官办电视机构——BBC。西欧国家的商业电视台如雨后春笋般崛起，与国家电视台争夺观众。更为严峻的竞争来自其他媒介：报纸、通讯社、杂志、广播、电影等传统媒介"卷土重来"，拼命争夺读者、听众、观众；各种电子技术的产物如家用录像机、电子游戏机、电脑、计算机、电视电话、高保真音响等，如潮水般涌入市场，引起千百万人的兴趣；通信、电子科技的代表如卫星电视、电缆电视、订户电视、收费电视等对观众自有一股巨大的吸引力。这一切表明，人们获取信息的渠道越来越多，群体化传播正朝着非群体化传播方向发展；电视一统天下的格局正在被打破，电视不得不与其他各种媒介平分秋色。面对这种情景，电视界有识之士一再呼吁，电视必须寻找新的机会再求发展。他们把眼光盯住了电视节目主持人，认为电视节目主持人是重新振兴电视的关键人物，尤其是明星节目主持人为电视注入了丰富的情感、人性，使电视有别于其他任何媒介而能独树一帜。这也是电视节目主持人颇受器重的重要原因。

电视热浪在我国尚未消失。但进入 20 世纪 90 年代，种种现象的出现，不能不引起我们注意。

所有的传播媒介都在追求传播效果，并取得了很大的成功。以新闻报道为例，通讯社、报纸、杂志的深度报道、独家新闻同电视新闻相比，显然更胜一筹。广播新闻的迅速、及时和弹性，自有优势。就是电视界内部的竞争也相当激烈。大量的观众并非从天而降，而是需要争夺的。电视节目确有不尽如人意之处；观众的欣赏水准日益提高，已经不满足于一般的电视节目了。事实上，观众的审美理想、欣赏水平在某些方面已经超越了电视节目能够提供的品质。观众之于电视，犹如商品之于市场，有类似晴雨表的作用。观众喜欢什么节目就看什么节目，他们的收视动机往往是自发的，人们根本无法强迫他们看某个"规定"的节目。因而，将各种风格的节目主持人的传播活动有机地结合在一起，形成有序传播的格局，才能在"选择节目时代"开辟出新的天地。

有序传播格局的特点是：在电视黄金时间以新闻节目主持人为龙头，引出其他节目主持人及其节目，使传播活动随着节目的流动自然发展下去。各类节目及其主持人看似互不相干、"各自为政"，但实际上他们之间有着内部的密切联系，通过巧妙的过渡、组合、衔接，组成一个较大的传播网络，为一个共同的目标——传播效果——而进行综合、整体的传播。

其二，通盘考虑，创建一支由各种类型各种风格的主持人组成的队伍。这支主持人队伍有能力涵盖所有节目，以各自的才干、智慧、风度支撑一面，各尽其职，各有特色，吸引住不同层次、不同年龄、不同爱好、不同兴趣的观众，从而在整体上稳住观众，为他们生产名副其实的精神产品。

几千年的中华文明古国，在文学艺术、科学技术、政治经济、军事外交诸领域造就了众多叱咤风云的历史人物。以中华民族的优秀文化和优秀人才为后盾，电视界迟早会涌现出一批明星主持人，并在此基础上，出现超级明星主持人。明星主持人队伍是历史发展的必然趋势，也是时代、社会、环境的培育、影响、作用的结果。

法国史学家兼批评家丹纳在论述艺术品的本质时，有一段精彩的论述："艺术家本身，连同他所产生的全部作品，也不是孤立的。有一个包括艺术家在内的总体，比艺术家更广大，就是他所隶属的同时同地的艺术宗派或艺术家家族。例如莎士比亚，初看似乎是从天上掉下来的奇迹，从别的星球上来的陨石，但在他的周围，我们发现十来个优秀的剧作家，如韦白斯忒、福特、玛星球、马洛、本·琼生、弗来契、菩蒙，都用同样的风格，同样的思想感情写作。"①丹纳的这一论述，应用到主持人身上，也不无道理。美国电视节目主持人的发展史，正验证了这一论述。20 世纪 70 年代末，沃尔特·克朗凯特被美国公众誉为超级明星(superstar)，其实他并不是孤立的，在他周围也有一批与他同时代的、誉满全美的、第一流的节目主持人，如亨特利、布林克利、史密斯、沃尔特斯、钱塞勒、华莱士，他

---

① ［法］丹纳：《艺术哲学》，5 页，北京，人民文学出版社，1983。

们的才华和克朗凯特相仿，在各人特有的差别中始终保持同一类节目主持人的面貌。和克朗凯特一样，他们也具有敏锐的眼光，思想家的气质，渊博的知识，超凡的魅力。时至今日，他们同时代的大宗师的荣名——克朗凯特——似乎把他们湮没了；但要了解克朗凯特这位超级主持人，仍然需要把这些有才能的主持人集中在他周围，因为他只是其中最高的一根枝条，只是主持人这个家庭中最显赫的一个代表。

进一步扩充看来，主持人这个"家族"本身还包含在一个更广大的总体之内，就是在他周围趣味和他一致的社会。因为风俗习惯与时代精神对于大众和对于主持人是相同的。主持人不是孤立的人。我们在听到主持人的声音的同时，还能听到群众的声音，这些声音在主持人四周齐声合唱，形成一片和声。正如丹纳对艺术家发表的精辟见解一样：是因为"他们都有同样的习惯，同样的利益，同样的信仰，种族相同，教育相同，语言相同，所以在生活的一切重要方面艺术家与观众完全相像"①。

需要特别指出：超级明星主持人之所以成为超级明星，是因为他们不是昙花一现的人物，而是具有持久的生命力，在电视"屏幕讲坛"上占据一个持久的、他人无法替代的位置。

由此可以断定：要了解一个主持人、一批主持人，对他们抱以何种期望，必须正确地设想、分析他们所属的时代精神和风俗概况。这是决定一切的基本因素。

了解这些因素后，我们就会清楚地看到：超级明星主持人也是时代的产物，只是他们在观众中扎得更深，更能反映广大观众的呼声、思想、情感，更具才能，善于把握时机，在特定的环境下，施展最大的潜力，更能得到大众的肯定。

中国电视发展历史虽然不长，但发展速度异常惊人。节目主持人的历史虽然更为短暂，但拓展的面却非常之广。我们承认，目前中国电视节目主持人的明星群体还没有形成，但是我们看到，一些实力较强、素质较高的主持人正在实践中不断地开拓前进。相信在不久的将来，中国电视名牌节目和明星主持人会在电视传播中发挥出应有的作用。

---

① ［法］丹纳：《艺术哲学》，6页，北京，人民文学出版社，1983。

[**本章重点**]

1. 名牌节目与明星主持是并行发展、相互作用、相互促动的。二者之间的关系是辩证统一的关系。

2. 创名牌节目，造就明星主持人，是世界电视机构为办好节目、吸引观众的战略性举措，也是未来电视的发展趋向之一。

3. 名牌节目与明星主持是同步流动、相互催化的。创名牌节目，必然要有明星主持人来主持，才能提高电视节目的质量。

4. 形成明星主持人群体是电视发展的一个重要突破口。从电视整体传播角度看，必须有一支过硬的主持人队伍，才能保证各种节目的收视率稳步上升。

[**思考题**]

1. 为什么说名牌节目与明星主持是相互促动、相互作用的？

2. 怎样理解名牌节目与明星主持的相互催化作用？举例说明。

3. 怎样理解超级明星主持人的作用？举例说明。

4. 怎样理解明星主持人群体对电视整体传播的作用？

5. 如何看待电视节目主持人的现状？

6. 节目主持人的发展方向是什么？

第十四章
节目主持活动的检验标准

电视节目主持人实践活动的检验都有哪些标准？我们不妨从主持人成功的规律、主持活动的客观评价及历史检验三个主要方面来分析一下。

自 1958 年中国电视诞生至 1983 年，整整 25 年中国电视节目一直沿用播音员的播报形式。1981 年 7 月，中央电视台播出的《北京市中学生智力竞赛》中，第一次在屏幕上打出了主持人这一称谓。1983 年，中央电视台《为您服务》栏目调整节目内容，固定播出时间，由沈力出任专职节目主持人。自此我国有了第一位固定栏目电视节目主持人。这一举动不仅表明我国也开始进行节目主持人的尝试，而且对日后的节目主持人的发展起到了催化作用。

之后，上海电视台推出少儿节目主持人陈燕华，她先后主持了《娃娃乐》《燕子信箱》《快乐一刻》等少儿节目，颇受孩子们的欢迎。值得一提的是，长达 500 分钟的大型系列片《话说长江》首次在同类节目中采用主持人形式，从画外音走向电视屏幕。主持人陈铎和虹云在演播室直接与观众见面交流，收到意想不到的效果。之后，《话说运河》的主持方式有了明显提高。主持人走出演播室，亲临现场解说，增强了与观众的交流感，并以较为成功的串联使大型纪录片的艺术形式和思想内容珠联璧合，情趣诱人。

20 世纪 80 年代中期以来，节目主持人出现在许多电视台的屏幕上，主持人的类型也朝着多元化方向发展。1987 年 7 月，上海电视台推出了全国第一个杂志型电视新闻专栏节目《新闻透视》。福建电视台推出由记者主持的《新闻半小时》节目，在福建省有一定影响。广东电视台相继推出《市场漫步》《金融窗口》等栏目，并设置了专职节目主持人。上海电视台也推出经济节目主持人，主持《信息总汇》《经济纵横》节目。

中国电视节目主持人的推出意味着传统的单一灌输式传播模式开始失去市场，更意味着中国电视传播形式顺应了世界潮流，找到了电视传播的最佳手段。无疑，这为中国电视节目形式的发展注入了一针催化剂，其意义是积极而又深远的。

今天，中国电视界和主持人自身都在探求节目主持艺术的规律，因此，分析主持活动的检验标准具有重要的现实意义。

第一节　主持人成功的标志、周期、时机

主持人成功规律的揭示，对于主持人提高主持艺术水准，确定努力方向，都具有深刻的意义。

从节目主持人的实践活动着眼，主持人成功的标志、时机、周期具有自身的特点，找到这些特点，也就摸到了规律。

一、成功的标志

依照什么标准对主持人实践活动进行评价呢？作为一个主持人，其实践活动又有什么特殊性呢？这里，我们不妨先对主持人成功的标志做一下具体分析。

依照认识论的观点，人才是主体的一种状态，这种状态表现着主体在某个方面的才能。我们每个人每时每刻都处在一种状态之中，但不一定每个时刻都达到成才的状态。

成功标志一般来说是指主体状态在不断变化中达到某种为社会所承认的目标。这个过程可以用下面的主要因素表示：

主体→活动→成果

成果是一个人成功的标志。对于主持人来说，取得的成果是实践的成果。

主持人取得的成果是实践成果，这是主持活动的特殊性质决定的。例如，对于新闻节目主持人来讲，自然还体现着新闻活动实践的特点。

这一特点不同于从事自然现象研究和意识形态研究的人（取得的是认识成果）。而同工程师、社会活动家一样，取得的是实践成果。

这一标志意味着主持人必须取得社会历史所承认的实际成就，才算是取得成功。同时，也意味着衡量优秀主持人的标准是实际能力，而不单纯是学历或资历。学历反映的是主持人受教育的程度，资历反映的是主持人从事职业活动的经历。学历和资历同实际能力有一定联系，但绝不能够画等号。

从一些知名度较高并为社会所公认的优秀主持人走过的道路看，他们的成功往往经过这样一个过程：

起点→实践→成功→里程碑

节目主持人不能够凭借一次两次的成就而定终身，必须经过长期磨练和考验。即使是成就很高的主持人也不可能凭借往日的荣耀来支撑门面。

一个具有一定才干的主持人在实践中显示出潜在能力，并因此得到领导、同行的肯定，这仅仅成为主持活动的起点，并不标志着已成为优秀的主持人。经过长期磨练，这个主持人能够独当一面，能够完成各种复杂的主持任务，并在主持人位置上发挥出较好水准，为观众所认可，得到客观的评价，这时才算是一个成功的主持人。从成功到创造出里程碑般的成就，则是进入主持实践活动的高峰期。

这个过程好比体育比赛的赛跑一样，起点象征着主持人的起跑线，在跑道上经过竞争、冲刺，达到终点并取得名次，这时才宣告成功。最后，再不断保持好的水平以至于创造新的纪录，达到历史性阶段的高度。

那么，节目主持人应该怎样把握自己，投身实践，取得成果呢？

二、成功的时机

任何学科人才的成功都有一个重要因素——时机。

人们常说，时势造英雄。

时机对主持人来说具有偶然性，但这并不等于碰运气。这或许是无所作为的人常常抱怨的理由之一。然而，在同样的机遇下，有的人能从纷繁复杂的社会现象和生活中，辨别出什么是重大题材并抓住不放，因而获得成功；有的人则视而不见，丢掉时机。这里边一方面反映出主持人有没有把握时机的意识，另一方面反映出主持人有没有判断时机是否成熟的能力。

中央电视台节目主持人肖晓琳在主持《观察与思考》节目期间，亲自选题、策划、撰稿、主持了《让我们伸出双手》节目，在社会上产生较大反响，获中央电视台评论节目一等奖。该节目对西北贫困地区因贫困失学的孩子及家长进行了深入采访，并做了客观的评述，同时也对团中央青少年发展基金会实施的"希望工程"进行了报道和评价。由于肖晓琳的这个选题报道引起社会关注，许多观众纷纷来信，并采取捐款行动。为此，她有深切体会："找了一个有关贫困、有关孩子、有关教育的选题，既能拨动人们心中最温情的心弦，又能激荡起大家的民族责任感。纵然没有用上什么电视技巧，但还是引起了观众的强烈反响。记得节目刚刚播出不久，汇款单、信件、电话铺天盖地而来，那份真诚和热情深深打动了我，使我得以体验一种职业带来的喜悦。"肖晓琳主持这个节目获奖，说明她在实践活动中有强烈的把握机遇的意识，同时也反映出一定的新闻敏感和判断力。

节目主持人的实践活动，是认识客观事物、反映客观事物的社会活动。在一定意义上讲，主持人也是社会活动家。因而，主持人选择成功时机，具有更深层的意义。即不单单是对个人功成名就的机遇把握，也是对社会生活、问题如何及时反映的时机选择。

诚然，主持人成功时机的选择不仅仅是体现在对重要主持活动和节目的时机的把握上，还体现在对主持节目的每个多功能阶段的实践过程的把握上。

一般而言，一个成功的主持人在其实践活动中，应该在新闻报道的领域留下成功的有影响的报道成果，也应该在主持人的职业生涯中留下不平凡的足迹。

对电视节目主持人的社会评价，不会仅仅看一个主持人曾主持过什么节目，更重要的是看一个主持人在主持节目过程中发挥了什么作用，有什么样的业绩。因而，主持人对成功时机的把握对个人和社会具有双重的意义。

三、成功的周期

音乐家、画家、诗人、数学家、发明家可能在少年时期就能够有所成就，成为了不起的人才。可是在电视节目主持实践界，却没有一个人能够在少年阶段就成为优秀的人才。为什么呢？因为节目主持工作的职业特征、活动方式、劳动对象决定人才成功要经过一个不短的周期。

节目主持人的实践活动的特点表现在这样几个方面：

其一，以唯物主义的哲学观考察，主持人的实践活动是主体认识客体的活动，即认识和反映客观物质世界的活动。所以，主持人的实践是一种广泛的社会活动。主持人通过广泛的社会活动，认识、反映社会现实生活，推动社会前进。倘若主持人没有一定明智的见解、一定的社会阅历、一定的实践经验，是不可能从事这项职业工作的。从这个特点看，电视节目主持人对现实社会的认识和反映是一个长期的过程。换句话说，就是电视节目主持人必须是一个成熟的人，能够对社会产生认识、发表见解的人。

其二，电视传播面向整体社会，决定了主持人活动范围的广阔——以整个人类社会为舞台。特别是对于新闻性节目主持人来讲，今天的新闻是明天的历史，也正是这种记录今天历史的使命，才使主持人的实践活动得以影响人类社会。"深入的电视报道本身，就很可能影响在一段时间内发展的许多事件的结局。"[1]新闻节目主持人的使命是光荣而神圣的，但真正行

---

① ［美］汤姆·贝塞尔：《传播新闻》，见《传播媒介之职能》，28页，美国驻华大使馆新闻文化处印行，1984。

使好这一使命却不容易，主持人必须站在时代高度才能完成。

其三，节目主持人的视野必须面向整个人类社会，才能够发掘和再现具有时代特征的客观物质世界。在人类科学的发展史上，许多科学家可以在一间斗室创造人间奇迹，像马可尼、贝尔、爱迪生如痴如狂闭门不出潜心钻研，发明了无线电、电话、留声机。然而，电视节目主持人绝不可能关起门来专心致志研究某一特定领域的物质现象就能够透视整个社会。美籍华裔主持人钟康妮是当时美国三大电视网新闻节目主持人队伍中唯一一名华裔主持人。她在多年的实践中的体会是：如果主持人不做采访、不做现场报道，你就会失去这种技巧，你就会忘记采访对象的电话号码，你就会失去速度。而且观众还会认为，你只不过是读读别人为你准备好的稿件而已。主持人不走出演播室去采访、报道，就会失去同观众的亲切感，观众就不大会相信你的报道。

其四，主持人的思想认知是主体认识客体，这种认知是以唯物论的认识论为理论依据的。换言之，主持人的实践活动是借助于客观表达主观意向的活动，是有意识、有目的的认知活动。在这样一种积极主动的认知活动中，关键的问题是怎样去认识，怎样去反映。

以新闻节目主持人为例，新闻节目的目的是，传播信息、交流信息、沟通社会。主持人通过实践活动，来实现这个目的。假如主持人是一个思想贫乏、政治上幼稚、头脑简单的人，那是无论如何也不可能主持好节目的。特别是新闻节目主持人必须对社会有深刻的见解。美国 ABC 晚间新闻节目主持人彼得·詹宁斯曾在晚间新闻主持人的位置上留下三起三落的经历。詹宁斯 9 岁时就在加拿大广播中做过儿童节目广播员。20 世纪 60 年代初，开始从事新闻工作。他在 ABC 开办了《彼得·詹宁斯与新闻》节目，同行对他的报道技巧和风格持批评态度，称他为"男性模特"。詹宁斯只好回到记者队伍中去锻炼。

26 岁时，ABC 新闻部经理洛厄看上詹宁斯的潜在能力，让他担任《晚间新闻》节目主持人，希望他能吸引大批青年观众。但批评界认为他太年轻、太嫩，同行也不和他合作。他的建议既没人理解又没人采纳，被冷眼相待。经过一段痛苦的时期，他感受到，新闻节目主持人的位置不是为年轻人准备的，必经过长期的磨练才能压住阵脚，受人信任。1967 年，他再次回到记者队伍中。他对别人说，一个 26 岁的年轻人试图同克朗凯特、亨特利和布林克利这样鼎鼎大名的主持人一比高低，我真不够格。

20 世纪 70 年代末，詹宁斯又一次被调回总部，成为 ABC《今晚国际新闻》的三个联合主持人之一。由于三个人合作不好，节目收视率下降。三年后，詹宁斯开始一人独挑大梁。1983年起，《今晚国际新闻》收视率开始直线上升，曾几次跃居三大电视网晚间新闻收视率之首。这时，美国电视批评界和观众一致认为，彼得·詹宁斯已经完全成熟了。1987年，美苏高级首脑通过电视卫星进行特别会晤，詹宁斯这位在国际新闻报道方面经验丰富的主持人担任了这一历史性事件报道的节目主持工作。

詹宁斯的新闻实践活动中，有过多次富有历史意义的报道。他先后报道过伊朗扣留美国人质事件、埃及总统萨达特遇刺事件、波兰局势变动、英国和阿根廷的战争。由于他在国际新闻报道方面成绩斐然，曾荣获皮博迪奖和外国新闻俱乐部奖。

詹宁斯虽然只有中学学历，但他知识渊博，思想深刻，被认为是具有学者气质、哲学家头脑的主持人。他的知识主要来自于边干边学，他的水平提高来自有意识的磨炼。

通过以上分析论证，我们可以得出这样的结论：节目主持活动成功的标志是实践成果；成功的时机是重要的主持活动；成功来自长时间的实践磨炼。

可以说，电视节目主持人实践活动的成功标志、时机和周期，构成了电视节目主持人成才的规律。认识了这一规律，我们就可以排除对主持人成功衡量标准的某些偏见。我们不能错把学历、资历看成是成功标志，不能单纯地追求学历，片面地强调资历，而应该进行创造性的实践活动。

同时，也不能指望一鸣惊人而成才，而要进行长时间的磨练。再有，我们必须抓住时机，机不可失，时不再来，时机存在于大千世界的运动变化之中。一个真正想要有所作为的电视节目主持人，还要下决心干上几十年。所谓功夫不负有心人，主持人活动成功的因素较多，但有一点可以肯定：成功的背后饱含着创造性劳动。

最后，需要指出的是，历史时期不同，主持人创造的成果形式也不同；主持人工作的电视机构等级不同，对主持人成功的衡量标准也不同。比如，世界级、国家级、地区级的主持人成功的标准是不一样的。当然，越高级的范围标准越高。

但是，我们所揭示的规律还是具有普遍意义的。无论哪一级电视台的主持人，若要取得成功，都必须进行长期实践，进行创造性劳动。这样才能出成果，才能获得成功。

主持人的实践也不能停留在一个水准上，还必须不断推陈出新。因为客观世界是不断变化、发展的，电视节目也会随着时代的变化、发展而不断向前推进。主持人的实践活动自然而然地要适应新的情况、新的变化、新的拓展。

第二节　主持活动的客观评价

电视节目主持活动，作为社会生活的反映，是观念形态的东西；而作为客观评价的对象，其本身又成为一种客观存在的对象。

节目主持活动的客观评价，既和评价对象的性质、特点相联系，又和评价群体的生活经验、思想感情、批评能力相联系。因此，节目主持活动的客观评价，必须从主持活动的特点与社会评价尺度的相互关系去考察。

节目主持人活动的客观评价具体从哪些方面入手来展开论述，也是一个比较新的课题。我们试图从观众的鉴赏与评价、批评界的分析与再评价、评价的作用三个方面进行探讨。

一、观众的鉴赏与评价

前面我们对节目主持人成功的规律进行了揭示，下面我们进而分析观众对主持人的实践活动的鉴赏与评价。

众所周知，电视是大众化的传播媒介。这个媒介为主持人提供了进入千家万户的"讲坛"，提供了展示才干的"窗口"。

主持人成为家喻户晓的人物，在电视屏幕上向观众进行传播时，观众就处在一种接受者状态。同时，观众也处在理解与鉴赏的状态。由于主持人担任着节目中的中心人物的角色，所处的位置不但重要而且敏感。又由于电视节目传播的大都是同观众生活非常密切、非常直接、非常现实的内容，观众不但易于感受，而且易于从自己对社会现实的感受中去理解。这样，主持人的活动自然受到观众特别注意。

从观众对主持活动的理解与鉴赏角度看，主持人的社会评价带有广泛的大众性，也带有一定的即时评判特点。

对于电视节目来说，观众的鉴赏主要看主持人的能力和报道的内容。《东方时空》节目中的"时空报道"和《焦点访谈》节目之所以受到公众的特别关注，主要是主持人以"站在你身边的记者"形象出现，令观众感受到他们是自己的"代言人"。另外，节目内容触及社会问题，使观众感到节目为公众主持正义，对社会负责。久而久之，节目的固定形象，主持的风格，节目的样式就在观众心目中留下特别的印迹。

电视观众不会像理论界评判那样，对主持活动的每一个环节特别留意，观众的鉴赏往往是出自自己的直接感受和整体的印象。

马克思曾经指出，对象如何对他来说成为他的对象，这取决于对象的性质以及与其相适应的本质力量的性质；因为正是这种关系的规定性造成了一种特殊的、现实的肯定方式。眼睛对对象的感受与耳朵不同，而眼睛的对象不同于耳朵的对象。每一种力量的独特性，恰恰是这种本质力量的独特的本质。马克思的话不仅对于理解新闻节目主持活动的特殊性有重要指导意义，而且对公众对于主持活动的理解和鉴赏的特殊性也不无指导意义。

对于评价活动来说，不同样式的节目在评价活动中所引起的差别，首先是由媒介因素的不同而作用于观众的视听感觉开始的。正如王朝闻先生在《美学概论》一书中指出的那样："绘画总是首先诉诸视觉；音乐总是首先诉诸听觉。因此，在盲人面前，不存在被感受着的绘画，在聋人面前不存在被感受着的音乐，他们欣赏戏剧或电影，也只能感受其可能感受的或视或听的某一方面。从这里出发，探讨各类艺术欣赏活动的特殊性，只能首先结合着艺术作品诉诸欣赏者感觉的特殊方式来进行，必须充分认识各类艺术诉诸欣赏者视听感觉的特殊性。"[1]王朝闻先生上述的观点虽然是针对艺术欣赏的特殊性而言的，而其中的道理对于主持活动的社会评价也是适用的，我们从中可以得到举一反三的启迪。在前面我们提到过，电视是一种感觉媒介。节目主持活动是诉诸观众视、听感觉的特殊方式。观众对于节目的感知，总是以各种感觉经验的相互作用为依据和条件的。

主持活动首先诉诸观众的视、听感觉，并不等于说观众对主持活动的评价仅仅局限于视、听感觉的固有范围。我们知道，一切感觉都和思维相联系。电视节目对生活的反映，绝不可能穷尽生活的各个方面。观众对主持活动的评价极有可能超出他们在屏幕上感受到的内容。

毫无疑问，节目主持活动对社会、对观众的影响是潜移默化的，观众对主持活动的评价也是不断深化的。

首先，主持人在屏幕上进行的活动是经过选择、加工而成形的。而现实生活带给观众的感受却是直接的、不经加工的生活的本来面貌。事实上，正如一些电视研究人员所认为的那样，人们并没有看到真正的世界，人们

---

① 王朝闻：《美学概论》，302 页，北京，人民出版社，1981。

只看到了电视展示的世界。这就好像人们住在一座房子里，房子的窗户又少又小，人们看到的景色十分有限，人们从来没有从窗子中看到窗户之外的那几面墙的世界。电视屏幕就好比窗子，也许正是由于这个因素，观众对电视节目的期望程度可能会比主持人所想象的要高，他们或许时刻想要看到更多的东西。

其次，电视作为现今最完美的媒介形式，它展现的世界无论怎样有限，对于公众的影响之大都是前所未有的。有人称电视是现代社会中最可怕的力量。电视传播的信息对公众已如此熟悉，而主持人的活动对观众来说也早已不陌生。当观众每天从电视屏幕上看到主持人出现在节目中，充当着信息传递者的角色，观众对信息的接受和理解便同主持人的活动发生了直接的联系。观众对主持人熟悉、喜欢、信任的程度是否影响到节目内容的接受程度呢？

一些调查结果显示，这种影响是存在的。《60分钟》节目平均每天收到观众来信200多封，绝大多数信都是寄给主持人的。在《亲爱的60分钟》这本书里，收集的全部是观众来信。观众在信中对主持人提出各种问题、各种建议，甚至对主持人举手投足也发表看法。

节目主持人实践活动为观众所注目。观众同主持人这种特殊的亲密关系，曾引起国外社会学家的兴趣。这也说明，主持人实践活动时刻受到观众的评判，观众的评判对主持人起到鼓舞和支持作用。同时，主持人的实践活动通过观众犀利的目光，敏锐的洞察，将不断地得到即时的评价。从《60分钟》观众来信中看，大多数的信件都是观众刚刚看完节目就写好邮寄给主持人的。这种即时评价的特点，对主持人来说是得天独厚的。主持人可以随时听到观众的反映和心声，不能不说是一种幸运。

观众的评价可以说是一种客观的尺度，是对主持活动最直接的检验。

二、理论界的分析与再评价

电视自问世以来，几乎每时每刻成为人们议论的对象。似乎不用感召，电视周围就形成了一个批评界。

在美国，电视批评界的队伍很独特。电视学家、社会学家、心理学家、历史学家等都加入了这个行列。此外，各种社会团体，如民权组织、妇女组织、儿童组织等也是电视批评界的重要成员。再有，电视机构聘用的电视顾问，也称电视医生，更是每时每刻为电视"诊断病情，开方下药"。

这种现象很值得注意和研究。历史上，任何一种艺术形式、任何一种传播媒介，都没有这样大范围的批评界为其评头论足。

电视批评界另一个独特之处是不仅仅对电视传播进行评价，而且出谋划策，积极参与节目的定位、策划等工作。

由于新闻节目是电视台的支柱节目，节目主持人又是节目的标志，因此，批评界对主持人的评价更为直接和具体。

在我国，电视批评界队伍与美国有相似之处。所不同的是我国电视批评界队伍里还加入了报纸、杂志等新闻媒介的人员，此外还有一些与节目关系比较紧密的各个领域的宣传部门的人员。

电视批评界的工作大体分为两部分，一部分是从事理论研究或者教学的人员对电视传播的追踪式的关注，进行系统的理性的分析和评价。另一部分是对具体的节目进行具体的分析、评价，同时在节目调整、发展过程中出谋划策。

近几年来，电视界自身比较注重客观评价，各种类型、各种层次的研讨、策划、评奖活动纷纷召开，特别活跃。

过去很长一段时间里，电视的客观评价还形不成风气，如今却今非昔比。这个现象反映出电视批评独有的特点——广泛引起全社会关注和评价。

△批评界评价的特点。

节目主持人的自我评价是结合他自己的思想、观念、体验对实践活动所做的主观评价；观众的评价是依据节目内容引发出的感受程度，并联想到现实生活的状态对主持活动所做的客观评价；批评界的评价则是比较超脱自我范畴，更为注重理性思考的较为科学化系统化的所谓专家的评价。

电视批评界人士力图寻找规律，并按照规律去要求、评判主持人的实践活动。有时候，批评界在寻找规律的过程中，常常超出国家和地区范围，对主持人实践活动进行国际比较；有时候，批评界期望以较高标准和主持人实践活动进行衡量，对主持人与主持人之间进行比较；有时候，批评界依照理论根据对主持人实践活动进行评判，力求理论与实践对号入座。

同观众的评价相比，批评界喜欢凡事要讲出个所以然，观众则喜欢直截了当地说好或者不好，对或者不对。批评界一定要讲出好或不好的原因，对与不对的原因，并且指出应该怎样去做才更好。

从某种程度上讲，批评界的评价不单单是凭借感觉，而且要通过分析，达到理性认识。所以，批评界对主持人活动的评价是一种再评价的活动。

△评价的标准。

评价的标准是节目主持活动客观评价的基本问题。

节目主持活动反映了一定的社会对大众传播的需求。它作为评价尺度的标准，是一定的社会对大众传播要求的集中反映。进一步说，是对主持人这样一个"传播使者"活动的特定要求的反映。

需要指出的是，评价标准是衡量主持活动的大众传播价值的尺度。但是，一切理论家都有一定的评价标准。无论自觉不自觉，对任何一次主持活动的评价，都不可避免地体现出这种标准。

由于节目主持活动是分不同层次的，这给评价标准的确立也带来了困难。不同的尺度、不同标准的评价，结果一定是不一样的。

那么，主持活动的再评价是否就是各行其道，没有规则可循了呢？不是的。

"历史上对于艺术作品的评价，一般都是从两个角度出发或者说从两个方面进行的：一是考察艺术作品对社会生活的作用和影响好坏，这就是社会评价，特别是政治的、道德的评价；一是考察艺术创作本身的成败、得失，这就是艺术评价。当人们这样从不同角度或方面考察艺术作品时，实际上就是把体现于艺术同现实的关系中的真、善、美分别地加以考察；对真与善的社会的功用的评价，往往看得比对艺术作品的美的评价更重要。"①王朝闻先生上述这段关于艺术批评标准的论述，非常适宜移植到对节目主持活动的评价上。主持活动的评价标准，也不外乎从社会评价和艺术评价两个角度出发。

电视观众的评价可以说是比较侧重社会评价。这是因为，主持活动是影响到社会生活各个领域的实践活动。那么，观众从这种社会作用的效果上去衡量和评价其好坏、利弊，就是不可避免的。

批评界的评价可以说是比较侧重于艺术评价。这是因为，主持活动作为一种节目方式、传播形态，对电视节目制作有着直接作用。批评界从业务角度，判断其是否起到积极推动作用。

艺术评价比社会评价更需要理解力。因为，艺术评价不局限于对主持活动的具体感受、想象和体验，而是在感受的基础上着重对主持人的节目创作活动进行科学分析、判断和研究。这就要求批评界既要对节目主持活动有深刻的感受，又要在此基础上对具体感受进行归纳概括。只有把具体感性材料提高为逻辑概念，才能更深刻地把握主持活动的规律。

批评界的评价是在对主持活动认识深化的基础上得出正确的判断。但

---

① 王朝闻：《美学概论》，325 页，北京，人民出版社，1981。

是并不意味着，在认识深化基础上得出的判断都是正确的。因为，认识、深化、判断不能不受批评者的观点、方法、水平所制约。鲁迅说过："我们曾经在文艺批评史上见过没有一定圈子的批评家吗？都有的，或者是美的圈，或者是真实的圈，或者是前进的圈。没有一定圈子的批评家，那才是怪汉子呢？""我们不能责备他有圈子，我们只能批评他这圈子对不对。"①

事实上，无论是侧重社会评价，还是侧重于艺术评价，在评价过程中或多或少都带有兼而有之的特点。

总之，主持活动的客观评价包含着社会评价和艺术评价两个方面。

三、评价的作用

对主持活动的客观评价，具有什么作用？评价的作用又是怎样生效的？回答这个问题，还可以从理论界和观众评价两个方面进行论述。

△理论界评价的作用。

批评界对主持活动进行评价是根据现实需要，从理论上指导实际。

但是，这种作用并不意味着评价是凌驾于主持活动之上。犹如理论与实践关系一样，评价与实际工作是一种相互促进的关系。评价可以指导并推动主持活动，而主持实践的进一步发展，也必然更进一步地促进评价水平的提高。

需要强调的是，对主持活动的评价，往往不能够脱离电视节目本身的特点，理论的指导也往往不能够脱离电视现状的发展。在某种程度上讲，实践活动往往制约着理论的发展。

评价可能会出现标准不统一，不够理性、不够客观的观点和意见；而实践也可能会出现误入歧途，迷失方向的情况。因而，实践活动和评价活动都不能够停留在狭小的范围内孤芳自赏，而要不断地完善和丰富。

我们的客观评价，不仅在促动主持活动的社会性方面有巨大作用，而且在提高主持艺术水准方面也应该做出应有的贡献。

面对如此大众化的观众评价，面对如此理论化的专家评价，对主持人的实践活动到底起到多大作用呢？一些不够科学的结论、建议是否也起到作用呢？假设实践与评价都出现了误差，到底依据什么标准来检验呢？

下面，我们可以分析一下美国地方电视台的新闻"医生"所开的"处方"。

---

① 鲁迅：《花边文学·批评家的批评家》，见《鲁迅全集》，第5卷，348页，北京，人民文学出版社，1981。

在美国，几乎所有地方电视台都聘有自己的"医生"，也称作顾问。这些医生为电视新闻"看病""下药"，经过多年"行医"实践，"医生"们的有些"处方"已在全国流行。以下是 10 个标准"处方"。

1. 加快新闻报道节奏，为观众提供更多更短的新闻。闻名全国的顾问马吉德建议，主持人在演播室内口头播报一条新闻不要超过 15 秒，一则图像报道不应超过 1 分钟。

2. 特别注意选择报道有地方特色的新闻内容。主持人要同地方各个部门保持热线联系。

3. 以耸人听闻的手法报道那些有刺激性的新闻，例如火灾、犯罪、性、事故及神鬼之事。旧金山的 KGO 电视台主持人以"老是唱反调、莽撞、极度兴奋"著称，倒也吸引了一批观众。

4. 新闻报道要注重感情色彩和人情味。有些顾问建议，电视台不应太注重报道有关当地政治新闻和市政厅会议，而应集中报道那些能引起观众兴趣的有人情味的消息。主持人要在屏幕上显得轻松些、再轻松些。

5. 搜集公众的意见，为公众说话。记者或主持人以"行动记者""站在你身边的记者"形象出现。例如，受理一个受到地方商业机构或政府部门迫害的受害者的来信，通过报道最终解决他的问题。

6. 加强咨询报道，赋予新闻报道一定服务功能。通过节目告诉观众怎样经营，怎样理财等。主持人在屏幕上要显得亲切些，再亲切些。

7. 记者或主持人要亲临现场并出现在摄像机前，处于一种活动状态。例如同汽车修理工人一起钻到底盘下；推着购物小车同家庭主妇一同走进超级市场；同活泼可爱的孩子们一块玩球；同运动员一起跑跑步，伸伸拳脚等。

8. 幽默，更幽默些。大多数地方台根据顾问们的策划，都有一个能够使观众开怀大笑的"滑稽演员"式的主持人，这个人专门研究各种能刺激观众的办法，以便让观众开心。在电视节目中的天气预报主持人也是无拘无束，别开生面。在爱达荷州爱达荷福尔斯，一个主持人头顶地倒立着播出当天的天气预报。他甚至穿着一条短裤走出演播室，站在暴风雪中预报天气信息。

9. 设立友好的主持人班子。这些主持人要亲切可爱，让观众看了感到愉快、轻松。这个班子一般的组合是一男一女两个主持人，外加一个天气预报主持人。这个班子中的成员要显得非常和睦，在称呼上亦可称兄道弟。如果是一老一少，在称呼上亦可长幼相论。有的观众对此发表看法说，他们对某些主持人熟悉、喜欢的程度胜过了对家里人。

10. 主持人不仅为观众带来欢乐，还要展示个性风采，充满活力，热情洋溢。目前，许多地方台的新闻主持人的面貌发生了变化。沉着、富有权威的主持人正在被那些长相漂亮生气勃勃的年轻主持人所取代。

仔细分析这些标准"处方"，我们会发现有些观点是错误的。例如，第1条中所提倡的耸人听闻的报道手法，是不符合新闻报道原则的。即使在美国，有些"处方"也受三大电视网的冷眼相待。但是，这些"处方"在地方电视台却比较通行，而且在近年形成一种趋势。这种趋势就是新闻节目形式更为灵活多样，主持人更为亲切热情，以至于在总体上形成轻松、自然、贴近的特点。

特别值得注意的是，地方电视台在新闻顾问们的策划下，节目收视率成倍提高。这动摇了三大电视网长期的新闻垄断地位，迫使电视网新闻节目和主持人不得不改变节目的正统做法。然而，结果是有喜有忧。

例如，在新闻选择上，增加了一些软性新闻。批评界认为这些新闻不是重要的信息，观众却产生了浓厚兴趣。再比如，拉瑟曾被要求放松、再放松，结果露出的笑容很不自然，收视率反倒下降了。

这些现象说明了什么？透过这些现象，我们又可以借鉴到什么，抛弃什么？对于评价的作用验证了什么？这些迹象在中国电视界是否也露出端倪？

第一，我们发现，评价的目标以及批评界的理论指导应该是有针对性的，即有特定对象的。不同的电视台，不同的观众群，有不同的特点。从电视新闻节目及主持人的发展历程看，地方电视台总是比较灵活多变，不那么正统；国家电视台则总是比较遵守原则，比较正统。拿中央电视台同北京电视台作比，北京电视台的《北京特快》节目或许在地方台能够存活，在中央台却不一定能够存活。这个节目在形式上比较清新，在内容上比较接地，主持风格比较明快。北京观众看这个节目就好比是"吃快餐"，有人称该节目是"电视快餐"式的报道。但是，理论界对该节目却有不同看法。理论界一方面肯定了节目的大胆尝试、创新；另一方面又批评了节目过分强调形式，而忽略了内容。特别是用语不准确，报道角度只讲新奇，不符合实际等。也有人认为，这个节目毛病不少，但收视率不低，这就是成功。这个现象就如同美国地方台新闻节目一样。面对这个现象，我们到底应该怎么办，这就涉及前面提出的第二个问题。

第二，理论指导有对有错，实践活动有正有偏，当收视率上升或下降时，正确的方向是什么呢？

从长远的眼光看，主持人的实践还是应该遵循规律。也许一时上升的收视率并不一定能够长久维持下去，一招一式的花架子并不一定能长久吸引观众。所以，我们还是要取其合理成分，扬弃不合理成分。

自然，一个新的节目出台，一个新的尝试不可能尽善尽美，《北京特快》也不例外，相信随着时间的推移，随着电视新闻的发展，随着观众新闻需求的增加，随着批评界水平的提高，实践活动中的正确东西会被保留下来，偏差会得到纠正。

第三，从上述现象的发展迹象看，评价的作用是巨大的，不但直接指导实践，而且在一定条件下与实践同步流动。

评价过程中派生出的"点子"对主持节目的再创造活动产生着具体指导作用。在某种程度上讲，这种理论指导与实践活动呈现出同步流动的特征。因为，此时此刻的理论指导是在相近似的实践活动中以及已有的相关理论中进一步的发挥与创造。这也就是理论超前一步，指导实践的现象。正如1952年，唐·休伊特头脑中产生的 Anchor 一样：先有想法，付诸实践；实践之后，再进行理论归纳；进一步实践，进一步评价；再创造，再评价指导……

第四，目前，中国理论界同实践活动的关系越来越密切，理论的指导作用越来越直接。

我们看到：电视台新出台的节目，从定位到策划，从实践到总结，都有理论界的参与，并且长期跟踪，不断进行评价指导。例如中央电视台、北京电视台新闻部门，经常请理论界人士对节目和主持人进行阶段性的评判。

这个现象说明：我国电视界在实践过程中逐步认识到理论的作用；也说明理论界的水平在不断提高，发挥出应有的作用。

在我们强调主持活动客观评价对工作的具体指导作用时，我们还需要指出，客观评价也起到间接的社会作用。因为，正确的评价通过逻辑判断，揭示主持活动的客观存在的社会内容，可以帮助观众更明确、更直接地提高认识水平。

评价活动作为一种能动的意识活动，它不仅直接认识了评价对象，也间接认识了对象所反映的现实生活。通过对现实生活的理性分析研究更可以帮助公众在对电视节目做深入理解的基础上，提高对现实生活的认识。

第五，还要指出：客观评价在对主持活动发展规律进行科学研究的基础上，对主持节目具体创作特点，可以加以归纳总结；在坚持内容决定形式的原则下，对形式、手法、技巧，都应当进行研究；对带有倾向性的趋势，可以加以预测。

世界上任何一门艺术的发展，无不伴随着艺术批评而成长壮大。为此，我们还应该提倡：形成良好的批评风气，以便更好地促进主持艺术水平的提高。

△观众评价的作用。

观众对主持人活动的评价特点是从具体感受出发。他们对感觉到的东西发表看法，或许是点点滴滴、零乱无章，但却是比较真切的。因此，观众的评价对主持人实践的作用也就显得非常具体、非常直接，无论是深刻还是浅显。

《60分钟》节目总编导唐·休伊特曾骄傲地说，《60分钟》得到了美国公众"最伟大的投票"。每天寄到CBS所有的观众来信，有一半是给《60分钟》的。仅在1982—1983年间，就有15万人写信建议《60分钟》应该报道什么。1970年，主持人哈里·里森纳曾一度离开节目，到ABC主持晚间新闻。美国总统尼克松作为节目的忠实观众给他写信说："ABC得到你这样的人才真是幸运，你作为一个记者的才干和品质，将会成为ABC新闻队伍的财富。"白宫官员哈伯特·汉费莱斯在信中说："你转到ABC的消息刚刚知道，相信你会干得很出色。"美国前总统林登·约翰逊也写信说："没有你，CBS将会有所失落，但是你的朋友和你的崇拜者今后无疑会越来越注意ABC新闻。"由此可见，《60分钟》主持人在观众心目中的位置。那么主持人对观众的来信怎样处理？对观众评价持什么态度？观众评价对其实践产生什么影响？

《60分钟》节目有六位产生社会影响的主持人。

麦克·华莱士、哈里·里森纳、莫利·塞弗、埃德·布莱德利是《60分钟》节目主持的开疆元老。这4位主持人被称作"4只老虎"，形容他们的报道及主持如此厉害。安迪·鲁尼是作家出身，主持节目常独具慧眼，入木三分，20世纪80年代初加入《60分钟》主持人行列。黛安·索耶是《60分钟》第一个女节目主持人，1984年12月21日首次在节目中出现。她曾是早间新闻主持人，具有相当阅历。下面，我们分别来看看他们是怎样看待观众来信的。同时，对他们的反应进行归纳分析。

麦克·华莱士的反应及分析：

自1968年以来，麦克·华莱士坚持收看观众来信。起初他看所有信件，包括写给节目的信，后来信件急剧增多，他只能抽时间收看写给他本人的信，有时信件阅读组也为他提供比较有趣的线索。

华莱士最喜欢的来信是对节目提出有价值的建议的信，他的一些最好的报道来自观众的建议和线索。比如关于枪支管理的报道，关于一家化工厂工人和家属受到一种杀虫剂毒害的报道……观众的建议往往来自他们深切的感受。

华莱士认为，观众来信为主持人提供线索，这种"串线人"的工作颇有成效。观众告诉主持人他们周围发生了什么，或者他们从其他报道中看到了什么，这些东西很值得主持人了解或报道。华莱士认为，他从观众来信中学到的最重要的东西是观众与主持人之间有一种特别的人与人之间的联系。"我们被看作是专门负责听取批评、搜集意见的人，或者是专门调查政府官员营私舞弊及社会不良现象的人；人们希望我们尽力反对胡作非为，纠正冤案，主持正义和公道。"

华莱士对那些辩证地看问题，引发思考的信很感兴趣。他觉得，这样的信能够带给主持人最大的益处是开启思路。

关于对他本人进行评价的信件，他也很重视，小心收藏起来，但很少说出信中的内容。有一位普通人曾写信称他是：那个亲爱的、和蔼的、仁慈的伙伴。他对此感到特别快乐，因为他一向被看作尖锐、咄咄逼人的主持人。华莱士对那些普通观众的批评十分在意，把这些信件筛选出来保留。

△评价作用归纳。

从华莱士对观众来信的反应中，可以看到：观众评价起到开启思路、引发思考、采取行动、小心树立形象的作用。

哈里·里森纳的反应及分析：

里森纳声称他看所有的来信，并时常回信。通常，他对三种来信感兴趣：一是来信内容对他有所打动；二是认为他的报道十分正确；三是他的报道出现错误被指出来。收到这样的信时，他便给予答复。

《60分钟》其他的主持人的办公室，墙上挂着装上框子的观众来信，而里森纳却是唯一的例外，他只挂上他的 7 个小孩的照片。但这并不意味着他对观众来信不重视。他认为，观众来信常常引起他的兴奋点。

里森纳感受较深的是，当主持人报道了观众渴望看到的东西时，就会收到大量来信。而一些有争议的问题报道，常常收到不同观点的陈述信件，这些信都企图说服主持人站到自己一边。一次，他主持了吸烟者之间权利保护问题引起的社会争论节目，许多来信就此事发表意见。赞成不吸烟要求保护不受吸烟者侵害权利的来信较多，赞成吸烟者个人权利也要受到保护的来信相对较少，二者的比例是 5：1。里森纳在节目中也透露了自己是个吸烟者，但大多数观众来信并没有给予他支持。

里森纳在观众来信中还发现，个别时候观众对主持人谁是谁非弄不清楚。他曾收到一些评价他没有主持过的节目来信，由此可见，节目内容给观众的印象更为深刻。

△评价作用归纳。

从里森纳对观众来信的反应中，可以看到：观众的评价注重节目内容，对报道选题确立、报道水平提高起到促动作用；同时扩大了主持人了解现实的视野，并且使报道进一步深化。

莫利·塞弗的反应及分析：

莫利·塞弗基本上是拆开所有信件，十分重视观众的评价。他亲自回答其中一部分观众在信中提出的问题。

他对观众对报道的评价感兴趣。当观众来信赞扬他主持了正义，赞扬他报道客观公正，他感到特别高兴和振奋；当观众批评他报道不够好或出现差错时，他感到十分不安和焦虑。

对一些观众的批评出现误解时，他常常回信解释。有时，观众认为他说了不该说的话，有时，观众对报道的内容理解错了，可能是自己的报道还没有做到让观众易于理解。

塞弗对有的信表示气愤，这种信主要是对他个人进行过分指责或攻击。一次，他收到一封信，信中指责他是一个种族主义者。缘由是他在节目中报道黑人刚到美洲时受到的歧视，拍摄一个网球场，旁边牌子上写着"只许白人进场"。塞弗对这封信的反应特别敏感和气愤。他说，越使他气愤，他越是要回信。

莫利也收到一些重要的知名人物的信件，但是很少透露信中的内容。

△评价作用归纳。

从莫利对观众来信的反应，可以看出：主持人很在意观众的评价；新闻节目主持人在观众心目中的地位很高；观众评价一个主持人时对他的报道内容很关注，特别是评价报道正确不正确。由此可见：观众评价对主持人发生错误起到监督作用；对主持人坚持客观、公正起到支持作用；对主持人报道手法是否能够使观众更加明白理解内容起到鉴定作用。

埃德·布雷德利的反应及分析：

埃德·布雷德利的办公室墙上挂着一封特别的观众来信，足有 4 英尺（约合 1.2 米）长。在上面画着一辆救火车，一匹在火海中的马，还有一些人在设法灭火，旁边站着一个记者，这是一群三年级的孩子自己设想形容的一个主持人的工作。先前，这些孩子给布雷德利写信并得到亲笔答复，为了感谢回信，特意又发出这封超规格的信。布雷德利访问了这个班级，通过信函他们保持了多年联系。

布雷德利从来信中感受到：当观众对你报道的内容感兴趣，并且来信称赞你，这说明他们同你站在同一视角和立场上。观众不但是对报道的内容感兴趣，而且感到你代表了他们。这也说明报道时机选择得很适宜，因为触动了人们的生活和思想。

布雷德利是节目男主持人中最年轻的一位，所以也成为各种名目邀请、追逐的目标。信件、电话、邀请不断线，他以前对此还感到"荣幸"，后来就感到毫无意义，根本不去理睬，但却礼貌地让助手去"阻挡"。

布雷德利对名人的来信，特别是政治家的来信不太在意，经常是扔进纸篓处理掉。不过他对来信内容还是过目的，只是不保留。

他在观众的来信中搜集反应，这些反应告诉他有多少人在看《60分钟》；他们都是什么人；各种人对报道持有什么评价；他们之间有什么差异；这些差异说明了什么，对主持人今后的报道有哪些参考价值。

△评价作用归纳。

布雷德利对观众来信的反应十分有趣，这其中表明：观众评价对主持人判断报道时机、判断报道题材是否贴近社会、贴近生活、贴近观众起到直接的参考作用。同时，观众的反应加强了主持人同观众之间的感情联络，这是人际交往中的特殊交往方式。

安迪·鲁尼的反应及分析：

安迪·鲁尼把观众来信既看成麻烦事又看成是重要事。看成麻烦事是因为没有时间回复众多信件，多少感觉对不起观众；看成重要事是因为来信使他受益匪浅。

安迪不满意观众来信服务部答复的标准化回信，这种信除了回答具体的小事情外就是例行的套话。他常常自己写回信，有时心血来潮，花费一个上午时间也不吝惜。

安迪是作家出身，他把一封精彩的信当作一个作品来看待。他认为，写作是要付出心血的，不是件容易的事，所以花点时间回复一些值得回复的信是"义不容辞"。只要有时间，他每天都尽可能亲自打字，回答观众来信中的问题。

安迪对一些评价他个人主持特点的来信感兴趣。也许由于他是作家出身，有些观众认为他是一个在报道结束时永远引导人们思考的有趣的主持人。多数情况下，他引导人们关注社会问题，因为《60分钟》报道的选题中有许多是揭示社会问题的，报道本身就是在抨击社会弊端。因此，安迪被认为是思考型的、有思想深度的主持人。不过也有人认为他在报道中流露出对社会的抱怨，他的态度和说话方式都有这种痕迹。

　　△评价作用归纳。

　　安迪对观众来信的态度和反应可以说是比较敏感，他重视来信，也重视回信。我们看到，观众评价对主持人的观点、态度起到迅速及时的评判效果。观众不但评价主持人的报道内容，而且通过主持人在屏幕上的表现判断他们的报道态度、风格；同时，判断主持人对现实社会的反映和对现实社会持有的观点态度，从中得出这个主持人是什么类型的人的印象，这种印象或许影响观众对节目的评价。

　　戴安·索耶的反应及分析：

　　索耶作为《60分钟》第一个女节目主持人，受到特别注目。像别的女主持人一样，一旦主持严肃的新闻节目，首先受到观众和同行的挑剔，不管她原来主持节目表现得多么出色。所以，索耶最担心也最不高兴的，是面对观众对她的能力的怀疑。起初，一些观众认为她虽然看起来生气勃勃，但报道时显得做作，索耶以行动给予了回答，而不是回信。当她的报道取得成功，当她的足迹遍布许多地区，包括可怕的垃圾堆和疾病多发地带，观众对她开始刮目相看。

　　索耶对观众的怀疑和肯定表示理解，她对观众的评价持乐观态度。她表示：我喜欢从来信中了解观众的反应，以这种方式走进人们生活是令人激动的。从中可以学到东西，然后记在心里。第二天又开始接触新的报道，向人们报道他们想要了解的事情和想要解决的问题，接着又有新的反应和评判。

　　△评价作用归纳。

　　观众对索耶的评价说明，新闻节目主持人的报道能力是观众所重视的；索耶对观众评价的反应说明，主持人用行动证明能力就能够被观众理解。可见，观众能否接受一个新的面孔，是有一定标准的，观众评价对主持人起到鞭策作用。

　　总括起来，观众评价作用不可低估。一般而言，理论界评价都比较慎重，小心求证，有理有据。观众评价都比较大胆，看到什么说什么，想到什么说什么，没有太多顾虑。特别是对于主持人的批评，观众往往毫不客气，直截了当。理论界则寻找前因后果，指出不足，也指出优点。观众对主持人评价错了，主持人认为仅仅是局部的误解。理论界评价错了，主持人则认为是很大的问题，甚至也要理论一下。

不过，观众评价同理论界评价虽各有特点，但却都起到非常重要的作用，这一点是不容置疑的。

我们对《60分钟》主持人对观众来信的反应进行了具体分析，并从中归纳了观众评价的作用。从这个独特的视角分析，还可以得出这样的结论：观众对主持人活动的客观评价比其他任何评价都来得直接，来得痛快。这种大众化的迅速及时的评价确确实实是独特而有益的，这也是节目主持人职业特点得天独厚的又一体现。

第三节 主持活动的历史检验

电视节目主持人的发展依赖于社会提供的大背景；同时主持人的实践活动必须适应时代的需要。

在文艺批评史上，常常发生对一部作品的评价众说纷纭莫衷一是的现象。节目主持活动的评价也不例外，常常发生对主持人及其节目创作的不同看法、不同意见，难有定论。这样看来，分歧的现象似乎永远存在，事物在发展变化，认识也会不断发展变化。

事实上，人们认识事物过程中存在着个人偏爱的复杂现象，并不等于否定对事物的认识存在着客观标准。对主持人的社会评价、艺术评价的最终验证是历史的验证，而主持人的主观评价和全部的实践结果也同样要接受历史的验证，最后得出符合历史的具体结论。

下面将从主持人实践的时代烙印、实践结果的历史验证两个方面进行探讨。

一、主持人实践的时代烙印

主持人是生活在一定时代的社会形态之中的，主持节目的实践活动不能超越自己所处的时代特点。任何主持人的实践都必然带着时代的烙印，并随着时代的变化而变化。因此，我们探讨电视节目主持这门学科，离不开认识主持人所生活的时代。

电视节目主持人的实践与社会现实紧密相关，时代的烙印更为直观易见。这也是我们评价主持活动时为什么以现实生活为间接的评价对象的原因所在，评价既然是以主持活动已经反映或尚未反映的现实生活为根本条件，那么，不只是主持活动是社会生活的反映，认识和评价也是对社会生活的反映。人们对主持人的评价，表现了人们对主持人的要求，也反映了主持人与一定时代、一定民族、一定社会的关系。

中国有句成语，叫作"知人论世"。这是从《孟子·万章下》的"颂其诗，读其书，不知其人可乎？是以论其世也"的论述中提炼出来的。原指为了评价历史上的人物而要了解、分析他所处的时代。我们对主持人实践进行历史审视，同样先要巡视他们的实践活动的时代烙印，进而，才能理出清楚的认识思路。

主持人是时代的产物，他们站在时代的高度，在主持节目的实践活动中表现出时代精神。除了客观条件外，主持人的主观努力起着主导作用。《焦点访谈》节目的主持人以记者形象出现，通过他们的群体努力，反映了公众的愿望，体察了公众的情绪，适应了时代的要求，因而得到公众的认同。在中央电视台新闻节目发展的历史上，还没有哪一个新闻节目像《焦点访谈》节目那样引起受众特别的关注。几乎每天都有人到中央电视台门口亲自来寻访这个节目组，期望通过这个节目解决他们的问题，更不要说观众来信、来电话反映情况，提供线索了。

主持人实践活动的时代烙印折射出主持人的世界观。主持人对现实社会的反映报道并不是消极的有闻必录，而是有所选择、有所追求的。任何一个主持人都要对他所反映的社会生活、问题、事件做出判断和分析，表明自己的态度和倾向，无论是以客观报道形式，还是以直接表态的评论形式，这不论主持人是自觉还是不自觉，是表现得鲜明还是隐蔽，实质上都是相同的。这种判断、评价、态度，都是由主持人的世界观和新闻观所决定的。

世界观是主持人对世界的根本性看法；新闻观是主持人对新闻活动持有的基本观点、原则和方法。毫无疑问，主持人实践活动的进程中要持续不断地对社会起反应。在他们对节目内容进行选择、表达之时，特定的世界观和新闻观作用其中。

1987年6月，北京电视台播出的《环球瞭望》系列节目，是由美籍华人学者张雯女士主持的。在这个节目中，系统地介绍了美国一些大企业经营管理模式，人才培训方法及科学技术的最新发展。节目中还对美国政界首脑、著名企业家进行了专访，让他们就当今世界经济的战略发展发表看法。

张雯为什么要拍摄主持这样一个系列节目呢？一是因为她看到了中国经济发展的特定历史需要；二是因为她具有强烈的意愿，希望把西方技术革命的最新信息、举措传播到中国；三是她的学问、知识和多年来研究的方向驱使她完成这样一个使命。张雯在节目中，标科学技术之新，立信息革命之异，用形象化的电视手段把西方国家科技兴国的成功之路，客观地展现在中国观众面前。

《环球瞭望》不仅对中国，而且对许多发展中国家都具有时代意义。1987年，联合国科技发展中心委托张雯到中国拍摄把现代科技用于改变农村落后状况的电视节目《星火计划》，并到新加坡、芬兰、意大利等国拍摄把高科技应用于工业自动化的电视节目，准备在联合国的159个会员国中播放。《环球瞭望》节目也在上海电视台播出，报道范围扩大到多姿多彩的国际社会生活的多个层面。

从张雯的节目主持实践活动中，我们不但看到了时代烙印，而且也体察到了主持人的世界观和新闻观对实践活动的作用。

一般来说，主持人在理智上所肯定的东西，同时也就是他在情感上所热爱的东西。在主持人的实践活动中，时代色彩非常浓烈。主持人只有把握住时代的脉搏，才能创作出无愧于时代的电视节目。

二、实践结果的历史验证

大凡对社会产生影响、推动社会进步的电视节目，往往都能够经得起历史检验。节目主持人的实践成果，最终也要受到历史检验。

历史对主持活动的检验往往是比较具体的、比较客观的。因而，这种检验不是超历史的、永恒不变的。正如克朗凯特所讲的那样："我不知道是否能出现另一个沃尔特。成功并不仅是因为我的性格和能力，还是因为逢时的机遇。"①他认为，时代不同，主持人实践的成果呈现亦不同，历史的评判只能是对那个特有时代的反映做出客观的论断。

20世纪60年代至70年代，美国公众经历了如此众多的痛苦——骚乱、暗杀、不得人心的越战、年轻一代的迷惘、毒品文化的发展……以致许多美国公众都对传统的权威人士——商业界领袖、政治家、总统、神父失去了信心。克朗凯特稳重可靠的形象，客观庄重的报道方式，以及他在节目中报道的好消息和揭示的问题，满足了公众心理与情绪上的需要。他抓住天赐良机，对空间技术、环境保护、科学发展等成就进行了坚持不懈的报道，在一定程度上消除了电视上的许多坏消息，平衡了观众的心理，带给公众某种希望和信心。有人曾评价说，克朗凯特永远知道他到底应该走多

---

① 参见[美]《弗雷斯诺蜜蜂报》，1985-05-12。

远，这或许是他最明智的新闻观。他报道有争议的问题，总是小心选择报道时机，从不轻易发表主观看法。在他的主持实践活动中，很少因报道引起争议。他选择重大题材，注意对社会对人类的影响。

作为超级节目主持人，历史对他做出了客观的评价。他被誉为空间技术报道专家，推动了空间技术发展；他被誉为环境保护的先驱，促动政府颁布了环境保护法；他成为对美国和世界事务有影响的决策人物……这些荣誉不是凭空而降的，而是由于他适应了时代发展的需要，体察了公众的情绪，得到了公众的信赖。

纵观中外节目主持人发展的历史，不难看到，节目主持人的实践成果主要体现在三个方面：

其一，主持人亲自主持的节目，是否在社会上产生较大反响；是否反映了一定时期公众的愿望；是否客观地揭示了社会现象；是否促动了社会问题的揭示与解决。

任何一位成功的主持人，在他的主持生涯进入最佳期的时候，也在社会生活中取得较丰富的经验和阅历。所以主持人对社会现实的反映，往往同他个人在社会实践中获得的感受、认识相联系，只有深刻地感受、认识了社会，才能深刻地、形象地反映社会。

可以说，主持人对社会现实的反映是否深刻，并产生意义和效果，是主持人认识客观世界的水平高低所决定的。许多优秀的主持人，谈及工作的成就时，都离不开具体的内容，离不开节目内容所起到的作用。

比如，作为电视新闻节目主持人，在主持实践活动中，引以为光荣的是自己亲自进行了哪些重要的报道。而观众对主持人的能力确认，也往往是看他在重要的新闻报道中所起的作用。主持人实践成果的历史检验，也往往从具体的报道以及报道的作用着眼。

其二，主持人实践成果的历史审视还包括节目主持人职业生涯对电视事业是否起到推动作用，这是从电视事业的历史发展角度的审视。

节目主持人实践成果是否对电视事业的发展起到推动作用，同样要经过一定历史阶段的发展才能够下结论。正所谓是，时间能够说明一切，历史可以作证。或许人们今天争论不休的问题，明天就会一目了然；今天认为错的东西，明天会证明它是正确的；今天认为正确的东西，明天会发现是错的。

比如，我国电视节目主持人发展历史短，理论界首先从国外主持人的经验中进行借鉴。而电视新闻节目主持人实践成果最突出者克朗凯特就成为被特别提及、评价的对象。这使得一些主持人误以为理论界拿克朗凯特同他们作比较，他们无法接受，理由也很充分。

事实上，在中国电视新闻节目主持人刚刚起步阶段，不可能产生一个中国的克朗凯特，让理论界来评价。理论界是力图从克朗凯特等一批主持人先行者的主持实践活动中总结出带有规律性的经验。

表面看起来，处在转型期的中国主持人一时间似乎被理论界冷落了，他们的苦衷似乎被理论界忽视了，有些个主持人不服气或者抱怨。今天看来，很多东西已经非常明朗化，因为中国的电视节目主持人开始成长了，中国的电视节目开始同国际接轨了。

随着时间的流逝，实践活动的发展，许多带有规律性的经验、做法也在中国电视节目主持人实践活动中得到了应用；中国的电视节目主持人队伍建设逐步按照正确的方向向前行进了。这时候，过去所不理解、不能接受的观点也就不辩自明了。足见历史这面镜子的透析作用，历史检验的结论是多么明确。

检验主持人实践活动对电视事业的推动作用，并不意味着仅仅注重成就的非凡。转型期的主持人的努力本身就是一种贡献、一种推动。因而，历史的审视之所以是公正的，就是不割断历史。相信中国电视节目主持人的实践活动都会载入中国电视发展的史册。

历史的检验，包括对成功的检验也包括对失败的检验，而失败是成功之母。即使是美国现今的超级节目主持人，也难免会有这样那样的不足。

历史检验的目的，是纠正不足，修正错误，引以为戒；肯定成就再接再厉，发扬光大。

无论怎样，节目主持人实践对电视业自身发展是起到推动作用的。主持人要有清醒的认识，重视每一个阶段的实践活动。

其三，主持人实践成果的历史检验还包括主持人职业活动是否对主持理论的丰富、发展、提高起到促动作用。

世界上任何一项事业的发展、壮大，首先是靠人的努力完成的。节目主持艺术理论的确立、丰富、完善，离不开主持人的实践。

理论来自实践，历史的检验也重在实践。因此，主持理论的形成依赖于实践活动的发展。实践出真知，没有实践，就无所谓有理论；没有实践，也无所谓有评价；没有实践，更谈不上历史性的检验。

历史对实践的肯定，实质上也对理论进行了肯定；历史对实践的否定，实质上也对理论提出了批评。

实践过程中出现问题较多，偏差较大，在一定程度上也反映出理论的贫乏，理论的滞后。实践过程中的经验积累，是理论宝库的可贵财富。主持人实践是否具有开创性，对理论的创新也是起到至关重要作用的。

我国中央电视台的《实话实说》节目，作为现实的新闻性的具有一定深度的谈话节目，为理论研究提供了分析材料。主持人的实践以其创新精神和创新操练，为理论研究提供了可引证的论据。

《实话实说》同过去的《周末热门话题》不同，《周末热门话题》是带有讨论性的谈话节目，节目形式采取座谈方式。主持人乔冠英坐在其中，引导电视客人发表看法，大家各抒己见。这个节目在当时引起一定的反响，乔冠英的主持也受到理论界和观众的好评。可以说，这个节目在中国电视谈话节目类型中以讨论样式进行了开创性的尝试，在中国电视节目主持人发展史上写上了一笔。虽然这个节目播出时间不长，但留下的印迹却是不能抹去的。该节目的样式、风格也使理论研究得以丰富。然而遗憾的是，这个节目停播后，中央电视台并没有很快推出新的谈话节目，关于中国电视谈话节目主持艺术的理论研究也就此"搁浅"了。

《实话实说》节目的推出，从一开始就给人强烈的印象。节目注重新闻性，注重话题的选择同社会生活的联系。节目样式以主持人为中心人物，将电视客人的讨论引向深入。

值得提及的是，节目中选择的电视客人大都具有一定代表性，人物本身往往成为节目的兴趣点。他们的谈话也就很能吸引观众的注意。

同新闻深度报道相比，谈话节目的深度主要体现在思想、观点的揭示中。主持人崔永元反应灵敏、思想活跃、应付自如。在碰触敏感性问题时，他不采取回避态度，而是坦然地加以说明。每次节目都给观众一定的思想启迪，引起思考和联想。

《实话实说》节目从开播初期阶段，就不断遇到各种问题的挑战。所庆幸的是，这个节目没有因为有障碍和困难就停办，而是坚持不懈地努力调整，终于成为一个时间虽短，但知名度很快扩散的节目。

过去，在理论上探讨新闻性谈话节目，很难在中国电视屏幕上找到观众周知的例证材料，要找到新鲜的例证材料，只好求助于国外的主持人实践。谈话节目在国外以两种截然不同方式出现：一种过于随便，没有主题，主持人和观众似乎是在漫无边际地神聊；另一种是针锋相对，进行思想和观点的交锋，对立的观点毫不隐晦，对立情绪也跃然于屏幕之上。主持人在其中周旋，提出更加尖锐的问题，"火上浇油"。

图 14-1　中央电视台的《新闻 30 分》节目一推出就采用了主持的方式

显然，这两种方式很难在当今中国搬上屏幕，因为中国的国情和中国人的性格同外国有很大差异。或许有些节目可以借鉴模仿国外的做法，但是谈话节目却不能盲目模仿。我们中国人在传统上比较讲求思想严谨，谈吐慎重。

从这种现状上看，《实话实说》节目主持人的实践对中国电视节目主持人理论的完善、提高就更具有现实和历史意义。

需要说明，我们论述主持人实践对理论的作用，是从历史发展的角度来分析的。事实上，如同新闻报道原则、新闻学科其他相关理论都是来自实践一样，主持艺术理论也是来自主持人实践。强调这一点，并不等于强调主持人为了理论而进行实践。

主持成果的历史检验，可以说是一种历史性的洗礼。我们所提倡的是，主持人实践总是要接受历史的检验，只有经过历史的审视，才能有所定论。因此，主持人应该在进行创造性活动的同时，注重理论的研究。实践——研究，研究——实践，才能不断出成果。有所成就，才能被历史所承认。

从全球电视节目主持人的现实走向和发展趋势看，有些现象是带有普遍规律的，而且呈现出明显的发展趋势；同时依照我国电视节目主持人的发展现状看，未来的岁月一定会对主持人提出更高的要求。

电视业在我国迅猛发展，不过是近几十年的事，还远未发挥出巨大的潜在功能；伴随而来的主持人则刚刚迈出第一步，他们的巨大作用以及将会产生的重要影响还未得到各界广泛而深刻的认识。据此我们预言：中国电视节目主持人的新时代会伴随着电视的发展呈现在我们面前，为推动文明社会的进步，起到不可忽视的作用。

[本章重点]

1. 主持人成功的标志——实践成果；成功的时机——重要的节目主持活动；成功的周期——长时间的实践磨练。可以说，主持人成功的标志、时机、周期揭示出主持人成功的规律。

2. 历史时期不同，主持人创造的成果形式也不同；主持人工作的电视机构等级不同，主持人成功的衡量标准也不同；越高级的活动范围，衡量标准越高。

3. 对主持人实践活动的客观评价，既和评价对象的性质、特点相联系，又和评价群体的生活经验、思想感情、批评能力相联系。因此，节目主持活动的客观评价，必须从主持活动特点与社会评价尺度的相互关系中去考察。

4. 对主持人的评价作为一种能动的意识活动，不仅直接认识了评价对象，也间接认识了对象所反映的现实生活。通过对现实生活的理性分析研究，可以帮助公众在对电视节目做深入理解的基础上，提高对现实生活的认识。

5. 节目主持人的发展依赖社会提供的大背景；同时主持人的实践活动必须适应时代的需要。主持人的实践与社会现实紧密相关，因而，时代烙印更为直观可见，时代烙印折射出主持人的世界观。

6. 历史对主持活动的检验往往不是超历史的，也不是永恒不变的。主持人只有把握时代脉搏，才能主持好无愧于时代的电视节目。

[思考题]

1. 主持人成功的标志是什么？

2. 主持人成功的周期为什么比较长？

3. 主持人怎样才能抓住成功的时机？

4. 主持人活动的客观评价应该从哪些方面入手？

5. 主持人的客观评价有什么作用？

6. 主持人的实践活动为什么具有强烈的时代烙印？

7. 主持人实践活动的历史检验为什么不能超越时代？

8. 主持人成功的规律对主持人提出了什么要求？

第十五章
精选案例：主持人冠名语境下的特别节目议程设置

第一节　《小崔会客》的主持人视角

《小崔会客》是中央电视台《小崔说事》栏目为"两会"推出的特别节目。

《小崔会客》围绕"两会"大家关注的热点问题，邀请"两会"多位代表以及委员中的省部级高官，畅谈地方、部委发展的成果和经验。

作为央视一档具有一定品牌效应和影响力的栏目，《小崔说事》一直拥有较为固定的收视群体，而"两会"特别节目《小崔会客》的主要特点是：走进会客室的嘉宾主持大都是省部级的政府官员，他们作为两会的委员以一种新的姿态上媒体，不但具有一定权威性，同时也成为吸引观众的因素；所谈的话题侧重民生热点问题，引起社会共鸣；主持人的平易、幽默但不失尖锐的提问营造出轻松、和谐的氛围，在这种氛围下谈论一些尖锐、敏感话题，给观众留下较好的印象，产生一定的影响力。

《小崔会客》首播于 2006 年，当时作为中央电视台新闻频道《新闻会客厅》的一档特别栏目，共推出十三集系列特别节目。节目围绕"建设社会主义新农村"这一主题进行讨论，使电视机前的观众通过节目，对我国农村的现状、存在的困难与建设新农村的远景，有一个感性的认识。

与往年的其他两会节目相比，2006 年的《小崔会客》在两会的报道中的节目形态上有几个方面的创新：谈话风格幽默机智的主持人，首次主持重大政治题材谈话节目；十三个省的省委书记或省长以嘉宾的身份，参与节目的录制；十三个农民家庭受邀来到演播室，接受小崔与自己所在省份一把手领导的采访；十三个 EMBA（高层管理人员工商管理硕士）将带着三个神秘任务到农村体验生活，并将在镜头前向观众展现体验结果。

自 2006 年算起的四年时间内，《小崔会客》一直作为《新闻会客厅》的"两会"特别节目出现在广大观众面前，逐渐成为"两会"最具代表性与最受欢迎的栏目之一。

2009 年《新闻会客厅》停播。《小崔会客》成为《小崔说事》栏目"两会"期间的特别节目，但其风格、节目定位以及节目品质仍延续了最初样态，并在以往的基础上有了新的突破和创意。

2012 年的《小崔会客》沿袭了往年采访全国代表、委员中省部级高官的定位，并在往年成功经验的基础上，融入更有创意、更有效果的环节设计，进一步增强"官民沟通"的有效性、可看性。

比如，为凸显"文化大繁荣、大发展"主题，每期节目着重做好特色文化表演和展示的内容；穿插丰富多样的表演展示；同时在舞美方案上下功夫，凸显主题。

每期节目还邀请了若干文化艺术界和文化产业界重量级嘉宾作为访谈段落的延展与补充。设立特别嘉宾席，形成感性对话、理性思考的碰撞效果。

除此之外，每期节目还引入网友短片对当期嘉宾所在省市区或部委主管领域进行民间访问和拍摄，在节目现场以短片方式呈现并形成与嘉宾的交流。具体来说，有以下几方面。

一、微博互动——新媒体参与

随着全媒体时代的来临，微博早已成为当前最时尚、最快速也最高效的社交网络平台。《小崔会客》也通过微博和广大观众进行了互动，这也是2012年与往年相比凸显其时代感的一大特点。

经统计，在约50分钟长的节目中，微博互动的环节共出现两次，不仅很好地实现了场外观众与场内嘉宾的互动，也符合节目中多种形态的调动，丰富了节目内容，避免出现嘉宾与观众的疲劳感，调节了栏目节奏。

二、拍客拍摄——个人特色

这也是2012年的《小崔会客》有所创新的地方，几乎每期节目都有这一环节，通过与视频网站的合作，围绕某一问题邀请网站拍客去当地拍摄一些短片。

这种个人拍摄行为与电视台的采访报道不同，能够最大限度地还原事情本相，听到最基层群众的声音，避免了找托儿、捏造事实等行为的发生。这种形式更加靠近普通百姓，也在某种程度上体现了互联网时代"全民皆记者"的特色报道。

三、短片多样——吸引多方关注

节目中插入了暗访、前期节目回顾、采访、历史回溯等多种形式的短片，丰富节目内容，吸引了现场和电视机前观众的眼球。

谈话节目很容易使观众陷入审美疲劳，如果只是单纯的一对一或者一对多人的谈话、聊天，即便主题很吸引人，也很难令观众坚持50分钟之久。

为此，《小崔会客》节目设计了许多短片的播放，内容也因人而异、因题而异。除了前面提到的拍客拍摄的短片外，有的穿插了电视台对某个问题进行的暗访拍摄和新闻报道，如采访陕西省领导时播放了"谁在污染渭河"的前期调查报道；有的播放了嘉宾之前参与节目的视频回放，与现状对比，看当年的承诺有否兑现，如专访卫生部领导；还有的在现场摆放白板请嘉宾现场计算低保收入，如专访民政部领导……多种形式和多种类型短片的播放丰富了节目的内容，也提升了节目的质量。

四、嘉宾选择——吸引观众眼球

2012《小崔会客》节目中邀请的客人更为灵活，进一步成为吸引观众眼球的要素之一。这些客人的身份实际上就是一定社会阶层的代表。他们本身具有吸引观众眼球的特质。

2012《小崔会客》每期节目都设置一个主嘉宾，即主要访问对象，他们往往是两会代表，或两会委员中省部级领导。

此外还邀请5位至8位与话题相关的嘉宾。这些嘉宾有的同样是领导，有的是普通老百姓，有的是文艺界或影视界的名人，有的是某些领域的专家教授。

所有的客人都是与当期主题有关的某一方面的发言人，或者讲述故事，或者发表看法，或者描述现状。

观众不仅倾听，而且还看人，看人的样子，说话的表情、对事态度等。

第二节　《新闻1+1》的主持人观察

《新闻1+1》在"十八大"会议期间制作播出了系列评论节目《"十八大"观察》，关注这一事关中国未来的大会。节目共分为5期，评论员白岩松作为前方报道记者，与后方演播室主持人互动，整体节目采用了分板块的方式，通过视频连线，围绕大会相关话题，有报道，有重点，有评论，有细节，多角度地对此次大会进行了报道。

一、《新闻1+1》"十八大"观察的框架构建

分析《新闻1+1》5期的特别节目可以发现，"十八大"观察是贯穿节目始终的核心线索，从整体上构建了节目框架、明确了节目主题。在"十八大"观察的大框架下，整体节目采用了分板块的方式，分别从"瞬间""关键词""面孔""声音"和"数字"这五个角度出发，对"十八大"进行全方位解读。

"瞬间"和"数字"两个板块分别放在节目的开头和结尾处，在报道内容的选择上，也多以会场内外的花絮和主持人的个人体会为主。整期节目的核心内容放在"关键词"板块，对会议中最重要信息进行解读和评论。"面孔"板块增强了节目的趣味性、生动性和故事性，在传递会议内容的同时，也承担了传递社会正能量的职责。而"声音"板块，更像是大会议中的小分支，传递不同领域的、老百姓密切关注的会议声音。

二、板块化构建在节目中的体现

以"十八大"观察的第四期来看，在节目的第一个板块"瞬间"中，主持人从自己注意到的一张照片切入，照片中传递的信息是同一时期多位叫"建国"的党代表合影，以此体现时代特征。而在白岩松的"瞬间"解读中，更是从"代表要戴表"这个主题出发，幽默地评价了"表哥、表叔"这类的社会现象。通过对这种不良现象的评论进入节目的第二板块"关键词"。

该期的关键词是"基层""从基层中来，到基层中去"。节目主要通过"十八大"会议中领导人和大学生村干部亲切对话的短片来呈现，短片后是主持人对内容的大致解读，并向白岩松抛出一个问题，最后白岩松结合问题与短片，对会议中的内容进行评价，而在评论中结合当年知识青年下乡的例子，给人一种"忆当年看今朝"的感觉。

第三板块的"面孔"是对"道德模范"代表的介绍，通过对他们背景故事的回顾，不仅集中体现了"十八大"报告中对"德"的强调，也向社会传递了正能量。

"声音"板块和"数字"板块都由白岩松来总结，来自大会的"短而有力"的声音"房地产调控政策不放松"，对老百姓非常关心的房地产方面的信息进行解读，数字"宝贵的 5 分钟"也向受众传递了此次大会对时间观念的强调。

三、板块化构建在会议报道中的作用

板块化的构建使得节目编排集中，时间长度基本固定，每个板块内容相互关联，具有多元性、多向性。在对"十八大"会议进行报道时可以集中体现会议重点，在会议话题的转移上有很强的关联性，从会场内外的画面、声音、数字等信息出发，多角度、全方位地解读大会。五个板块不管是从时长的分布，顺序的安排，还是内容的详略来看，都体现了报道的主次。使得受众在观看节目时培养成一种收视习惯，在大会信息的关注上有了主次之分，目标更加明确。

四、"十八大"观察的报道手法

《新闻1＋1》作为一档电视评论类的节目，在"十八大"的报道中，不仅体现了电视语言独特的叙事手法，也充分发挥了评论在会议新闻中的突出优势。

首先，运用视频连线，拓展叙事空间。"十八大"观察将主持人和评论员分别置于演播室和大会现场两个空间进行叙事，演播室内的主持人不仅是节目的贯穿者，同时也在扮演着观众的角色。她以一个会议观看者的身份，向大会现场的评论员抛出问题，身处会场的评论员做出及时评论，看似是主持人和评论员的互动，其实也是观众与大会的一个互动。

其次，融合声音画面，增强传播效果。声音和画面是电视语言中最主要的叙事方式。"十八大"观察中，有大量来自会议现场、背景资料、人物介绍等方面的画面，通过插播短片的形式，用镜头带领受众参与现场、回顾历史、感受温暖。同期声和解说词的运用，不仅增强了画面的真实性，也在一定程度上，有利于节目叙事的精练性，更深层地揭示了会议主题。

第三，一直以来，会议新闻的报道都存在着消息化、仪式化等通病。"十八大"观察作为电视评论类节目中的特别报道，很好地避免了这种倾向。节目从具体的东西、具象的内容入手，对老百姓最为关心的、生动而有价值的会议信息进行解读并做出评论。以节目的第三期为例，针对"十八大"报告中提出的"生态文明""海洋强国""最美中国"等信息，节目在"关键词"板块，先通过报告的短片进行回顾，进而由主持人提出："建设海洋强国的提出是不是与近期的钓鱼岛等事件有关？"最后由评论员进行解读："一份完整的会议报告是需要将近一年的时间才能完成的，并不是在此类事件之后，其实这样说是把事儿说小了……"同时也对"海洋强国"做出评论："我们应该记住我们的国家不只是960万平方公里，还有我们的蓝色海域……"

这种信息加解读，并做出评论的方式，不仅使观众可以更直接地、明了地解读会议信息，也能够在评论员的引导下做出深刻的思考，而不只是简单地听听报告而已。

五、"十八大"观察主题设置

作为解读关乎国家未来发展方向的"十八大"会议的报道，如何通过电视语言的编码和解码，使老百姓能够从大量的信息中关注到会议的核心，是需要具有高度的、精准的提炼和概括能力的，这也是媒体进行议程设置的体现。

5期的"十八大"观察都有非常明确的报道主题，分别为"人民：民主·民生·民意""2020年收入倍增""美丽中国""从基层中来，到基层中去""改革"。这些主题会在节目的"关键词"板块进行分析。通过会议短片的播放或者主持人和评论员问答的形式提出来，然后由主持人进行简单分析，评论员做进一步解读和评论。这种方式既体现了节目的互动性，同时也对会议中概括性较强的重要信息进行了解读和引导，使观众能够更好地了解"十八大"报告。

除了对会议核心主题的反映，节目还将报告中的一些分支型的主题融入其他板块当中进行分析。如"讲真话，听真话""党员的权利""监管·责任""法官办错案应感耻辱"等，如果说"关键词"板块是反映宏观主题的话，这些就是从微观层面上进行落实。

"十八大"观察的5期节目涉及主题20多个，充分发挥了电视媒体在议程设置中的功能。节目对会议主题的强调程度在很大程度上和受众的重视程度成正比，而且，由于对不同主题所用的表达方式不同，受众对会议信息的关注度也会不同。

20多次主次不同的议程设置对"十八大"的解读应该说是较为全面的，这对于会议新闻的报道来说也是值得借鉴的。

第三节　《泉灵三问》的主持人风格

节目取样：CCTV《泉灵三问》

节目时长：5至6分钟

播出时间：2013年3月3日至3月14日

首播时间：19:00《新闻联播》

重播时间：21:00《新闻联播》

有几期在17:00《新闻直播间》中播出。

在播出时间上占据着黄金和次黄金时段，受众相对较多。

一、侧重问焦点、问民生的定位

"问焦点、问民生、问代表委员，主持人张泉灵带着观众关心的问题，围绕国家新政策、发展新思路、百姓新实惠，会上采访观察，会外走访调查，《泉灵三问》请您提问。"——这是央视两会新闻名栏特别节目《泉灵三问》的宣传语，体现了该节目的定位和基本形态。

《泉灵三问》地点设在人民大会堂，由央视主持人张泉灵"带着记者走基层的发现"来（向人大代表）提问。

在较短的时间内提出针对性的问题，得到具体的解答，给观众很大的信息量。

二、专访对象的权威性

《泉灵三问》每日所专访的对象都具有很强的代表性、针对性，大都是与民生焦点问题相关的部门的负责人。

节目把百姓最关心的问题直面给最直接的负责人，让他们进行权威解答，回应相关问题的解决途径和政策。

《泉灵三问》的采访对象主要有：

卫生部部长；

国务院扶贫办主任；

民政部部长等。

三、典型案例的切入点

《泉灵三问》在对不同代表进行专访时，以相关调查短片、典型案例作为切入点。

例如，专访卫生部部长时，先播放白血病患儿马子硕的故事，从这个备受关注的事件引入大病医保问题，然后通过提问，得到解答。

专访民政部部长时，先由大凉山的"失依儿童"的案例开始，向代表提出"失依儿童"这一特殊群体的社会救助、低保等问题。

专访山西省领导时，是以记者走基层在山西新宇煤矿蹲点的感受切入，针对大家最关注的煤矿安全问题提问。

以典型个案切入进行专访的形式，在很大程度上引起观众对节目的整体诉求的关注，即"问焦点、问民生"。

《泉灵三问》所选典型案例都是在两会召开之前已经在社会上备受关注的民生、安全、医保、税收等方面的问题。

带着观众和代表一同回顾事件经过，将所反映出来的社会问题直接向最权威的代表进行提问，非常具有针对性，切合实际，避免了"凭空问、凭空答"的弊端，委员就个案进行解答分析时也更具人情味。

四、"三问三答"的节目形态

《泉灵三问》主要选取三个最受关注的问题进行提问，带着观众关心的问题，围绕国家新政策、发展新思路、百姓新实惠，在短时间内得到代表的正面解答。通过回应提问，指出发展方向。

三问三答的形式成为节目形态的突出特点。

例如对国家税务总局领导的专访，主要放在解读结构性减税问题。

提出的问题是：

结构性减税现在的重点在哪？

结构性减税如何惠及小微企业？

哪些政策可以直接让老百姓受益？

营业税改增值税何时全国推广？

得到的回答是：

数年减税举措 70 余项；

营业税改增值税是税改方向；

实施就业再就业政策；

消除重复征税等税制改革；

增加试点，力争"十二五"全国推开。

这些回答在很大程度上消除了大众对结构性减税政策的认知不足，并告知老百姓会不断推进优惠政策。

具体实在的问题，让受众获取了真实权威的信息。例如对小微企业优惠政策的解答，会让小微企业人员更有信心投入到工作当中，拾起对企业未来的信心。

专访国家统计局领导时，由最新发布的月度宏观统计数据"四大工程"改革切入采访。

提出的问题是：

为何要启动"四大工程"改革？

各地 GDP（国内生产总值）汇总为何高于全国？

改革会不会碰到地方压力？

如何保证企业独立真实报送数据？

得到的回答是：

启动改革有利于堵住漏洞；

改革将使统计数据差异大大缩小；

改革得到企业和各级政府支持；

弄虚作假的企业将会受到处罚。

针对经济统计方面的诸多敏感问题提问，通过"四大工程"改革消除大众舆论对各项数据的疑问，增加透明度，减轻企业负担，进一步带来更为可靠具有借鉴意义的数据。

专访山西省领导时，提出三个问题，并得到言简意赅的解答。

提出的问题是：

怎么保障煤矿安全？

山西转型突破口在哪？

干部作风真的会发生很大变化吗？

得到的回答是：

加强瓦斯治理，保障煤矿安全；

以煤为机，多元发展；

山西整顿干部作风起到明显作用。

长期以来，煤矿瓦斯爆炸事故暴露小煤窑小煤矿的安全保障措施问题一直得不到遏制，人们感到领导下井措施不是特别靠谱。

直接由山西省级领导口中再次传达给大众，山西省一直在煤矿安全保护上做出很大的努力，并且新旧举措双管齐下。

同时，从代表那里得山西经济的转型，资源合理开发利用等信息，让大众更好地理解政策，支持政策实施推行。

山西推行的整顿干部作风措施也受到舆论的关注，省级领导述说自身切实的感受，反映出对这一工作力度的肯定，对其他省市也有借鉴意义。

五、敏感问题，直击锋芒

在《泉灵三问》中，对国家统计局领导专访时，直接提出"地方数据汇总和国家发布数据不一致"这一问题，及时反映了每当国家统计局颁布一些统计数据时，媒体舆论和大众老百姓都会打出大大的问号这一敏感问题。

提出"会不会遭到地方政府的压力""地方政府给数据'化妆'"的问题。

通过权威代表的解答，增强政府的公信力，并且有效解答了公众疑问。

在对国家税务总局领导专访时，当采访对象说"每年减税都要减到上千亿"时，张泉灵也随即问道"为什么很多的老百姓感觉不明显"，这是张泉灵带着老百姓的疑问提问，是观众最关心的问题。

六、CNTV 与《泉灵三问》互动

《泉灵三问》节目在电视播出的同时也为中国网络电视台（CNTV）共享。

在节目直播中，张泉灵面前摆放的是带有 CNTV 标志的笔记本电脑，在官网上的《泉灵三问》专区里，节目内容设置更为全面生动。

在每期专访中，有一个总视频文件，还有每个小问题的分视频文件，便于网络用户直接找到自己最关注的问题，直接浏览，避免在一个视频中反复拖曳。

此外，CNTV 利用网络平台的自由度，还加设了回顾 2011 两会的视频文件。连接张泉灵在 2011 年两会特别节目中采访的几个具有代表性的对象，分别是：

【回顾 2011 两会】鼓励社会力量办慈善；

【回顾 2011 两会】政协会议发言关注社会热点；

【回顾 2011 两会】如何让社会力量参与公益事业；

【回顾 2011 两会】保障粮食供给，落实责任制。

CNTV 通过回顾 2011 年两会方案实施落实情况以及代表关注热点，让网民与 2012 年两会中代表们关注的热点进行参照对比，增加了《泉灵三问》节目的厚度。

第四节 《小撒探会》的主持人个性

两会是中国国计、民生的晴雨表。两会发出的声音不仅仅为中国所关心，而且为全世界所倾听。中国的国计民生同"两会"的召开密不可分，中国的国策对世界的影响越来越大，因此两会的重要性决定了全媒体参与新闻传播的独特性。

一、海量两会报道中突显电视节目主持人冠名节目

两会报道的全媒体参与已经形成了独特的两会新闻传播现象。全媒体参与成为 2012 年的两会报道的突出特点：一是全国性的全媒体参与，呈现了中国记者积极兴奋的报道态势；二是世界主流媒体特别关注，呈现了外国记者异常活跃的报道态势；三是全媒体报道的热度与呈现的多种视角，引发了受众对两会普遍关注的程度，使举国上下对两会的关注程度形成全国性的意识而不是地区性的意识。

我们看到，2012 年的中国两会仍然吸引了境内外媒体的争相报道。两会报道汇集传递的信息不计其数，是名副其实的海量新闻传播。

在全媒体参与报道的媒介环境下，特别是网络、微博、微信大显身手的今天，电视媒介的优势在哪里？作为拥有得天独厚优势平台的中央电视台，能否更好地起到帮助观众解读两会的权威指南作用？

纵观 2012 年中央电视台对两会的报道，非常明显的感觉是：各档节目的表现形态体现出精心的议程设置，两会的报道范围不断延伸，实际上已经成为一种媒介行为。其中推出的以主持人命名的多档两会特别节目，在海量的两会报道中被观众所记忆。

可以说，主持人冠名报道两会本身就形成一种新的传播语境。如《小崔会客》《泉灵三问》《鲁健两会观察》《小撒探会》等，由于这些节目主持人具有一定知名度和观众群，主持人报道两会的视角也成为观众关注两会的视角。

我们还看到，2012 年以主持人冠名的两会特别节目都有自己的特点，在原有的节目模式上进行了创新。这些节目虽然是两会特别节目，但是基本上没有另辟时间段，而是依托主持人原来主持的栏目平台上播出。以《小撒探会》为例，2012 年《今日说法——小撒探会》两会特别节目的首播时间依然按照《今日说法》的常规的节目播出时段，于 3 月 6 日到 3 月 13 日的每天 12：38 播出。每一期节目时长也基本遵循了《今日说法》的常规节目时长，在 26 分钟到 28 分钟之间。

实际上，节目主持人冠名的两会特别报道形式，已成为固有的新闻性栏目对两会报道议程设置的突出特点。同时，也带来一个值得思考的问题：当主持人冠名的两会报道成为一种独特的新闻传播现象，各档节目主持人是否有自己的独特视，是否有理智的思考，是否使节目传达的内容真正做到深入人心，而不是一拥而上？

因此，当电视媒介主打节目主持人品牌，名牌栏目主持人对两会报道几乎进行集体参与的同时，应该对节目主持人冠名的两会报道形态进行研究。中央电视台《小撒探会》节目对今年两会报道的议程设置或许能够带给我们一些思考和启示。

二、《小撒探会》"幸福计划"议程设置的选题诉求

"议程设置理论"于 20 世纪 60 年代兴起于美国，"议程设置理论"通过对受众与媒介的关系、受众接受信息状态以及引起重视的程度的分析，得出结论性观点：公众通过媒介知晓事件或问题，依据媒介提示的角度进行

思考，按照媒介对各种问题的重视程度来调整自己对这些问题重要性的看法。

作为解读国家大政方针的两会报道，如何通过电视语言的表达，将国计民生问题进行解码和再次编码，使观众借助生动的电视语言去理解两会提出的关乎国计民生的大政方针，这就要求电视报道不仅要在节目中体现信息量，还要注重对政策进行再编码的技巧性。

在全媒体聚焦两会的报道中，确实有一些"政策＋讲话＋会场镜头"的笼而统之的报道，也有一些模式化的报道语态、语气，尽管报道的内容十分重要，但是报道方式的不当弱化了传播效果。

那么，怎样才能用恰当的方式进行报道，发挥好电视媒体对两会解读的话语权呢？《小撒探会》节目推出的"2012幸福计划"议程设置呈现了两会报道的独特视角。

2012年《小撒探会》设置的"2012幸福计划"，采用行走基层、调查民生的路径，以百姓幸福生活计划的视角来报道两会。从节目播出的下列选题中可以看出幸福计划的议程设置，每一个选题实际上都是一个关乎民生的大问题。

表15-1 《小撒探会》选题情况

首播时间	片名	节目时长	主题
2012年3月6日12:38	杨兆芳的明天	27分10秒	如何加强农村常年患病病人的社会福利保障体系
2012年3月7日12:38	不再让你孤单	27分09秒	如何解决留守儿童的困境
2012年3月8日12:38	《2012幸福计划》	27分43秒	如何完善社会养老服务体系建设
2012年3月9日12:38	"夹心层"的住房梦	27分10秒	如何完善保障性住房建设，解决城市"夹心层"的住房问题
2012年3月10日12:38	小宇和小云的归途	26分38秒	刑事诉讼法修订后对特殊人群的新保障
2012年3月11日12:38	一袋大蒜引发的纠纷	27分10秒	如何使民间调解机制在司法改革进程中规范化
2012年3月12日12:38	一张属于自己的床	27分14秒	如何让山区孩子住上安全、舒适的校舍
2012年3月13日12:38	救美之后	27分09秒	如何加强法律援助工作和法律服务

从上述的列表中可以看出，每期节目针对一个问题，选择一个典型、生动的实例，侧重报道两会对解决民生问题的计划、措施，如社会福利保障体系、留守儿童、养老服务体系等。

主持人撒贝宁将这些问题以百姓幸福生活计划的方式带上两会，将来自基层的呼声同两会对接；将百姓生活中要解决的问题同两会即将实施的计划、政策、措施对接；使百姓看到这些计划、政策、措施的实施关系到百姓的幸福生活。

在每期节目中，用"2012幸福计划"汇集浓缩成一句话，向委员和代表问道求解，将老百姓的生活中遇到的难题和问题提升到制度层面加以讨论和解决。

对"幸福计划"的实施，体现出委员、代表对民生"幸福计划"的关注与百姓"幸福计划"二者间的沟通，让观众看到了他们的具体行动；对一个又一个实例中所涉及问题的解决方案，体现出政府用制度保障民生以及惠及更广泛群体的施政目标。

三、《小撒探会》"幸福计划"议程设置的主体框架搭建

"2012幸福计划"成为《小撒探会》两会特别节目形态的突出特征，成为主持人向代表、委员提问求解的切入点，成为选题取向的着眼点。换句话说，从百姓幸福生活计划出发的议程设置使节目有了一条主线和主体的结构，使节目变得容易操作了。

截至2012年，主持人撒贝宁已连续八年以特别节目形式报道两会了。2005年两会期间，中央电视台社会与法频道推出以撒贝宁为主持人的访谈节目《和谐社会话两会》，这个节目是《今日说法——小撒探会》的前身。从2006年起，《中国法治报道》栏目正式推出《小撒探会》两会特别节目。发展至今，《小撒探会》由社会与法频道调档至综合频道，成为《今日说法》栏目在两会期间的特别节目。

值得提及的是，《今日说法——小撒探会》2011年推出了"幸福公式"，这个公式的设置是对两会报道的新尝试。"幸福公式"的视角是把百姓生活中遇到的困难、问题、难题带上两会，通过对问题的提出及解决方案来对接百姓的"幸福公式"。

2012年《小撒探会》又推出"2012幸福计划"，侧重报道2012年两会如何从制度上来解决百姓生活中还没有得到保障的问题和困境。这样的视角提升了报道的力度，让百姓看到很多问题即将从根本上得到改善和解决。

对于上两会的主持人来说，如果报道得不得体，不但对自己的形象有影响，而且还会影响媒体的形象。因此，主持人上两会既是机遇也是挑战。

在众多的主持人一起上两会的语境下，主持人的能力固然重要，节目的议程设置是否具有可操作性更是关键。《小撒探会》推出"2012 幸福计划"的议程设置具有很好的操作性。

在一定程度上讲，"2012 幸福计划"起到了结构全篇的作用。依据"幸福计划"，搭建节目的整体框架。节目的主体部分由四个段落组成。

以《杨兆芳的明天》这期节目为例：

第一个段落：主持人开场，引出人物，抛出问题，展开叙事。

第二个段落：主持人出镜总结，采访地方官员，解读地方政策。

第三个段落：主持人出镜总结，采访委员代表，解读国家政策。

第四个段落：主持人出镜归纳、提示、总结，提出希望。

这四个段落在内容表达上具有递进性，"幸福计划"起到段落过渡、结构全篇的作用。

第一个段落，主持人撒贝宁以人民大会堂的出镜为开头，提出问题，展开对典型的叙述。叙述的内容以前期拍摄的小短片为主，大约 20 分钟为一个叙事时间单位。接着主持人带着第一个段落中从基层百姓身上反映出的与"幸福计划"相关的问题过渡到第二个段落。

第二个段落，主持人撒贝宁出镜对片中人物提出的问题进行分析概括，针对这一问题采访当地政府主管领导，进行地方性政策的解读，并提出在解决问题中遇到的瓶颈，需要得到上级部门怎样的帮助，写下基层百姓、地方政府视角的"幸福计划"，用他们对落实"幸福计划"提出的诉求过渡到第三段落。

第三个段落，主持人撒贝宁出镜对前两个段落的内容进行归纳，对提出处理相关问题的政协委员和人大代表进行采访，通过他们对相关政策调整后的最新的权威解读，落点在"幸福计划"的政策调整、制度保证、实施方案的层面上。

第四个段落，主持人撒贝宁在外景出镜，将"幸福计划"即将落实的信息带给观众。

《小撒探会》每期节目的段落安排基本相同，围绕"幸福计划"提出问题，解读政策、解决问题、落实计划。

四、《小撒探会》"幸福计划"议程设置的报道手法运用

《小撒探会》推出的"2012幸福计划"具有可操作性的特点，不但体现在节目的选题诉求、整体框架搭建上，还体现在报道表现手法的运用上。

第二期节目"不再让你孤单"报道的是对留守儿童的关爱及相关政策的进一步改善。节目选择一对留守儿童小姐弟，以姐弟关系常常产生的冲突作为报道的着眼点。年龄稍长的姐姐负责家中一切事务，幼小的年龄和责任的重大形成冲突。弟弟犯下错误时，姐姐以家长身份去见老师。姐弟俩发生矛盾时，会在嘴里念叨着父母在家时种种的好。姐弟俩在生活中的细节和冲突，让观众感受到留守儿童的生活状态，并为之动情。

作为解读国家新政的两会报道，《小撒探会》尽量通过镜头语言，配合内容的节奏将之娓娓道来。采访段落呈现出纪实风格，在镜头前的情绪上具有节奏感。

在"不再让你孤单"节目当中，记者跟拍姐弟俩走山路上学的一段过程，没有突出山路的坎坷难行，而是用镜头的调度拍下他们走山路、跨小溪的欢快脚步和快乐表情，再通过轻快的音乐铺垫，孩子天真可爱的一面，让观众对留守儿童的境况产生更多的同情。

报道中没有对留守孩子的艰苦生活做旁白和解说，而是用同期声和画面的语言真实地展现。在第二段落的叙事中，通过孩子们集体排队给在外打工的家长们打电话，将观众的视野一下子从一对小姐弟放大到了整个学校，整个乡村，看见了更多的留守儿童对父母的思念，引起对留守儿童问题的真切关注。

归纳《2012幸福计划》在报道手法的运用，主要特点有以下几个方面：

其一，用由"幸福计划"的提出到对"幸福计划"的落实来控制报道的叙事节奏，同时也强化了报道内容本身的诉求点。

其二，节目以观众代言人的身份，用百姓的视角探寻两会对于"幸福计划"的解决方案，使主持人在节目开头、结尾的出镜叙述具有了确实有话可说的依据，而不是形式上的为了出镜而出镜。

其三，短片中的记者带着"幸福计划"的选题诉求，对主要人物身上反映出的问题及地方政府的进一步诉求进行现场动态式的递进采访，运用了电视语言在表现手法上传递立体信息的特质。这种体验式、动态式的表现手法，也成为节目中时间线索、空间线索之外结构节目的又一根线索。

其四，"2012幸福计划"将政府即将落实的计划通过形象画面的表现与

普通百姓的个体生活进行联结，呈现问题的普遍性，进而解读、深化国家大政方针的大主题，切合了电视的传播特性和观众的视觉思维逻辑。从个体切入，在叙事线索的梳理上就容易把握，另外在整个节目的叙事语态上更加贴近生活，贴近百姓。政策变化体现在具体的人和事上，两会惠民施政的思想体现在实处，给有类似困境的观众以希望。

其五，报道中的人物真实故事具有感染力、说服力。在这些新闻故事的叙事上，除了用记者的体验式报道带动故事的发展之外，更主要的是通过典型人物身上具有的特征来表现。

其六，注重细节的表达，通过细节来深化重大主题的意义。捕捉细节的拍摄手法是电视新闻报道的特点，也符合当下"走转改"的新闻报道路线。

五、《小撒探会》"2012幸福计划"议程设置的求新

可以说，《小撒探会》节目议程设置赋予的幸福生活概念能够触动人心，不但具有可操作性和普遍的意义，而且让观众留下深刻记忆。《小撒探会》节目能够让观众记忆，还在于节目议程设置上的不断求新。

2012年《小撒探会》借助《今日说法》微博平台上的影响力，将收集"2012幸福计划"的宣传、节目预告挂在《今日说法》微博页面上，并开通了自己的微博。微博平台使节目的启动迅速进入广大网民的视线，互动效果十分明显。

在两会期间，《小撒探会》在微博交互式平台发布节目相关信息，展开"幸福计划"的征集互动，扩大了节目影响力。这是电视媒介利用网络的交互性融入两会报道的一种新思路。

然而，这种方式带来的不只是受众的关注度，还有受众挑剔的眼光。如果节目质量得不到提升，"幸福计划"不以受众的体验、感受、思考为参考坐标的话，观众就会对节目主持人报道两会的视角产生疑问甚至持否定态度。

《小撒探会》从2011年开始推出"幸福公式"，第二年又推出"2012幸福计划"。虽然选题的诉求点不同，但是基本的诉求模式基本相同。写满字迹的"幸福计划"卡片，联结了两个话语空间，起到结构全篇的作用。

值得思考的是：主持人冠名模式的两会报道，能否长期吸引观众的眼球？这种"借物达意"的方式，是否会渐渐失去最初的新鲜感？

在一定程度上，《小撒探会》和《小崔会客》等一系列主持人冠名的两会特别报道，是主持人新闻报道生涯中的重要报道活动，受到主持人的特别重视。

　　《小撒探会》需要在规定时间内完成规定的工作量，这样从客观上就使得主持人撒贝宁难以在每一期节目中都亲临前期采访，而只能在每个段落节点处出镜对节目进行串联。2012年《小撒探会》中，撒贝宁没有完全担任前期采访记者。不过，像《不再让你孤单》等没有主持人现场出镜的报道也特别打动观众。

　　这一点让我们得到一定的启示：明星主持人是节目的标志，但不是唯一吸引受众的因素。电视作为用画面和声音叙事的载体，对内容的表现应该是第一位的。我们应该把握好主持人和节目内容之间的关系，在注重发挥主持人作用的同时，更要注重内容的表达和电视语言的运用。

　　两会报道说到底是观点报道，在众多主持人冠名参会报道的语境下，不能分散观众对两会重要议题的关注。电视媒介若想在两会报道中保持良好的纪录，就必须坚持内容为王、观点为重的理念，这样才能做出经得起时间检验的两会报道。

参考书目

1. 朱羽君，王纪言，钟大年主编．中国应用电视学．北京：北京师范大学出版社，1993.

2. 张颂．播音主持艺术论．北京：中国传媒大学出版社，2009.

3. 朱光烈编．魅力！中外节目主持人．天津：天津人民出版社，1989.

4. 任远．屏幕前的探索．北京：北京广播学院出版社，1984.

5. 苏宝华，冯海燕．怎样当好节目主持人．哈尔滨：黑龙江人民出版社，1991.

6. 陆锡初．主持人节目学教程．北京：中国广播电视出版社，1995.

7. 王纪言．电视报道的艺术．北京：北京广播学院出版社，1989.

8. 於春．中国电视节目主持三十年研究(1980—2010)．北京：中国传媒大学出版社，2013.

9. 曾志华．电视节目主持人策划．北京：中国传媒大学出版社，2006.

10. 林海春．英语节目主持人概论．北京：中国传媒大学出版社，2005.

11. 陈振．主持人节目驾驭艺术(修订版)．北京：中国广播电视出版社，2011.

12. 王朝闻主编．美学概论．北京：人民出版社，1981.

13. 周康梁．做最牛的主持人：英国电视名主持和他们的节目．广州：南方日报出版社，2009.

14. 徐德仁．世界明星主持人．上海：复旦大学出版社，2005.

15. ［法］丹纳．艺术哲学．北京：人民文学出版社，1983.

16. ［美］巴巴拉·马图索．晚间明星．波士顿：霍顿·米夫林出版公司，1983.

17. ［美］特德·怀特，埃德里安·默本，史蒂夫·扬格．广播电视新闻报道写作与制作．北京：中国广播电视出版社，1987.

18. ［美］约翰·布雷迪．采访技巧．北京：中国新闻出版社，1985.

19. ［美］E.潘诺夫斯基．视觉艺术的含义．沈阳：辽宁人民出版社，1987.

20. ［美］S.阿瑞提．创造的秘密．沈阳：辽宁人民出版社，1987.

21. ［美］艾伦·R.斯蒂芬森，大卫·E.里斯，玛丽·E.比德尔．美国播音主持实用教程：媒体演播指南(第3版)．林小榆，陈一鸣译．北京：清华大学出版社，2014.

参考节目

CCTV·《焦点访谈》
CCTV·《新闻 30 分》
CCTV·《新闻调查》
CCTV·《实话实说》
CCTV·《东方时空》
CCTV·《朝闻天下》
CCTV·《新闻 1＋1》
CCTV·《面对面》
CCTV·《艺术人生》
CCTV·《为您服务》
CCTV·《星光大道》
CCTV·《春节联欢晚会》
CCTV·《望长城》
TBS·《万里长城》
CBS·《60 分钟》
CBS·《48 小时》
ABC·《20/20》
ABC·《体育大世界》
NBC·《夜间新闻》
CNN·《拉里·金对话》
BTV·《法制进行时》
BTV·《养生堂》
凤凰卫视·《时事开讲》
凤凰卫视·《凤凰早班车》

修订版后记

　　《电视节目主持》一书自 1999 年出版至今已经过去了 15 个年头。在这 15 年中，中国的电视媒体既有很大发展又有很大的变化。许许多多的主持人作为电视节目的标志性符号被广大观众所熟悉，所评价。用最简单的语言形容：观众的评价可以用喜欢或者不喜欢来概括。

　　那么，怎样成为观众喜欢的主持人？怎样不被观众反感？这本教材或许能够提供一些值得参考的经验与规则。

　　本书的第一次出版是经过近 20 年的积累完成的，其理论体系比较严谨。在写作过程中，借鉴文学、美学、哲学、分类学等学科的理论体系，期望对书中涉及的基本概念、术语的阐释做到准确、恰当。同时，查阅《辞海》《词源》对主持人风格、个性、构思、类型等名词的解释，力争做到语言表达的规范。可以说，当时国内有关主持人的研究十分薄弱，本书写作的目的是构建这门学科的理论体系。

　　承蒙北京师范大学出版社的信任，对这本书进行修订。本人认为，本书的理论框架比较完善，作为教材具有一定规律性。本次修订特别新增了一章精选案例，即在原书基础上增加了"第十五章"，内容主要围绕主持人冠名语境下的特别节目议程设置对精选案例进行解析。希望能给读者提供新的视域和阅读的快乐。

赵淑萍

2014 年 5 月于北京

说　明

本教材配有相关教学课件及教学资源，请有需要的教师与以下邮箱取得联系，获取《电视节目主持》(修订版)及北京师范大学出版社影视艺术与传媒类更多教材的教学资源，以供教学使用。

联　系　人：北京师范大学出版社　李编辑
联系邮箱：897032415@qq.com